地球信息科学基础丛书

居民地增量级联更新理论与方法

武 芳 许俊奎 李靖涵 著

国家自然科学基金（41171354）
预先研究项目（40601030303）
联合资助

科学出版社

北 京

内 容 简 介

本书以空间数据中变化快、数量多的居民地要素为例，对多尺度空间数据增量级联更新的基本理论、方法、流程和关键技术进行深入的研究，内容共分为 10 章。第 1 章为绪论，以情景分析的方式，阐述了多尺度居民地要素增量级联更新模式的基本概念、主要流程和关键技术；第 2 章针对空间数据更新对"差"的需求，研究了图形数据差的概念和基本类型，提出了基于图形数据差的变化对象分类及形式化表达方法；第 3 章从空间认知的角度对居民地匹配的特点进行分析，实现了同尺度居民地匹配和变化信息提取；第 4 章实现了基于多角度相似性辨识的相邻尺度居民地匹配，并在相邻尺度匹配结果的基础上建立了同名对象间的关联关系；第 5 章以相邻比例尺同名对象间的对应关系为基础，建立了支持增量级联更新的顾及纵向关联和横向索引的多尺度空间数据关联索引结构；第 6 章提出增量更新环境下的变化信息动态自适应尺度变换策略，实现了影响域渐进扩展的增量综合；第 7 章和第 8 章分别实现了利用格网进行邻近分析的拓扑冲突检测模型和基于方向相似性度量的方向冲突检测模型，并提出多种实用的冲突处理方法；第 9 章对增量级联更新流程中的关键环节如匹配、增量更新进行质量检核，保证了更新前后数据在空间关系方面的一致性和更新的质量；最后一章在前述各章关键技术环节实现的基础上，构建了级联更新的实现流程，结合具体数据及研发的居民地要素增量级联更新原型系统，对增量级联更新的完整过程和主要功能进行验证。

本书可供从事空间数据生产和更新、地图制图综合、地理信息服务等领域的科研人员和工程技术人员阅读，可作为地图学与地理信息工程专业的研究生教材，也可供其他相关专业人员学习与参考。

图书在版编目（CIP）数据

居民地增量级联更新理论与方法/武芳，许俊奎，李靖涵著. —北京：科学出版社，2017.2

（地球信息科学基础丛书）

ISBN 978-7-03-051787-6

Ⅰ.①居… Ⅱ.①武… ②许… ③李… Ⅲ. ①居民点–空间信息系统–研究 Ⅳ.①C913.31 ②P208.2

中国版本图书馆 CIP 数据核字(2017)第 028849 号

责任编辑：杨帅英 / 责任校对：张小霞
责任印制：肖 兴 / 封面设计：图阅社

科学出版社 出版

北京东黄城根北街 16 号
邮政编码：100717
http://www.sciencep.com

北京新华印刷有限公司 印刷

科学出版社发行　各地新华书店经销

*

2017 年 2 月第 一 版　开本：787×1092　1/16
2017 年 2 月第一次印刷　印张：16 3/4
字数：397 000

定价：129.00 元

（如有印装质量问题，我社负责调换）

序

武芳教授率领的青年科研队伍是一个人数不多但工作效率很高的科技创新群体，继前后出版《面向地图自动综合的空间信息智能处理》（2008 年 5 月）、《地图自动综合质量评估模型》（2009 年 11 月）两部学术著作之后，新著《居民地增量级联更新理论与方法》又即将面世了，可喜可贺！

我曾经为前面的两部著作写过序，在我为其中的《地图自动综合质量评估模型》作序时说过两部书可称得上是"姊妹篇"。前者，着重研究地图内容自动综合的模型、算法及基于自动综合链的自动综合过程控制模型，要解决的是地图内部各要素的自动综合及相互关系的自动处理；后者，着重研究地图自动综合的质量评估问题，目的是为自动综合结果的质量提供可信度评价模型。现在看来，如果即将出版的《居民地增量级联更新理论与方法》同前两部著作放在一起，那就可谓是武芳教授等在该领域研究成果的"三部曲"了。这不是偶合，更不是牵强附会，而是作者长期从事数字地图自动综合理论方法研究逻辑思维和科技创新的必然。第一部著作着重研究如何实现地图内部各要素的自动综合问题，而第二部著作着重研究如何评价自动综合结果的可信度质量问题，那么第三部著作则是着重研究自动综合生成的多尺度空间数据在更新时如何解决其一致性增量级联更新的问题。这不正是一种符合科学规律的逻辑思维结果吗！

多尺度空间数据的增量级联更新，无论理论还是方法难度都是很大的，研究解决这个问题的理论方法基础仍然是地图自动综合。该书选择居民地作为研究对象，是因为在空间数据中居民地要素数量最多、变化最快，对研究多尺度空间数据的增量级联更新具有代表性。

该书内容以多尺度空间数据的增量级联更新的基本理论方法、流程和关键技术研究为主线，具有以下的特色：

第一，多尺度空间数据的增量级联更新的理论创新。采用情景分析方式，结合实例，阐明了增量级联更新的概念、流程、关键技术及其依赖关系，构建并实现了居民地要素增量更新的原型系统，论证了理论的正确性和技术路线的合理性，体现了理论和实践的统一。

第二，空间数据变化信息表达和提取的理论与方法创新。以地图图形数据"差"理论为基础，讨论了居民地空间变化的分类方法，设计了变化信息的形式化表达模型，并开发了具体的富有针对性的系列居民地匹配算法。

第三，多尺度居民地图形数据关联索引结构的构建的创新。通过相邻尺度空间数据匹配建立同名对象间的对应关系，采用自然格网空间索引方法，构建多尺度居民地图形数据关联索引结构，完成"影响域"渐进扩展的增量综合，从而实现多尺度居民地图形数据的关联和更新在多比例尺之间的传递。

第四，居民地增量级联更新质量评估方法的创新。按照居民地与其他要素间的拓扑关系、方向关系进行冲突检测和处理，居民地形状、位置、面积、方向等为指标进行图形匹配质量的评估，基于邻域相似性对级联更新结果进行质量评估。

显然，第二、第三两个特色是第一个特色实现的基本保证，第四个特色是第一个特色实现结果质量可信度的评估。

在一部著作中，作者把小尺度空间数据增量级联更新这么复杂、难度很大的问题研究得如此系统、深入而实用，可敬可佩。

学术著作出版是丈量中国学术的一把尺子。在当今科技界存在急功近利、学风浮躁、学术不端的环境下，20多年如一日地从事一个领域的科学研究，而且取得了系列创新的学术成果，值得提倡！

当然，空间数据多尺度自动综合与增量级联更新并非所有的问题都解决了，特别是"互联网+时空大数据"时代的到来，为该领域的研究带来了新的挑战和机遇，希望武芳教授的团队和学界业界的同行们继续努力，贡献出更多的佳作，引领学术发展。

中国工程院院士

2016 年春

前　言

随着移动互联网的日益普及，地理空间信息作为描述地理实体位置、形状、方向及其空间属性的基础性信息集合，已深度融入社会生活中，成为信息技术链条上不可或缺的基础环节。然而，由于地形、地物、社会设施等随着时间推移不断变化，如何快速、准确地更新地理空间信息就成了摆在地图工作者面前的主要任务。此外，地理空间信息的广泛应用和不同应用模式的独特需求，也对空间数据更新技术提出了更高的要求。

空间数据更新是地理信息服务的关键一环，其理论和技术发展受到国内外地理信息行业人员的广泛关注和研究。然而，空间数据自身的特点致使更新的自动化水平难以满足要求。首先，地理空间数据包含多种要素，如道路、水系、居民地等，各要素的表达方式和特性都不同。其次，同一片地理区域由多级比例尺数据来表达，更新时要考虑各级比例尺数据的一致性。最后，各要素变化的频率和方式不同，要素之间在变化过程中又会互相影响，再叠加多级比例尺数据，进而产生复杂的连锁反应，这些因素都迟滞了空间数据更新自动化水平的提高。面对日益增加的数据更新需求和更新过程中的种种困难，地图工作者提出了多种解决方案，地理空间数据更新方法也从全面更新过渡到增量更新和级联更新，进而产生结合增量更新和级联更新优点而形成的增量级联更新方法。由于更新过程本身的复杂性，为突出重点，本书以居民地要素为例，结合近年来课题组的研究成果，对地理空间数据增量级联更新的理论和技术进行论述。

本书以居民地要素增量级联更新流程为主线，重点讨论更新过程中关键技术的理论探索和方法实践，总体可分为四大部分。第一部分是居民地要素增量级联更新理论基础，主要在第 1 章中论述，以情景分析的方式，结合实例，论述了增量级联更新的概念、流程、关键技术及其依赖关系等，并在第 10 章实现了居民地要素增量级联更新原型系统，验证了这些理论和技术路线。第二部分是空间变化信息表达和提取的理论与方法，包括第 2、第 3、第 4 章，以图形数据差理论为基础，论述了空间变化的分类方法，设计了变化信息形式化表达模型，并基于空间认知、空间关系相似性、人工神经网络等理论与技术开发了几种具体的空间数据匹配算法。第三部分是多尺度居民地数据关联索引结构的构建及其支撑下的增量综合，包括第 5、第 6 章，首先通过相邻尺度空间数据匹配建立同名对象间的对应关系，在基于自然格网的空间索引辅助下，构建多尺度居民地数据关联索引结构，并以此为基础，完成了影响域渐进扩展的增量综合，实现了多比例尺数据的关联和更新在比例尺间的传递。第四部分是增量级联更新质量评估，包括第 7、第 8、第 9 章，首先从居民地与其他要素间的拓扑关系、方向关系入手进行冲突检测和处理；其次以居民地形状、位置、面积、方向等为指标，进行匹配质量评估；最后，基于邻域相似性对更新结果进行质量评估。

　　本书涵盖了居民地要素增量级联更新的整个流程,以理论与实践相结合的方式完成了空间数据增量级联更新理论和各环节关键技术的阐述,书中的方法不仅可以直接用于居民地要素的更新中,还可以被其他要素更新借鉴,它不仅是居民地要素更新理论与方法的总结,也是对该领域进一步研究及下一步实现全要素增量级联更新的探索与开拓。

　　本书作者长期从事地图自动制图综合和空间数据更新的理论研究与实践,先后主持完成了包括国家自然科学基金、国家 863 计划等多项相关研究项目,并发表了与此有关的 80 余篇学术论文,本书是对居民地增量级联更新方面研究成果的提炼与总结。由于更新流程中部分技术还需要人工辅助,实现完全自动化的地理空间数据增量级联更新还很困难,作者及其团队还在从事该领域的研究,书中有许多方面还有待于在科研和教学实践中逐步充实、完善和提高。

　　本书经信息工程大学地理空间信息学院王家耀院士审阅并提出宝贵的意见,使本书在内容与结构上均得到很大改善,王家耀院士并为本书作序;与西安测绘研究所杨春成研究员及其团队、武汉大学艾廷华教授及其团队在合作完成项目中的有益讨论,也为本书的完成开拓了思路,并且他们提出了很好的建议;信息工程大学的钱海忠教授、翟仁健博士参与了本书相关内容的研究,在研究的组织、实施及本书的撰写过程中,提供了大量的资料,指导了研究的进行和书稿大纲的讨论;研究生姬存伟(第 2 章)、焦洋洋(第 9 章)等参加了本课题(国家自然科学基金"居民地增量级联更新关键技术研究")的研究,完成了许多实验及相关工作,巩现勇、杜佳威等也对本书的完成提出了修改建议并完成了书稿的校对等工作,没有他们的辛苦付出,本书也难以付梓,在此作者一并表示衷心感谢!

　　空间数据更新是一个不断有着新的研究方法、研究内容的研究领域,需要进一步探索的问题还有很多。限于作者水平有限,书中难免有疏漏谬误,恳请读者与专家批评指正。

　　本书在国家自然科学基金(41171354)和预先研究项目(40601030303)的资助下完成,也得到了信息工程大学地理空间信息学院出版基金的大力支持。

作　者
2015 年 9 月

目　　录

序

前言

第1章　绪论···1

　1.1　空间数据更新的基本问题···1

　　1.1.1　空间数据更新的研究背景与意义···1

　　1.1.2　空间数据更新的主要模式···3

　1.2　空间数据更新技术与方法研究进展··5

　　1.2.1　国内外相关技术方法研究进展··5

　　1.2.2　居民地增量级联更新面临的问题··10

　1.3　居民地增量级联更新的模式及特点··11

　　1.3.1　增量更新的概念及特点···11

　　1.3.2　级联更新的优势与增量信息在尺度间传递的过程······················15

　　1.3.3　居民地增量级联更新基本模式··18

　　1.3.4　顾及语义信息的复杂对象更新流程·······································19

　　1.3.5　增量级联更新的关键技术及其依赖关系·································20

　　1.3.6　居民地增量级联更新的总体实现思路····································21

第2章　居民地变化信息分类及形式化表达··24

　2.1　空间变化类型的确定与判断··24

　　2.1.1　空间变化分类··24

　　2.1.2　空间变化类型的判断··30

　2.2　居民地图形数据差及其分类判断···32

　　2.2.1　时空变化和图形数据差···32

　　2.2.2　图形数据差的分类···34

　　2.2.3　图形数据差类型的判断···36

　　2.2.4　图形数据差的形式化表达··39

　2.3　空间变化、动态更新操作和图形数据差之间的映射关系··················40

　　2.3.1　空间变化与图形数据差的对应关系·······································40

　　2.3.2　空间变化与动态更新操作的对应关系····································43

　　2.3.3　图形数据差与动态更新操作的对应关系·································43

　　2.3.4　三者映射关系的建立··44

　2.4　变化信息表达模型及其分类判断···45

    2.4.1 变化信息表达模型的建立 ································· 45

    2.4.2 变化信息分类判断 ···································· 45

  2.5 变化信息的分类表达 ······································ 46

    2.5.1 变化信息类型判断规则 ································· 46

    2.5.2 变化信息类型的形式化表达 ······························ 47

第3章 同尺度居民地匹配和变化信息提取 ····························· 49

  3.1 居民地匹配的空间认知特点 ·································· 49

    3.1.1 居民地匹配问题分析 ·································· 49

    3.1.2 居民地匹配的空间认知过程 ······························ 51

    3.1.3 居民地相似性及其认知 ································· 52

    3.1.4 认知实验及认知特点分析 ································ 53

  3.2 基于人工神经网络的居民地匹配算法 ····························· 56

    3.2.1 基于人工神经网络的居民地匹配模型 ······················· 56

    3.2.2 人机结合的神经网络训练策略 ····························· 58

    3.2.3 居民地匹配实验及变化信息提取 ·························· 59

  3.3 空间关系相似性约束的居民地匹配算法 ···························· 63

    3.3.1 空间关系相似性及其计算 ································ 63

    3.3.2 空间关系相似性约束的居民地匹配流程 ······················· 65

    3.3.3 邻近对象空间关系相似性校验的匹配质量检核 ··················· 66

    3.3.4 居民地匹配及变化信息提取 ······························ 67

  3.4 基于图形数据差的居民地变化信息提取与表达示例 ····················· 71

    3.4.1 居民地要素变化信息提取 ································ 71

    3.4.2 居民地要素变化信息的分类表达 ·························· 75

第4章 居民地要素的形态演化和相邻尺度居民地匹配 ······················ 79

  4.1 相邻比例尺居民地匹配的特点 ································· 79

    4.1.1 相邻尺度同名对象对应关系的类型 ························· 79

    4.1.2 居民地在生命周期内的表现形式和对应关系 ··················· 80

    4.1.3 相邻尺度居民地匹配问题分析 ····························· 81

  4.2 相邻比例尺居民地匹配中多对多关系的发现和确认 ····················· 82

    4.2.1 匹配中多对多关系产生的原因 ····························· 82

    4.2.2 匹配中多对多关系的发现方法 ····························· 83

    4.2.3 多对多对应关系的确认 ································· 85

  4.3 基于多层次相似性辨识的相邻尺度居民地匹配算法 ····················· 86

    4.3.1 链角结合的局部配准方法 ································ 86

    4.3.2 基于空间关系相似性约束的匹配对象粗选和位置纠正 ··············· 88

    4.3.3 基于多层次相似性辨识的精匹配 ·························· 91

4.3.4 相邻尺度居民地匹配示例 ····································· 93

第5章 多尺度居民地数据关联关系的构建 ·························· 96

5.1 系列比例尺关联关系模型的建立 ································· 96

5.1.1 树型关联关系模型的建立 ··································· 96

5.1.2 索引结构的设计 ·· 97

5.2 基于自然格网的居民地制图综合索引 ························· 98

5.2.1 制图综合索引的构建方法及问题分析 ····················· 98

5.2.2 面向更新的制图综合索引的构建要点 ···················· 100

5.2.3 制图综合索引的构建策略 ································· 100

5.2.4 基于自然格网的制图综合索引构建方法 ··················· 105

5.2.5 构建过程及分析 ··· 107

5.3 多尺度居民地关联索引结构 ································· 111

5.3.1 多尺度制图综合索引的一致性约束 ······················· 111

5.3.2 多尺度居民地关联索引结构的构建 ······················· 112

5.4 相邻尺度同名对象关联关系建立 ···························· 114

第6章 居民地变化信息的尺度变换 ································ 115

6.1 增量更新环境下居民地的尺度变换方法 ····················· 115

6.1.1 居民地要素尺度变换方法分析 ···························· 115

6.1.2 增量更新环境下尺度变换的特点及要求 ··················· 118

6.1.3 尺度变换方法和流程的改进途径 ·························· 119

6.2 尺度变换算子的动态自适应选择 ···························· 120

6.2.1 尺度变换算子动态自适应选择的概念架构 ················· 120

6.2.2 尺度变换算子选择支撑库的构建 ·························· 120

6.2.3 基于智能增强策略的自适应尺度变换算子选择方法 ········ 125

6.3 影响域渐进扩展的居民地增量综合方法 ····················· 126

6.3.1 增量综合概念的提出及研究重点 ·························· 126

6.3.2 影响域渐进扩展的居民地增量综合 ······················· 127

第7章 居民地增量信息的拓扑冲突检测与处理 ···················· 132

7.1 增量更新空间冲突的特点和检测模型 ······················· 132

7.1.1 增量更新中空间冲突的成因分析 ·························· 132

7.1.2 增量更新中空间冲突的特点与检测模型 ··················· 134

7.2 拓扑冲突规则的定义与形式化表达 ·························· 135

7.2.1 拓扑约束的来源 ··· 135

7.2.2 拓扑关系表达模型的建立 ································· 136

7.2.3 拓扑冲突规则的形式化表达 ······························· 138

7.2.4 与居民地相关的拓扑冲突约束规则 ······················· 138

7.3 基于格网的增量更新拓扑冲突快速检测方法 ···································· 141
  7.3.1 基本思想 ·· 141
  7.3.2 格网索引建立与数据结构表达 ·· 142
  7.3.3 格网大小的确定 ·· 143
  7.3.4 冲突检测过程 ·· 144
  7.3.5 冲突检测实验 ·· 145
  7.3.6 检测效率实验分析 ·· 151
7.4 更新居民地与其他空间目标间拓扑冲突的处理 ································ 153
  7.4.1 冲突处理的基本方法 ·· 153
  7.4.2 不同类型拓扑冲突的度量与处理 ·· 154
  7.4.3 冲突处理步骤 ·· 158
  7.4.4 相关实验 ·· 159

第8章 居民地增量信息的方向冲突检测与处理 ····································· 163
8.1 空间数据库中的方向冲突 ··· 163
  8.1.1 方向关系 ·· 163
  8.1.2 方向冲突 ·· 163
  8.1.3 方向冲突检测的难点 ·· 164
8.2 方向关系的表达模型 ··· 164
  8.2.1 典型方向关系表达模型比较分析 ·· 165
  8.2.2 方向关系矩阵模型及其扩展 ·· 165
8.3 改进的面状目标间方向相似性计算模型 ·· 168
  8.3.1 基本方向片概念间距离的改进 ·· 168
  8.3.2 基于最小元素法求解的方向相似性计算方法 ································ 170
  8.3.3 方向相似性认知实验 ·· 172
8.4 居民地增量更新方向冲突检测 ··· 174
  8.4.1 基于方向相似性计算的方向冲突检测模型 ·································· 174
  8.4.2 比较与分析 ·· 179
  8.4.3 相关实验 ·· 180

第9章 居民地增量更新中的几何匹配质量检核与评估 ······························ 186
9.1 居民地几何匹配质量评估策略 ··· 186
  9.1.1 匹配质量元素及度量方法 ·· 186
  9.1.2 质量评估策略 ·· 188
9.2 基于形状相似性度量的匹配错误检测方法 ······································ 188
  9.2.1 关键点内插形状相似性度量的检测方法 ···································· 189
  9.2.2 格网叠置分析形状相似性度量的检测方法 ·································· 196
  9.2.3 基于形状相似性度量的匹配错误检测 ······································ 204

9.3　多指标灰色关联自定权的匹配正确性判断方法 ……………………………… 206
　9.3.1　灰色关联分析的基本原理 …………………………………………… 206
　9.3.2　几何精度指标度量方法 ……………………………………………… 207
　9.3.3　综合度量及匹配正确性判断 ………………………………………… 210
9.4　基于邻域相似性的增量更新质量评估 ……………………………………… 219
　9.4.1　评估方法及过程 ……………………………………………………… 219
　9.4.2　实验与分析 …………………………………………………………… 222
第10章　居民地增量信息在尺度间的传递及级联更新 ………………………… 225
10.1　增量信息对空间数据的级联更新 …………………………………………… 225
　10.1.1　关联关系的建立 …………………………………………………… 225
　10.1.2　更新的传递流程 …………………………………………………… 226
　10.1.3　变化信息尺度变换及更新传递实验 ……………………………… 230
　10.1.4　更新传递及级联更新效率分析 …………………………………… 232
10.2　居民地增量级联更新过程示例 ……………………………………………… 234
　10.2.1　更新数据源预处理 ………………………………………………… 234
　10.2.2　相邻尺度旧数据匹配和关联关系建立 …………………………… 235
　10.2.3　起始比例尺数据匹配和变化信息提取 …………………………… 236
　10.2.4　起始比例尺数据更新和增量信息提取 …………………………… 238
　10.2.5　变化信息尺度变换 ………………………………………………… 241
　10.2.6　增量信息质量评估和相邻尺度数据更新 ………………………… 242
　10.2.7　面向下一尺度更新的变化信息提取 ……………………………… 244
　10.2.8　运行实例分析 ……………………………………………………… 244
参考文献 ……………………………………………………………………………… 247

第1章 绪 论

科学的发展和技术的进步极大地扩展了人类的活动空间，也对地理空间信息的生产和应用产生了深层次的巨大需求。地理空间信息作为客观世界地理空间和人类活动环境的信息集合，被广泛应用于政治、经济、军事、社会生活等各领域中，特别是随着移动互联网的普及，它已成为人们生活中不可或缺的基础信息。随着空间数据获取技术的高速发展，空间数据的生产模式和效率有了很大提高，空间数据库的建库工作已逐渐完成。然而，随着我国经济建设的飞速发展，地形地物等要素不断变化，这些数据库的现势性逐渐降低，空间数据的更新与维护成为空间数据库建设的核心工作。如何降低成本、节约时间，利用各部门最新数据和资料更新空间数据库，成为数据生产和提供部门所要面对的关键问题。因此，本书以更新为主题，以提高更新过程的自动化程度为目标，以居民地要素为例，探讨多尺度空间数据库更新的理论与方法。

1.1 空间数据更新的基本问题

1.1.1 空间数据更新的研究背景与意义

随着科学技术的高速发展和社会信息化程度的加深，地理空间信息作为信息产业的关键一环，逐渐进入工业、农业和百姓的生活中，得到了日益广泛的应用。而作为地理信息系统"血液"的地理空间数据，其重要性也与日俱增，尤其是在军事领域，地理空间数据已成为指挥系统和武器装备的运行基础，是战役指挥、导弹寻的、无人机导航等系统运行的重要支撑（陈军等，2004）。通过军队和地方测绘人员的不懈努力，当前已建成全国 1∶50 000 框架数据库、1∶250 000 基础地理空间数据库、1∶500 000 交通数据库和 1∶1 000 000、1∶3 000 000 数据库等，各省也陆续建立了 1∶10 000、1∶5000、1∶1000 甚至局部地区 1∶500 的各种数据库，我国基础地理空间数据的建库工作初见成效（陈军，2002）。

但由于我国幅员广阔，地理空间数据量众多，并且近年来随着国家经济建设和城市基础设施建设的飞速发展，地物、地形、社会及人文要素不断发生变化，导致这些已建成的数据库现势性逐年下降，直接影响着其使用价值，已很难满足经济建设和高科技条件下的军事斗争需求，迫切需要进行迅速、全面、持续的更新工作。《中华人民共和国新测绘法》第三章十五条也明确指出："基础测绘成果应当定期进行更新，国民经济、国防建设和社会发展急需的基础测绘成果应当及时更新"（陈军等，2007b）。人们逐渐认识到"地理空间信息更新将取代数据获取而成为 GIS 建设的瓶颈"，当前，测绘工作的重心正在由初期的数据生产向当前的数据更新与服务转变（Li et al.，2002）。

地理空间数据更新是一个繁杂的过程，根据更新的范围、周期和技术手段的不同，可以分为定期全面更新、增量更新和多比例尺级联更新三种模式（Mader，1999）。定期全面更新是指在规定的周期内，或是一定比例的地理空间实体发生变化时，开展更新工作，对一定范围内的基础地理数据进行全面的更新（蒋捷和陈军，2000）；增量更新是指变化（几何或语义变化）一经发生、发现、测定，空间数据库便更新其内容，保存变化信息，而且更新后的数据能够不断传递给用户使用的一种理想的更新方式（Langran，1993；Cooper and Peled，2001；Cooper，2003；周晓光等，2006）；多比例尺地理空间数据级联更新是指通过建立多个比例尺数据之间的关联，用一批现势性数据通过关联更新多个比例尺的数据（傅仲良和吴建华，2007；毋河海，2000b；Kilpeläinen，1997；Haunert and Sester，2005）。从更新目标看，前两种模式侧重于对某一比例尺地理空间数据的更新，而多尺度级联更新则能够一次更新多个比例尺数据库。从更新时效性和范围来看，增量式更新具有较大的灵活性，能够有效地应对需求的变化，实现局部地区或某一要素的持续动态更新。

就更新效率和应用前景而言，增量更新和多尺度级联更新的优势更加明显。然而，由于增量更新将更新范围限制在固定的尺度内，而多尺度级联更新在实现多级数据更新的同时又缺少随需而变的灵活性，这就导致它们难以应对当前多尺度空间数据快速、高效、灵活更新的需求。因此，若将这两种更新模式的优点有机结合，形成多尺度空间数据增量级联更新模式，该模式不但具有增量更新快速、灵活的优点，还可以实现多级比例尺变化信息的同步更新，势必会有效地促进多尺度空间数据更新理论和实践的发展。相比原有的三种更新模式，多尺度空间数据增量级联更新模式具有如下优势：

（1）可以有效地维护多比例尺数据的一致性。对单个比例尺地图数据分别进行更新时，由于更新的时间、更新的数据源、采用的更新方法不同，因此更新结果也必然会有差异，这种差异就造成多个比例尺数据之间的不一致性，如同名地物的不同表示，地物选取的差异造成的地物不匹配等问题。而采用多比例尺增量级联更新方法，由于小比例尺数据是从最初的大比例尺数据缩编更新而来，所以不会存在不同比例尺地物选取差异的问题，每次更新都是从大比例尺数据发现变化信息，然后对变化信息进行自动制图综合处理，经过各要素层的冲突检测和关系处理后对小比例尺数据进行更新，因此，各比例尺数据可以保持大致相同的现势性。此外，在级联更新过程中，更新方法的连贯性也会使同名地物在系列比例尺地图上的表示有一定的规律性。这样，多比例尺数据的增量级联更新可以保证地理空间数据在空间对象层次、地图要素层次和整个地图层次的高度一致性，进而提高空间数据的可用性和有效性。

（2）缩短更新周期，提高更新效率。传统的地理空间数据更新一般是采取各比例尺数据单独进行，往往由不同的单位或同一单位的不同人员主持，无论更新任务、目标相同与否，都要进行数据源搜集与整理、变化探测与发现、变化信息制图综合、地图各要素的冲突检测等流程，这些工作需要消耗大量人力物力，并且周期较长。若采用多比例尺增量级联更新方法，当对大比例尺数据进行变化检测和更新后，对更新内容进行存储。由于多比例尺数据的一致性，其余比例尺数据需要更新的内容必然是最大比例尺更新内容的子集，所以只需要通过多比例尺数据之间的关联，分析并处理变化信息即可，不用对所有地图数据进行检测，如此必然会节省大量的人力物力，缩短更新周期，提高更新效率。

（3）实现需求牵引下的适时更新。随着地理空间信息在经济和日常生活中的应用日趋增多，传统的更新方式已经很难满足多样化的数据更新需求。一些突发事件如地质灾害、应急救援等往往需要在几天或更短的时间内就获取局部或某一要素现势性较高的地理空间数据，而国家重大工程项目建设则对空间数据有自身的特殊需要，此外，不同领域对空间数据更新的时效性要求也有很大的差异，这就要求更新方法具有适时更新能力。多比例尺地理空间数据增量级联更新方式利用增量信息更新多比例尺数据库，通过灵活地对更新内容、更新时间、更新方式进行配置，可以充分满足当前复杂的更新需求。

1.1.2 空间数据更新的主要模式

在 GIS 发展的初期，制图工作者的注意力主要放在几种空间数据库的建设上，对空间数据库更新等问题的研究较少。近年来，随着地理空间信息的深入应用，人们发现"当前 GIS 的核心已从数据生产转为数据更新，数据更新关系着 GIS 的可持续发展"（Fritsch，1999）。目前，空间数据更新已经引起各国政府的普遍重视，如美国国家地理信息与分析中心 20 世纪 80 年代就开始了大比例尺数据更新小比例尺数据的研究；法国国家制图机构的相关实验室已在该领域进行了多年的开发研究；瑞士与欧洲共同体共同资助的"MurMur"项目中，多尺度数据库的同步更新是其主要研究目标之一；欧洲联盟资助了导航地图持续更新计划——FeedMAP。国际学术组织也加强了对该领域的关注，如 1999 年国际制图协会（ICA）和国际摄影测量与遥感学会（ISPRS）成立了"增量更新和空间数据库版本化"（incremental updating and versioning of spatial data bases）联合工作组，先后 5 次组织了专题研讨会。2003 年 8 月 ICA 又将该工作组升格为"增量更新和空间数据库版本化"委员会。2004 年 7 月召开的第 20 届 ISPRS 大会专门设立了"地理空间数据库的变化检测与更新"（change detection and updating for geo-databases）、"核心数据库的修订与维护"（revision and maintenance of coregeo-databases）两个主题单元。同时，中国国家自然科学基金委员会自 20 世纪 90 年代以来也陆续对多个空间数据更新研究项目进行了资助。由此可以看出，空间数据更新已经引起了国内外政府、学术机构和学者的广泛关注。

在空间数据库更新的工程应用方面，我国于 2002 年完成了 1998 年建成的全国 1：250 000 地形数据库的首次更新，2006 年年初完成了全国 1：50 000 地形数据库的初始数字化建库，并根据国民经济建设与社会发展的迫切需求，启动了对全国 1：50 000 地形数据库的全面更新，2010 年已基本完成更新工作。由于当初 1：50 000 数据库建库时使用的地形图现势性较差，所以 1：50 000 数据库更新采用的是全面更新的方式。

根据更新数据源采集方式的不同，空间数据的主要更新方法及适用范围如表 1.1 所示（GB/T 14268—2008《国家基本比例尺地形图更新规范》）。

此外，根据更新周期、更新范围的不同，空间数据更新又可以分为定期全面更新、持续增量更新和多比例尺级联更新。

1. 定期全面更新

即在规定的周期内，或是一定比例的地理空间实体发生变化时，开展更新工作，对一定范围内的基础地理数据进行全面的更新（蒋捷和陈军，2000）。例如，荷兰地形署 1：10 000 数据库根据区域特点更新周期分为 4 年、6 年、8 年；日本采用基于栅格的

表 1.1　空间数据的主要更新方法

更新方法	技术手段	适用数据类型
外业实测更新法	通过野外测量数据采集系统,获取地形点的坐标和高程	1:500、1:1000、1:2000、1:10 000 地形图更新宜采用此技术方法。一般用于补测新建的住宅楼群或独立的高大建筑物
航空摄影更新法	采用航空摄影测量方法与外业调绘的作用方法,获取地形点的坐标和高程	1:5000、1:10 000、1:25 000、1:50 000 地形图更新或地物变化范围较大或较复杂的地貌,宜采用此技术方法
航天遥感更新法	选择现势性强、影像地面分辨率不低于图上 0.1mm 的卫星像片,用于地形变化范围不大的局部更新	1:100 000 地形图更新宜采用此技术方法
数字正射影像图采集更新法	将 DLG 与 DOM 叠合,对变化了的要素进行图形采集	地物变化范围较大或已变化的较复杂的地貌,宜采用此方法
地形图编绘更新法	利用不小于成图比例尺的最新地形图和现势资料,通过内容取舍与更新、地图综合与编辑等编绘技术方法更新地形图	1:25 000 以及小于 1:25 000 比例尺的地形图更新宜采用该方法

更新方法,城市地区每 3 年更新一次,郊区每 5 年更新一次,山区每 10 年更新一次;我国上海市确定 1:10 000 矢量地图的更新周期为 5 年,1:2000 矢量地图的更新周期为 4 年,1:1000 矢量地图的更新周期为 3 年,而中心城区 1:500 矢量地图的更新周期为 2 年等。此外,国家基础地理信息中心于 2002 年对全国 1:250 000 数据库进行了首次更新,国家测绘局也于 2006 年启动了国家基础地理信息 1:50 000 数据库更新工程(蒋捷和赵仁亮,2008)。

2. 持续增量更新

当前的地理空间数据库更新大多采用定期全面更新方式,由于数据量巨大,所以更新周期一般长达数年。然而,近年来为满足突发事件处理、重大工程建设等需要,迫切需要能够在几天或较短的时间内得到指定要素或特定地区现势性较高的数据,这就导致了更新方式向持续增量更新转变。例如,日本在完成全日本数字公路地图数据库的基础上,设置了专门的队伍与机制来完成更新信息的动态采集与持续更新。丹麦国家测绘署采用航片发现变化,然后再将变化信息矢量化并用来对原数据库进行增量更新。增量式更新由于方式灵活而且能够更好地保证空间数据的现势性,是空间数据库更新的一大趋势(Langran,1993;Cooper and Peled,2001;Cooper,2003;周晓光等,2006)。

3. 多比例尺级联更新

多比例尺空间数据级联更新是为了解决单个尺度数据更新成本高、不同尺度数据一致性差的问题而提出来的一种更新方法(Kilpeläinen,1997;Haunert and Sester,2005),傅仲良和吴建华(2007)认为在当前的技术条件下有两种实施方案。

方案一:首先构建多个比例尺空间数据之间的关联关系,然后根据较大比例尺的更新数据,分析、识别其所对应的小比例尺空间要素,并把它提取到工作层。

方案二:通过空间关系、要素类等信息建立多个尺度数据的关联关系来实现联动更新。在大比例尺数据更新完成后,首先配置小比例尺数据的更新环境,然后根据大比例尺数据的更新结果提示进行人工编辑更新。

这两种方案都是通过提示辅助人工进行较小比例尺的更新，其关键在于建立多尺度地理要素之间的关联关系。

1.2 空间数据更新技术与方法研究进展

1.2.1 国内外相关技术方法研究进展

多比例尺地理空间数据更新是一项复杂的系统工程，是多项技术的有机组合，下面依次从地理空间数据更新策略与模式、变化信息的分类与表达、空间数据的匹配及变化信息检测与提取、多尺度级联更新的数据模型、变化信息的尺度变换、空间关系的冲突检测与处理、更新的质量检核与评估 7 个方面，讨论各项技术的研究现状。

1. 空间数据更新策略与模式

近年来，国内外对更新模式、更新方法进行了持续的研究。Kilpelänen 和 Sarjakoski（1995）通过缩编大比例尺数据中的变化信息来更新小比例尺数据。艾廷华等（2005）根据大比例尺数据直接缩编来更新小比例尺数据。蒋捷和陈军（2000）将更新过程分为确定更新策略、变化信息提取、变化信息采集、现势数据生产和现势数据提供 5 个步骤，重点分析了数据更新的若干关键问题。傅仲良和吴建华（2007）提出了基于 CHT-EUR 空间数据库模型的多比例尺空间数据库更新方法，通过空间要素匹配和属性对比对发生变更的数据进行自动识别。胡云岗等（2007b）总结出地图数据缩编更新的 4 种模式：直接缩编替代更新、直接缩编叠加更新、增量缩编更新、新旧数据叠加缩编更新，并论述了各种模式的适用情况，最后以路网数据更新为例进行了说明。陈军等（2008）总结并提出了缩编更新的一些关键技术：地图综合技术、人机协同作业环境的建立、多源数据整合处理与分析、变化检测与提取技术等。

2. 变化信息的分类与表达

变化信息的分类与表达是实现增量信息提取、存储管理以及发布的前提，是更新操作的入口，关系到整个空间数据增量更新的正确性和完整性。而当前的研究主要以面向时空变化的分类与表达为主，并未深入研究变化信息的分类与表达，主要研究工作有：

（1）Claramunt 和 Theriault（1996）提出了基于地理事件对时空变化的表达以实现对变化信息的描述。他们给出了影响地理要素状态变化的事件类型集合，将影响居民地变化的事件分为生亡事件和进化事件。通过基于地理事件对时空变化进行分类，继而实现对变化信息的分类与表达。

（2）Homsby 和 Egenhofer（2000）提出了一种以地理对象状态和基本更新操作为基础的空间变化的表达方法。该方法利用一种可视化语言来对时空变化的不同类型加以区分和表达，将地理实体的状态分为对象存在状态、对象不存在但是有历史状态、对象不存在且无历史状态，以此实现变化信息表达的目的。

（3）周晓光等（2006）提出了一种基于事件的时空数据库增量更新方法。该方法通过建立变化事件与空间变化类型之间的关系以及空间变化类型和动态更新操作之间的关系，继而实现对变化信息的分类与表达。

（4）朱华吉（2006，2007）以及朱华吉和吴华瑞（2007，2010）提出了基于地理事件和图元快照差类型来对变化信息进行分类，给出了地形数据变化信息的基本定义、形式化表达方法。在分析了地理事件和快照差类型的基础上，根据基于事件和快照差的变化信息的定义，变化信息主要包括两部分：地理事件和快照差。通过地理事件类型与快照差类型之间映射关系的建立，实现对变化信息的分类与表达。

3. 空间数据的匹配及变化信息检测与提取

变化信息检测是通过对比同比例尺或相邻比例尺的两组地理空间数据进而发现变化信息的过程，矢量数据则主要采用数据匹配的方法进行变化发现（Cecile，1996；李德仁等，2004）。按照匹配依据分类，可将匹配划分为几何相似性匹配、拓扑相似性匹配和语义相似性匹配；按照匹配目标类型分类，可以划分为点目标匹配、线目标匹配和面目标匹配。

（1）点目标匹配。点实体不仅包括独立点状地物，也包括一些具有重要指示作用的特征点，如道路交叉点、面实体边界的拐点等。独立点状地物的匹配，通常将点位距离相似性作为匹配依据，Beeri 等（2004，2005）根据模糊集理论，通过计算点实体可信度并将可信度值的相似性作为判断匹配问题依据进行点实体的匹配。Saalfeld（1988，1993）在针对特征点实体中道路结点的匹配进行研究时，综合考虑节点距离、关联弧段连通度，采用"蜘蛛编码"的二进制编码方法来寻找点实体的匹配点。张桥平（2002）通过改进"蜘蛛编码"方法对点实体进行匹配。但上述的匹配方法都只能解决 1∶1 的匹配问题，不能处理非 1∶1 的情况。

（2）线目标匹配。线实体匹配大体上可以划分为三类方法：弧度匹配（Walter and Fritsch，1999；Mantel and Lipeck，2004；Deng et al.，2007b）、节点匹配（Gösseln and Sester，2004；Gösseln，2005；Volz，2006；赵东保，2010；张云菲等，2012；Mustière，2006；Filin and Doytsher，2000；陈玉敏等，2007；栾学晨等，2013）以及道路网结构形态特征匹配（Zhang et al.，2005；陈军等，2007a；Zhang and Meng，2008；翟仁健，2011）。弧度匹配研究中，Walter 和 Fritsch（1999）提出了基于弧度缓冲区增长法的匹配方法。通过对传统的 Hausdorff 距离进行改进，Deng（2007b）提出的弧段匹配方法可以用来处理非 1∶1 匹配情况。节点匹配通常将线实体的匹配分为节点匹配和匹配节点关联弧段匹配两个步骤，在迭代最近点方法（Gösseln and Sester，2004；Gösseln，2005；Volz，2006；赵东保，2010；张云菲等，2012）中，这两个步骤需要不停迭代循环，最终完成所有弧段的匹配。道路网匹配中，Mustière（2006）以及 Mustière 和 Devogele（2008）通过综合利用多个指标（如距离、形状、拓扑等）确定匹配弧段，从而完成道路网的匹配。陈玉敏等（2007）提出了通过节点与折线距离相似度度量解决多道路网匹配的方法。栾学晨等（2013）利用道路交叉口形态相似性完成道路节点匹配。道路网结构形态特征匹配研究中，Zhang 等（2005）利用弧段缓冲区增长法进行全局搜索的道路网匹配。陈军等（2007a）针对道路网的缩编、更新问题，利用网眼密度选取和层次分析的方法实现了道路网的层次匹配。Zhang 和 Meng（2008）首先对道路网构建"Delimited Strokes"，而后对相同等级的"Delimited Strokes"道路进行匹配。张桥平（2002）提出了分别利用中间面积和方向变化角计算线实体之间距离和方向差异的方法。翟仁健（2011）提出了多尺度道路全局一致性评价的匹配方法，同时考虑到道路自身特征和所在空间场景的相似性。

（3）面目标匹配。面实体作为空间实体中变化最为活跃的部分，其匹配相似性度量指标也较多，匹配方法的研究也取得了丰硕的成果，总体上可以分为三类。第一类是依据面实体位置临近度进行匹配，如用面的质心来代替面，通过比较点与点距离、点与面的拓扑关系来确定面与面匹配关系。例如，Yuan和Tao（1999）利用数学形态学方法获取面实体的质心，当两个面实体的质心都可以相互落在另一面实体区域内，且一些形态特征指标又较为接近时，可认为二者为同名实体。Masuyama（2006）则将最大内切圆圆心作为面实体的代表点，通过判断两实体的代表点是否在对方内部来进行匹配。还有学者提取面实体的边界，通过比较实体边界间的距离（如Fréchet距离）来实现面实体之间的匹配（Deng et al.，2005）；通过将面实体降维为线实体进行匹配的方法实现面状居民地的匹配（黄智深等，2012）；以及利用弯曲度半径复函数构建了综合面实体相似度模型，并将其用于面实体匹配中（付仲良和逯跃峰，2013）。第二类是通过比较面实体之间的重叠程度来判断它们是否匹配，目前很多文献都采用这种方法（van Wijngaarden et al.，1997；吴建华和傅仲良，2008；章莉萍等，2008）。有代表性的有：von Goesseln和Sester（2003）在数据更新中用这种方法来探测变化信息。张桥平（2002，2004）针对面实体的匹配，通过计算面实体之间的重叠面积来确定候选匹配集，再利用形态距离确定其模糊拓扑关系，并以此描述两面实体是否为同名实体的模糊程度。第三类是通过比较面实体形状的相似程度来判断面实体是否匹配，形状越相似，则越有匹配的可能。面实体的形状相似性比较需要借助形状描述函数，常见的形状描述函数有傅里叶描述子（Kauppien and Sepanen，1995；Zhang and Lu，2003；帅赟等，2008；艾廷华等，2009）、正切形调函数（Arkin et al.，1991）以及矩描述子（Liao and Pawlak，1996）。还有如Wentz（1997）提出用面的紧致度（面积周长比）、边界的描述和面的构成成分来定义面实体的形状；Foley和Chairman-Petry（1997）使用类似于线实体度量的方法，即通过边界线间的面积以求得实体间的形状相似度等。

（4）综合匹配方法。通过某个具体的指标判断是否匹配是较片面的，很难准确判断出面实体是否匹配，往往需要综合考虑多个评价指标。在综合利用多种指标时，一般是将各种指标计算出的相似度进行加权平均，得到一个总的相似值。Cobb等（1998）提出了基于知识的非空间属性数据匹配策略，通过计算属性项的相似度值以确定匹配实体。童小华等（2007a，2007b）将Beeri等（2005）提出的基于概率可信度的匹配方法应用到其他类型空间实体的匹配中，综合考虑各种几何特征指标，从而获得更为准确的匹配结果。郝燕玲等（2008）给出了一种通过计算面实体之间的形状相似度，并综合考虑了位置、尺寸等几何特征来对面实体进行匹配的方法。章莉萍等（2008）在研究相邻比例尺的居民地实体变化规律的基础上，提出了一种"增量式凸壳匹配方法"，以对多尺度居民地实体进行自动匹配。郭黎等（2008）利用方向关系矩阵模型描述和计算面实体之间的空间方向关系，并给出了基于空间方向相似性的面实体匹配算法流程。丁虹（2004）通过引入本体论和空间认知的思想，对空间相似性理论进行研究，分别建立了空间方向、拓扑、语义以及空间场景的相似性等计算模型。翟仁健（2011）提出了基于全局一致性评价的居民地实体匹配方法，将待匹配实体与邻域实体作为整体进行匹配。

（5）考虑语义信息的匹配方法。通常空间数据有着丰富的语义信息，如果在匹配过程中可以综合考虑到居民地实体的语义信息，这样，居民地匹配的准确率就可以得到进一步的提高。当前语义匹配主要是利用本体论以及自然语言理解来实现（Cobb et al.，1998；Foley and Chairman-Petry，1997；Uitermark et al.，1999；Rodriguez and Egenhofer，2003；Samal et al.，2004；Volz，2005；李红梅等，2009；徐爱萍和欧阳红涛，2009；张雪英和闾国年，2008）。当前空间数据在数据存储过程中，经常会出现地理实体语义信息缺失或者不同数据集之间语义信息格式不一致的情况，导致语义信息存在着一定的不确定性。因此，语义匹配方法主要是起到辅助匹配判断的作用。

4. 多尺度级联更新的数据模型

从文献综合来看，空间数据多尺度表达的研究主要集中在多尺度数据模型以及多分辨率层次数据结构的设计和实现上，包括不同层次之间的链接和更新触发机制以及不同表达版本的一致性维护等（艾廷华和成建国，2005；李精忠，2009）。国外关于多尺度数据模型的研究较多，其中具有代表性的主要体现在抽象胞腔复形（abstract cell complexes）（Puppo and Dettori，1995）、GEODYSSEY（Jones et al.，1996）、层次地图空间（stratified map spaces）（Stell 和 Worboys，1998）、地图立方体模型（map cube model）（Timpf，1998）、MADS 模型（Vangenot et al.，2002）及 VUEL 模型等几个模型上（Bedard and Bernier，2002）。 国内也有一定的研究，吴凡（2002）提出了一个面向地理实体的尺度依赖的空间数据模型。刘妙龙和吴原华（2002）认为传统的基于"层"的地图数据组织方式不利于空间数据的多尺度展示与分析，提出了基于尺度的树状地图数据组织模型。王涛和毋河海（2003）基于地理视图和几何视图的层次性，设计了一个面向地理实体的层次对象模型。王宴民等（2003）基于整体-局部构建及层次性原理，设计了一种分层分区分级的多尺度 GIS 数据模型。佘江峰（2005）基于系统论和协同学的观点设计了一个时空对象进化模型。

5. 变化信息的尺度变换

尺度变换是级联更新的重要环节，采用的方法基础是空间数据的自动综合。空间数据综合在地图生产中比较重要且受到研究者广泛关注，根据综合的阶段可以分为制图综合模型和控制研究以及地理空间对象选取、化简和位移研究，由于算法众多，仅以居民地为例进行说明。钱海忠和武芳（2001）以及钱海忠等（2006a，2006b，2005b，2007）对制图综合的控制流程进行了分析，提出了基于综合链的制图综合控制模型，并利用 Agent、Delaunay 三角网和骨架线技术对居民地选取、合并、化简等进行了研究。Regnauld 等（1999）研究了居民地综合的策略，包括街区多边形的化简、直角化及夸大等操作的算子设计，并给出了街区综合的一个可行的操作流程。Boffet 和 Serra（2008）研究了如何分析街区的空间结构特征的问题。Wang 和 Lee（2000）研究了基于矢量数据模式进行居民地平面图形化简的方法，尝试了形态分析和模式识别在居民地综合中的应用。毋河海（2000a）研究了面向实体的城镇居民地的综合方法。郭健（1993）研究了居民地道路的自动综合。王光霞（1996，1994）研究了利用专家系统技术和数学形态学方法来进行居民地的自动综合。郭庆胜（2002）研究了居民地轮廓化简。艾廷华（2000）、艾廷华和郭仁忠（2000b）以及艾廷华等（2001）研究了居民地平面图形的化简方法和用Delaunay三角网提取居民地街道中轴线并建立网络模型的方法。邓红艳等（2003）研究了基于遗传算法的居民地点状地物选取。

6. 空间关系冲突检测与处理

空间关系冲突的检测与处理，大体表现为4类：第一类体现在多尺度数据库间，如通过对不同尺度间相应拓扑关系、方向关系的距离的度量，对不同尺度数据间的空间关系冲突进行检测（Podesta et al.，2007）；考虑空间数据尺度变换过程中的合并操作的影响，基于方向关系矩阵模型运用空间推理方法对多尺度表达中面目标间方向一致性进行的检测（Du et al.，2010）；基于拓扑一致性的线目标空间冲突检测（詹陈胜，2012）；以及简灿良（2013）、Egenhofe 等（1994）、Belussi 等（2005）、Du 等（2005）所进行的相关工作。

而第二类体现在空间数据更新中，主要研究工作有：周晓光（2005）、陈军和周晓光（2008）、唐远彬（2011）等针对地籍数据库联动拓扑更新、土地利用增量更新中的空间冲突进行了研究和控制，维护了空间数据更新的质量。刘万增（2009）、陈军等（2006）基于全国 1∶50 000 空间数据库进行更新的需要，对于水系要素更新引起的空间冲突的检测方法进行了积极有益的探索，提出了空间冲突检测模型，并在 1∶50 000 数据库更新中空间冲突检测方面得到了较好的应用；陈明辉和张新长（2013）在对空间数据库动态更新中空间冲突表现方式描述的基础上，建立了冲突检测模型，并给出了空间冲突的处理方法；王鹏波（2009）、杨毛毛（2012）、陈斐（2012）、陈斐和周晓光（2014）从不同的角度对道路等线要素更新过程中空间冲突检测与处理方面的相关问题进行了研究；Sheeren 等（2009）将空间数据的不一致性检测转换为知识获取，提出了基于数据挖掘的空间冲突检测方法，大大减少了专家参与的工作量。

第三类体现在空间数据融合中，如陈佳丽（2007）采用匹配的手段实现了不一致的探测和拓扑关系的一致性维护；朱蕊（2012）建立了多源矢量空间数据的一致性处理流程，分别研究了几何位置、属性、空间关系的不一致纠正方法；Chen 等（2007）、刘万增等（2008）、王强和曹辉（2010）、杨敏等（2012）通过不同的技术手段从等高线数据中提取谷底线，然后判断河流与相应谷底线位置是否一致来检测二者在融合过程中是否产生了空间冲突。

第四类是基于图形表达的符号间重叠压盖所产生的符号间冲突，该方面国内外的研究工作非常多，本节暂不涉及。

7. 更新的质量检核与评估

随着各种匹配算法的提出，匹配质量的检核、评估与控制问题也日益重要起来，但目前对于地理空间数据更新质量检测与控制的研究还较少，概括起来有两个方面：

更新过程中影响质量的主要因素之一是制图综合阶段对空间对象的改变，重点是自动制图综合质量控制的研究。自动制图综合质量就是自动制图综合结果能成功地满足用户需要的程度。武芳等（2009）提出了自动制图综合质量评估模型。邓红艳（2006）基于制图综合自身特点和保质设计这一现代化的质量管理方法，提出了基于保质设计的制图综合框架。制图综合质量评价策略的制订现阶段还停留在针对某一要素或者某一操作的研究上，比较有代表性的如 Agent 制图综合项目组总结和提出的各种要素综合质量评价策略标准；Bader 和 Weibel（1997）针对制图综合中多边形的质量评价策略研究；Paiva（1998）针对多尺度表达提出的要素关系质量评价策略等。质量评估算法方面，相关研究有代表性的有基于极化变换的点群目标选取几何质量评估和基于降维技术的建筑物综合几何质量评估（钱海忠和武芳，2005，2007），以及线要素化简算法的质量评估（朱鲲鹏，2006）等。

　　更新过程中影响质量的另一因素是匹配质量控制和评估的研究。在匹配质量控制方面，童小华等（2007a）利用概率可信度的大小确定匹配的关系，尽量避免人为设定阈值可能产生的匹配错误；陈玉敏等（2007）采用曲线拟合最小二乘法确定匹配容差和成功率的关系，进而控制匹配的质量；邓愫愫（2007）提出了定性与定量的检验方法和调整变换方法，提高数据匹配和融合的质量。在匹配质量评估方面，目前大多数学者使用人工检查的方法检验匹配的结果，找出误匹配、漏匹配及正确匹配的实体对，并用查准率（precision）和查全率（recall）来评估匹配结果（Beeri et al.，2005；张云菲等，2012；章莉萍等，2008；付仲良和逯跃峰，2013），部分学者还从匹配耗时、位置精度等方面描述匹配方法的质量（郝燕玲等，2008；童小华等，2007b；付仲良和逯跃峰，2013；安晓亚等，2011）。当然也有学者提出了一些其他方法，如利用叠置的方法对特征点匹配可靠性进行检验（臧德彦等，2007），利用一致性位置精度约束值检验水网与谷底线匹配的一致性（杨敏等，2012），基于拓扑约束、度量约束以及全局一致性约束的道路网匹配结果检核与修正机制（赵东保等，2013）等。

1.2.2　居民地增量级联更新面临的问题

　　由以上分析可以看出，当前地理空间数据更新问题已经引起了国内外学术界和产业界的广泛关注，各国根据自身条件的不同也提出了不同的更新方案和更新模式，对更新过程中的关键问题从不同的角度进行了一定的理论和技术研究，对多比例尺地理空间数据更新问题也进行了初步的探索。但是，由于多比例尺地理空间数据更新问题涉及多种技术的有机结合，问题复杂，迄今为止，仍没有成熟、可商用、满足当前多层次现势性要求的地理空间数据更新模型和自动化程度较高的更新系统出现。总体而言，在理论和技术方面仍存在许多问题：

　　（1）空间数据库更新的理论研究相对滞后于生产实践。过去人们的注意力主要集中在建库方面，近年来才开始关注其更新问题，但理论研究力度和深度不够，导致人们对地理空间数据库更新的基本问题（如更新模型演化与动态建模、地理要素变化发现与自动提取、相邻尺度数据之间关联关系的建立与管理、面向更新的制图综合方法研究、更新质量评估策略等）缺乏系统、深入的认识，至今还没有形成公认的更新理论模型，难以指导空间数据更新工程设计和实施工作。

　　（2）传统多尺度数据模型对增量级联更新的支持不足。数据模型是更新操作得以实施和传递的底层架构，是多尺度增量级联更新的基础设施。当前国内外对多尺度数据模型的研究大多专注于数据的存储、查询和显示，对于相邻尺度之间同名要素的关联和更新过程中尺度变换操作的支持研究较少。其中基于多版本存储的层次模型只能作用于一个有限的尺度区间，不能满足大跨度尺度空间内地理现象的多重表达，并且存在一致性难以维护和更新难以传递的困难，而基于综合的动态派生模型、综合算法也只能作用于有限区间，否则派生结果将严重偏离真实的表达，缺乏连续、动态的多尺度数据表达能力。因此，有必要对面向多尺度增量级联更新的数据模型进行研究。

（3）用于变化检测的居民地匹配算法少且自动化程度不高。由以上对匹配技术研究现状的分析可知，当前已经开发了大量匹配算法，点、线、面对象都有涉及，但是，其中针对居民地匹配的算法并不多。居民地对象虽然也属于面对象，但由于其轮廓并不是自然的曲线，并且不同尺度的居民地对象形状变化还有其特定的规律性，并不完全等同于其他的面状对象，因此面状对象的匹配算法还不能直接使用，必须根据居民地对象的特点和变化规律开发相应的匹配算法。此外，传统的匹配方法主要从地理空间对象的形状、面积、位置、方向和语义等方面入手，定性或定量地获取相似度，没有从根本上考虑匹配目标对应的尺度、时态不同所造成的匹配标准差异以及由此带来的参数和阈值变化，并且人工设置阈值和权值也会影响这些算法的自动化水平。

（4）已有的制图综合方法和流程还不能完全满足增量级联更新的要求。从上文的分析可以看出，当前对于地理空间对象综合已经开发了许多算法。这些算法针对特定的地理空间对象效果较好，但也存在一些问题，一是算法的适用范围、使用对象难以准确界定；二是算法的参数确定大都是以经验为主，没有形式化的数学描述；三是这些算法主要是以大范围同比例尺数据为操作对象，没有考虑多尺度增量级联更新所要面对的变化信息和目标比例尺相结合的综合模式；四是没有考虑增量更新环境下综合流程的改变。因此，需要根据地理空间对象在不同比例尺下的形态特征和制图规范，确定综合算法的使用范围以及算法参数与地图用途、比例尺等因素的形式化关系，实现多尺度自适应的综合算法选取和使用。

（5）更新过程质量检测与评估算法少，难以适应更新发展的需要。当前对于地理空间数据更新质量问题的研究还处于起步阶段，为保证多比例尺增量级联更新的质量，必须要进行全过程的质量检测与评估，一方面要设计质量保证框架；另一方面要继续进行质量评估算法的开发，以实现质量控制的更新全过程覆盖。

1.3 居民地增量级联更新的模式及特点

1.3.1 增量更新的概念及特点

1. 相关定义

所谓"增量"，在数学上就是变量变化的值。通俗地讲，一个量相对于本身有了变化，这个变化的大小就是这个量的增量。而在更新领域，"增量"一词是相对于"批量"而提出的，因此，增量更新也是相对于批量更新而出现的一个概念。当前增量更新因其灵活性和便捷性已经广泛地应用于数据库更新、软件包更新等方面，在地理空间数据更新领域，增量更新方法也引起了广大制图工作者的广泛关注，成为业界研究的热点（朱华吉，2006；周晓光，2005；张新长等，2012）。不过，具体到空间数据增量级联更新环境中，由于数据处理方式的复杂性，"增量"一词的内涵也进行了扩展。下面采用"情景分析"的方式,利用具体的数据对增量更新过程进行模拟,在此过程中完成相关概念的定义和更新流程说明。之所以采用模拟的方式,是因为增量更新过程非常复杂,涉及多方面的因素,采用模拟更新过程可以突出重点。为简单起见,在以下更新过程中,尺度变换只考虑对象的化简,而不考虑其他制图综合方式,真实更新过程及其技术细节将在以后各章详叙。

如图 1.1 所示,地图 Map_n 为现势性较高的新图,Map_o 为现势性差的旧图,两者比例尺相同。将 Map_n 和 Map_o 进行叠置后匹配,居民地对象 A 和 A'、C 和 C' 匹配成功,其余居民地对象匹配失败,下面将依据该图,给出增量更新相关概念的定义,然后阐述增量更新过程。

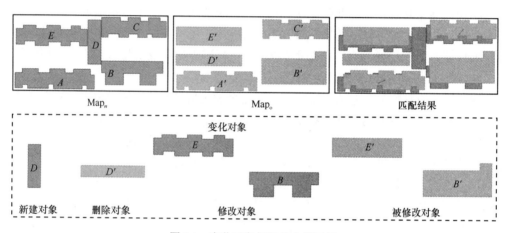

图 1.1　变化对象提取及分类示例

定义 1:变化对象:变化对象定义为新旧数据匹配(人工匹配或自动匹配)失败的对象。变化对象所包含的信息称为变化信息。图中居民地对象 B、D、E、B'、D'、E' 都是变化对象。

定义 2:新建对象:新建对象定义为在新图中存在,和旧图叠置后没有与其轮廓相交或互相包含的居民地对象。如图 1.1 中居民地对象 D 属于新建对象。新建对象属于变化对象的一种,它只存在于新图中。新建对象所包含的信息称为新建信息。

定义 3:删除对象:删除对象与新建对象相反,定义为在旧图中存在,和新图叠置后没有与其轮廓相交或互相包含的居民地对象。如图 1.1 中居民地对象 D' 属于删除对象。删除对象也属于变化对象的一种,它存在于旧图中。删除对象所包含的信息称为删除信息。

定义 4:修改对象(被修改对象):修改对象定义为在新图中存在,和旧图叠置后能够发现与其轮廓相交或互相包含的居民地对象,但两对象匹配失败。与此相对应,旧图中被发现与其重叠或相交的对象就称为被修改对象。如图 1.1 中居民地对象 B、E 属于修改对象,居民地对象 B'、E' 属于被修改对象。修改对象和被修改对象都属于变化对象,它们分别存在于新图和旧图中。其所包含的信息称为修改信息和被修改信息。

如果是普通数据库更新,一般情况下变化信息就可以看作增量信息,因为发现的变化信息可写入目标数据库而不用作其他处理。但是,对于空间数据而言,变化信息和增量信息之间的关系需要由更新数据源和待更新数据的比例尺、地图类型决定。若更新数据源和待更新数据比例尺、地图类型相同,那么可以认为变化信息即是增量信息,即通过匹配发现的变化对象可以直接写入待更新数据中；若两者的比例尺相同但地图类型不同，那么需要对变化信息进行选取和位移才能写入待更新数据中；而如果新旧数据的比例尺不同，那么匹配之后发现的变化信息必须进行面向目标比例尺数据的尺度变换才可以插入目标数据中。以此为基础，下面给出增量信息相关的概念。

定义 5：增量对象：变化对象进行面向目标比例尺数据的尺度变换和关系处理后用以在目标比例尺数据中表示的空间对象。增量对象所包含的信息称为增量信息。

由于示例中新旧地图的尺度和类型相同，因此，图 1.1 所示的变化对象可直接表示为图 1.2 所示的增量对象，与变化对象分为新建对象、修改对象和删除对象类似，增量对象也可以分为增量新建对象、增量修改对象、被修改对象和删除对象。

图 1.2　增量对象分类示例图

2. 增量更新的基本过程

空间数据增量更新的基本任务是综合利用各种来源的现势性空间数据或其他的信息渠道进行变化发现并进行增量信息提取，最后将提取的增量信息入库对原始空间数据库进行增加、删除、修改以及空间关系的协调处理等更新操作，派生出新版本的空间数据库，并保存历史数据库，主要包括变化信息发现、增量信息提取、目标数据库更新三个核心环节（图 1.3）。

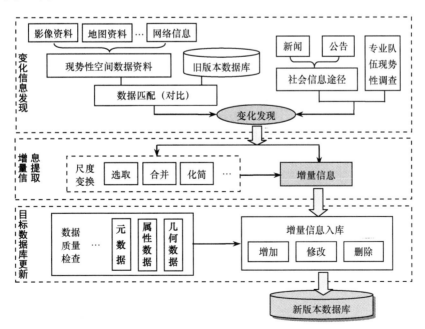

图 1.3　增量更新的主要过程

1）变化信息发现

空间信息变化发现是实现空间数据增量更新的首个关键技术环节，其技术手段的应用影响着更新的效果和效率，结合当前空间数据增量更新的实践状况，空间信息的变化发现主要有以下三个途径：

（1）基于现有空间数据资料的变化发现。该方法是基于现有的现势性很好的数据资料对比分析进行变化发现。研究的热点包括两个方面：基于影像的变化信息识别和基于矢量数据的变化信息识别，主要是对同名实体进行匹配以达到发现变化的目的。目前还不能完全自动地从现有空间数据资料中进行变化发现，因此多采用人机交互的方式进行变化发现。

（2）通过新闻信息及相关部门的地理信息变更公告进行变化发现。很多非几何形态变化的空间信息通过影像等现势资料是不可发现的，尤其是属性信息的变化，这就需要收集各权威部门发布的道路等级、宽度变更、地名变更、行政区界线的变更等公告信息或新闻信息，对更新区域进行变化发现。

（3）专业队伍的现势性调查。对于一些无法通过现势空间数据和新闻、公告等社会信息渠道获得的空间信息变化，需要有专业的测绘队伍进行现势性调查，以能够尽可能全面地发现变化信息。

2）增量信息提取

空间数据增量信息的提取是指对变化的空间信息进行测定和提取的过程，目前增量信息提取方法有两种：一是从现有空间数据资料中直接提取，即直接从现有数据资料中将变化信息提取出来；二是根据变化发现进行外业测量，对于那些已经发现的变化但还没有测量的空间信息，需要通过外业测量的手段进行增量信息提取。

提取的变化信息有可能并不能作为增量信息直接融入到旧版本数据库中，因为大多提取的变化信息都是大比例尺数据，当用这些变化信息对相对较小的目标数据库进行更新时需要对提取的变化信息进行尺度变换，包括变换信息的选取、合并、化简等综合操作手段，经过综合后才能提取增量信息。

3）目标数据库更新

对目标数据库的更新操作实质上就是将提取的增量信息与原数据库中未变化的空间信息进行融合协调的过程。具体的更新操作包括三个方面：一是在旧版本数据库中新建"出现"的空间目标；二是用新的空间对象数据替换掉"部分改变"的空间对象；三是删除"消失"的空间目标。

将增量信息融合到数据库中并不意味着数据库更新工作的完成，还需要对更新数据的质量进行检查。空间数据质量关系着空间数据的可用性和决策结果，只有符合相关规定和精度要求后，才能发布新版本数据库。

3. 增量更新的特点

由以上概念定义及过程分析可知，增量更新是由多个技术环节组成的更新过程，首先要完成变化信息发现，然后对变化信息进行面向目标比例尺数据的尺度变换，生成增量信息，最后利用增量信息更新目标数据。由该过程可以看出：

（1）增量更新是基于变化对象的更新过程。经匹配未发现变化的对象在更新过程中可以不予处理。由于一定时间内大部分空间数据都是不会变化的，所以采用增量更新方法就可以节省大量的人力物力，避免无意义的重复劳动。

（2）尺度变换是变化信息转化为增量信息的桥梁，同时也是部分增量信息的来源。若新旧数据比例尺不同，变化对象需要经尺度变换才能成为增量对象，尺度变换操作始自变化对象，由于在尺度变化过程中可能改变其形状、位置，而这种改变又会影响邻近未发生变化的对象促使其也发生变化，因此，尺度变化过程中受影响而发生合并、位移的对象也成为目标数据更新中增量信息的来源。

（3）增量更新对目标比例尺数据是部分改变。由于增量更新只涉及变化信息及其影响信息，不会无限制扩展到整个更新区域，因此，增量更新是局部的、区域性的。这样，更新后的质量检查只要局限于受影响区域中的对象和空间关系即可，这也进一步提高了这种更新方式的效率。

1.3.2 级联更新的优势与增量信息在尺度间传递的过程

1. 采用"级联更新"的原因

如同增量更新是相对于批量更新而提出的新的更新方法一样，级联更新则对应于传统的以单一尺度数据为目标的更新操作。在事件驱动的更新过程中，更新或是因为项目需要，或是因为变化累计，或是更新期限已到，更新目标往往针对更新发起方所需要的数据，而很少考虑其他比例尺的数据。而每一次更新都需要完成数据源获取、数据处理、变化发现、变化信息尺度变换、增量信息入库等操作，而更新后在目标比例尺数据库中发现和标识的增量信息却得不到进一步的利用，下一次操作还要从头再来，这样不仅造成了资源的浪费，而且，每一次更新数据源不同、目标比例尺不同等原因，可能会造成不同单位的数据不一致，甚至同一单位不同尺度的数据也不一致，严重影响了数据的可用性（唐远彬，2011）。由此可见，利用一个数据源，实现多尺度数据同步更新，不仅能够有效地节省人力物力，而且还能提高数据质量，提升地理信息服务水平，将是空间数据更新的理想选择。

基于以上需求，多尺度空间数据级联更新就应运而生了，这种更新方式通过在相邻比例尺数据间建立同名对象之间的关联，利用这种关联关系将增量信息从一个尺度传到下一个尺度，进而实现系列比例尺数据的同步更新（Haunert and Sester，2005）。

2. "级联更新"需要解决的问题

要实现这种更新方式，需要解决如下问题：

（1）关联关系如何建立。相邻尺度数据之间的关联关系是更新得以传递的桥梁，是多尺度级联更新的关键。首先必须研究相邻尺度数据之间的对应关系，然后根据对应关系建立关联。这种关联不是静止的，在更新传递过程中会随着变化信息的尺度变换而动态变化，因此，管理和维持关联关系在更新过程中的动态平衡也是要考虑的重点。此外，尺度变化过程中变化对象尺度变换影响对象的寻找和影响域的设定也对单一尺度内的制图综合索引提出了更高的要求，同时，如何保持多尺度数据索引结构的一致性也是需要解决的问题。

（2）增量信息的传递方式。在用增量信息更新小比例尺数据的过程中，有两种方法可以实现多级比例尺数据中增量信息的传递。第一种方法是增量信息直接更新模式，如图 1.4 所示，首先通过更新数据源与起始比例尺数据进行匹配，提取变化信息，然后根据更新目标数据比例尺的不同对变化信息进行尺度变换，获取增量信息，依次更新各比例尺的地理空间数据；另一种方法是增量信息逐级更新模式，如图 1.5 所示，更新数据源和起始比例尺数据匹配并提取变化信息后，对变化信息进行尺度变换（若比例尺不同）生成增量信息，利用增量信息更新起始比例尺数据，然后基于更新后的起始比例尺数据，以及起始比例尺数据和相邻比例尺数据之间的关联，将更新起始比例尺的增量信息作为相邻比例尺的变化信息来更新相邻比例尺数据，依此类推，实现系列比例尺数据的级联更新。相对而言，第一种方法较为简单，只要依次提取各尺度数据的增量信息就可以实现系列比例尺数据的更新，但也存在问题，如增量数据和图上未变化数据之间进行综合从而导致增量信息发生变化，但这种变化没有反映到下一尺度的增量信息中，从而导致相邻比例尺数据之间产生不一致；而第二种方法由于增量信息每次都从更新后的数据和相邻比例尺数据之间对比后采集，因此不存在相邻比例尺间因更新内容不一致而造成的数据不一致。从保证数据一致性和更新结果正确性的角度考虑，本书采用第二种方法。

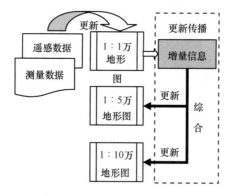

图 1.4　增量信息直接更新模式

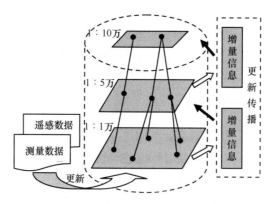

图 1.5　增量信息逐级更新模式

3. 更新在相邻尺度数据间级联传递的过程

对于增量更新而言，将增量对象写入待更新数据后即意味着更新工作的结束，然而对于级联更新而言，则是更新传播的开始，下面仍沿用图 1.1 的数据，以图 1.6 为例继续说明更新的传播过程。

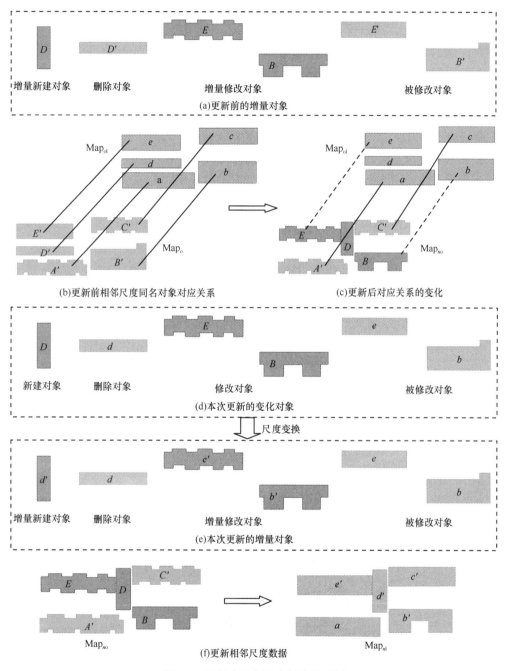

图 1.6　更新在相邻尺度间传递示例

图 1.6（a）所示的对象为图 1.1 中更新 Map$_o$ 的增量对象，为对比的需要将其移至图 1.6 中，该图将作为更新在相邻尺度传播的起点。将图 1.6（a）中的增量对象写入 Map$_o$ 后，生成图 1.6（c）中下方所示的更新后的地图 Map$_{no}$。更新前与 Map$_o$ 对应的相邻小比例尺地图为图 1.6（b）上方所示的地图 Map$_{ol}$，它们之间的关联关系由图中实线表示。

Map_o 更新成 Map_{no} 之后，Map_{no} 与 Map_{ol} 的关联关系如图 1.6（c）中的实线和虚线所示，其中实线表示关联正常，虚线表示关联存在但已发生变化，是一种非稳定状态。

对于级联更新而言，当前的任务是通过相邻尺度数据之间的关联，把更新从 Map_{no} 传递到 Map_{ol}。那么，第一步，就是要寻找 Map_{no} 相对于 Map_{ol} 发生的变化，在更新前，两图是一致的，因此发生变化的只能是此次更新的增量信息，即图 1.6（a）所示的增量对象，而它们又是基于 Map_n 和 Map_o 所提取的对象，不能完全用于此次更新，因此本次更新的变化对象寻找需要基于上次更新的增量对象循着关联来寻找。对于上次更新的增量新建对象 D 而言，在本次更新中相对于 Map_{ol} 还是新建对象，同理，增量修改对象 B、E 则是修改对象，而上次更新中的增量被修改对象和删除对象，则不能直接作为本次更新的变化对象，而需要找到它们在地图 Map_{ol} 中的关联对象。删除对象 D' 与 Map_{ol} 中的对象 d 关联，因此，对象 d 成为此次更新的删除对象。被修改对象 B'、E' 分别同对象 b、e 关联，它们作为本次更新的被修改对象。通过前次更新的增量对象和相邻尺度数据之间的关联关系，可以获得本次更新的变化对象集如图 1.6（d）所示。第二步是变化对象面向地图 Map_{ol} 的尺度变换，该内容的技术细节将在第 6 章中论述。尺度变换后，得到增量对象如图 1.6（e）所示。第三步，对更新结果进行冲突检测与质量检核，并将增量对象入库（第 7 章、第 8 章、第 9 章和第 10 章论述），得到如图 1.6（f）所示的更新后的小尺度数据 Map_{nl}。

通过以上过程分析可知，更新传递的关键是在上一次增量更新完成之后，利用获取的增量信息和相邻尺度数据之间的关联发现本次更新的变化信息，并以此为基础完成相邻小比例尺数据的更新。

1.3.3 居民地增量级联更新基本模式

综合以上增量更新和级联更新的过程，将这两种更新模式有机结合，多尺度空间数据增量级联更新模式如图 1.7 所示。

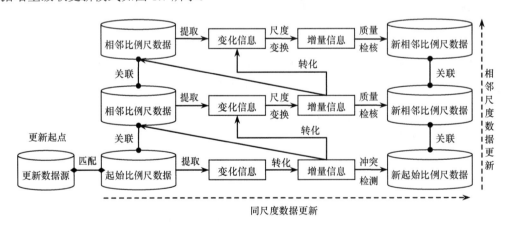

图 1.7 居民地增量级联更新模式

图 1.7 的模式以获取的矢量更新数据源为起点，首先进行更新数据源和起始比例尺数据之间的匹配，根据匹配失败对象的不同类型提取相应的变化信息；由于更新数据源和起始比例尺数据尺度相同，因此变化信息可以直接转化为增量信息，经冲突检测后进

行起始比例尺数据的更新;其次,利用起始比例尺数据更新中获取的增量信息,通过起始比例尺数据和相邻比例尺数据之间的关联关系,提取用于相邻比例尺数据更新的变化信息,同时,变化信息中的新建信息和修改信息由起始比例尺更新提取出的增量信息转化而来;最后,由于变化信息的尺度与待更新数据的不同,因此需要对变化信息进行尺度变换,生成用于直接更新的增量信息并进行质量评估,进而完成相邻尺度数据的更新。依此类推,得到更新更小比例尺的地图数据,进而实现系列比例尺数据的同步更新。

1.3.4 顾及语义信息的复杂对象更新流程

1. 顾及语义信息的更新流程

上文所述的更新都是以目标对象为单位、以几何变化为主的更新,即只要发现对象的几何信息发生变化,即作为变化对象开始更新流程。而在实际更新过程中,语义信息也是更新过程中的关键要素,在更新的过程中也要考虑。加入语义信息后的更新流程如图 1.8 所示。

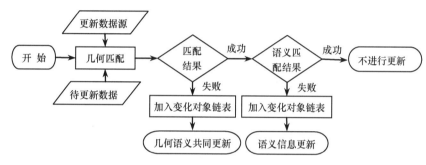

图 1.8　顾及语义信息的更新流程

与前述更新流程不同的是,图 1.8 所示的更新流程,由于语义信息依附于几何实体,所以语义信息被用作几何信息的辅助。在更新过程中,首先进行几何匹配,若几何匹配成功,再进行语义匹配,若语义匹配也成功,说明该对象在更新周期内没有变化。若几何匹配失败,因为属性信息包含对几何信息的描述,如面积、长度等,所以可以认为语义信息必然也会发生变化,所以要进行几何和语义的共同更新。若几何匹配成功而语义匹配失败,那么只需进行语义更新即可。该更新流程的潜在前提是更新数据源的语义现势性和丰富程度不低于待更新数据。在现实中也有可能出现待更新数据的语义比更新数据源丰富的情况,进而取待更新数据的属性信息并和更新数据源的几何信息结合,不过这种情况更多属于空间数据融合的研究内容,不属于本书的研究范畴。

2. 复杂对象的更新流程

在现实世界中,除了上文所讨论的结构比较简单的居民地对象外,还有部分复杂对象,如大型河流、行政区划等,它们数据结构复杂,单个对象数据量较大,其变化往往发生于局部区域,如河流的一段改道或是宽度发生变化,对这些对象若进行整体替换,其庞大的数据量将不利于增量信息的采集、处理、分发和使用,更不利于网络传输,同样也会造成人力和物力的浪费。因此,对这类对象就不能实施以对象为单位的整体更新,而只能是局部更新，即发现变化区域然后再更新。具体流程如图 1.9 所示，与简单对象更新流程不同的是，首先进行语义检索，即查找名称（索引、序号）相同的空间对象，由于复杂对象往往数量较少，占的区域较大，因此，同名或是位置相近的情况比较少，一般情况下通过关键字的索引能够发现同名对象。若语义检索失败，那么说明在附近区域没有同名对象，只能进行语义和几何信息的整体更新；若语义检索成功，说明存在同名对象，那么第二步进行同名对象的几何匹配。由于复杂对象的变化一般都在局部发生变化，因此，需采用局部变化对象的提取和管理方法，最后对局部对象的几何和语义信息进行更新。若几何匹配也成功，那么单独对语义信息进行匹配，检查语义是否有变化，若没有变化则不作处理；若有变化，则对变化部分进行更新。

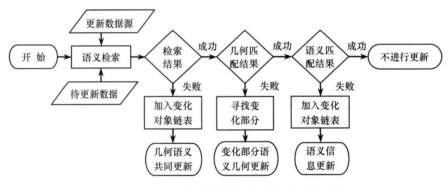

图 1.9　顾及语义信息的复杂对象更新流程图

以上分别对简单对象和复杂对象结合语义更新的更新流程进行了论述，而在实际的更新过程中，对语义信息的匹配、尺度变换和更新的研究都还处于起步阶段，语义存在一定程度的模糊性和不确定性，在数据存储上，经常出现要素语义信息缺失的情况，在更新方法的研究中不能过度依赖语义信息，因此，语义信息的更新不作为本研究的重点，对发生变化对象的语义信息采取直接替换的更新策略。

1.3.5　增量级联更新的关键技术及其依赖关系

由以上基于示例数据的更新"情景分析"可知，要实现多尺度居民地数据的增量级联更新，需要解决多尺度居民地数据关联索引结构的构建、居民地匹配和变化信息发现、变化信息尺度变换和增量信息提取、更新质量检查和更新在相邻尺度间的传递等关键技术，如果再加上其他辅助知识和技术基础，本研究认为各技术及其相互依赖关系如图 1.10 所示。

首先基于空间认知理论和空间相似性理论来进行同尺度居民地匹配的研究，而相邻尺度居民地匹配技术又是在同尺度匹配的基础上进行的，通过匹配的结果可以发现相邻尺度同名对象之间的对应关系，利用这些关系实现多尺度数据纵向关联的建立。然后通过道路、河流的多尺度抽象来建立横向的制图综合索引，以此为基础，将纵向关联和横向索引有机结合，组成多尺度居民地数据关联索引结构，该数据结构作为整个更新系统的数据体系支撑。利用同尺度或相邻尺度匹配技术发现的变化信息，通过影响域渐进扩展的增量综合方法，在尺度变换算子库、知识库和案例库的支持下，实现变化信息的自适应尺度变换。最后基于邻域空间相似性技术，进行冲突检测和更

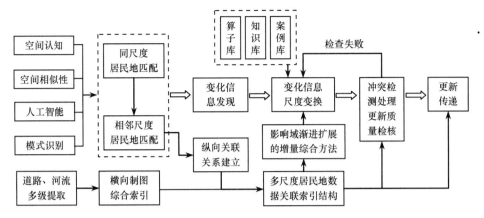

图 1.10 增量级联更新关键技术及其依赖关系

新质量检查，对检查失败的对象采用人工辅助的方式重新进行尺度变换，而对于检查成功的对象则依托相邻尺度之间的关联进行更新向下一个尺度的传递，完成相邻尺度数据的更新。

1.3.6 居民地增量级联更新的总体实现思路

上文对增量级联更新的概念和关键技术进行了分析，在进行具体的研究之前，需要明确研究步骤和方法，即该研究内容的总体技术路线。在变化信息提取阶段，起始比例尺居民地的变化对象可以通过现势性较高的同尺度数据匹配获得，也可以通过比例尺更大的数据通过相邻尺度数据匹配获得，而相邻尺度数据匹配技术也会用于不同尺度同名对象关联关系的建立，因此，为保证不遗漏关键技术，此处假设更新数据源的比例尺和待更新数据中的起始比例尺相同，即首先采用同尺度居民地匹配来发现变化对象。本研究的总体实现思路如图 1.11 所示。

（1）构建面向增量级联更新的多尺度数据关联索引结构。多尺度数据关联索引结构是存储同比例尺不同数据对象和相邻比例尺同名数据对象之间关系的容器，首先根据相邻尺度数据之间的对应关系，设计并实现树型系列比例尺关联关系模型，然后以道路、水系为骨架，构建基于自然格网、顾及纵向关联和横向索引的多尺度制图综合索引。

（2）多源多尺度更新数据源的融合与预处理。对用于更新的数据源，如实测数据、遥感数据和其他专题地图的数据进行数据融合和处理，解决各个数据集之间存在的投影方式不同、数据格式不同等差别，同时对数据质量进行检查，将它们整合成能够满足更新要求的数据类型。

（3）居民地匹配与变化信息发现。将整合过的数据源和待更新系列比例尺数据中比例尺最大的起始比例尺数据进行同尺度居民地匹配，发现并分类提取变化信息。若更新数据源和起始比例尺数据的比例尺不同，就要进行跨尺度的居民地匹配。该部分的重点是要进行一对多和多对多对应关系的识别和确认，以及解决尺度变化而造成的几何相似性度量问题。

（4）变化信息尺度变换和增量信息的提取。将变化信息面向待更新的起始比例尺数据进行制图综合，如果两数据比例尺相同，就不用进行尺度变换，只需要考虑地图类型

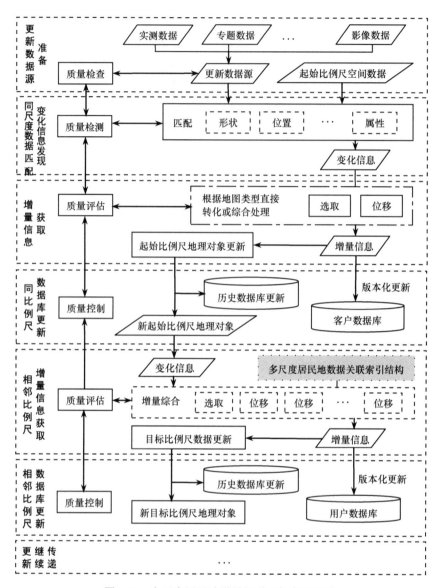

图 1.11　多尺度居民地增量级联更新实现思路

以决定是否进行结构化选取和根据误差进行位移即可。若变化信息和待更新数据比例尺不同，则需要对变化信息结合起始比例尺数据进行综合处理以获取增量信息。在综合前要先建立制图综合算法库，对已存在的和新开发的综合算法进行规范，确定其使用范围、参数取值等问题，并将其和多尺度居民地数据关联索引结构中所使用数据进行连接。然后在知识库和案例库的支持下实现动态自适应的变化信息尺度变换。

（5）增量信息冲突检测和质量评估。对更新数据和数据源进行几何相似性和空间关系相似性评估，同时检测并发现增量信息与数据库中未发生变化信息的空间冲突并进行协调处理，保证更新后数据库的空间对象和关系的正确性。

（6）利用质量评估成功的增量信息更新主数据库，同时同步更新用户数据库。此外，将被替换的数据打上时间戳并加入历史数据库，实现历史数据的有效存储和管理。

（7）实现多比例尺数据的级联更新。依此类推，根据相邻比例尺地理空间对象之间的关联，发现变化信息，同第 4 步类似，对变化信息进行综合处理以获取增量信息，并以此来更新更小比例尺的数据和对应的客户数据，实现多比例尺地理空间数据的级联更新。对于当前计算机还无法自动完成或效果不佳的部分，设计良好的人机交互界面，实现专家指导下的更新操作。

第2章 居民地变化信息分类及形式化表达

对空间变化信息的分类认知是人们选择更新操作的基础和前提。在人工增量更新过程中，人的脑海中已经形成了针对不同的变化信息类型采用不同的更新操作，而这些为人类所理解的更新知识是计算机无法识别的，这需要将人工增量更新中的分类思维转化为计算机能够理解并区分的形式化知识，进而指导增量更新的自动化操作。本章拟研究如何全面而又不冗余地对变化信息进行分类以及将这些分类用形式化的语言进行表达，同时建立变化信息分类与更新操作的关系，为计算机识别变化信息类型并选择相应的更新操作提供理论基础。

2.1 空间变化类型的确定与判断

2.1.1 空间变化分类

空间变化是引起前后实体发生变化的原因，所以对空间变化分类研究是变化信息分类中必不可少的过程。Claramunt 和 Theriault 等在总结前人工作的基础上将时空变化过程分为出现、消失、稳定、扩大、缩小、变形、移动和旋转八大类型（Claramunt and Thtriault，1995；舒红，1998）。周晓光（2005）则在他们研究的基础上，增加了一种新的实体变化类型"重现"，如图2.1所示。

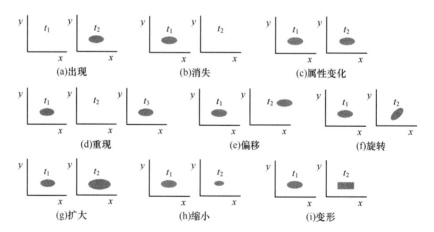

图 2.1 单个实体的基本空间变化类型（周晓光，2005）

通过以上对空间变化分类方法的分析，可以发现：

（1）空间变化类型只是针对单一的地理实体，还不足以描述多地理实体的空间变化。

（2）现实中有些地理实体的变化不是由单一的空间变化引起的，而是由多个空间变化类型共同作用得到的结果。

根据以上分析，结合居民地在空间数据库中大多表现为面状或者点状这一现实情况，本节根据空间变化所影响的居民地实体的数量，将引起新旧居民地差异的空间变化分为如图 2.2 所示的两大类：单个居民地实体空间变化类型和多个居民地实体空间变化类型。

图 2.2　居民地要素空间变化分类

1. 单个居民地实体空间变化类型

　　根据单个居民地实体空间变化的复杂程度，又将单个居民地实体空间变化类型分为如图 2.3 所示的两类，包括简单空间变化类型和复合空间变化类型。

图 2.3　单个居民地实体空间变化分类

1）简单空间变化类型

　　根据居民地要素的特征，将简单空间变化类型划分为出现、消失、偏移、收缩、扩张和旋转 6 种空间变化类型，如图 2.4 所示。

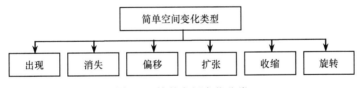

图 2.4　简单空间变化分类

　　空间变化类型：出现。变化描述：原数据库中没有，新数据库新出现的居民地实体，如图 2.5 所示。图中虚线内表示旧居民地对象，实线内表示新居民地对象。

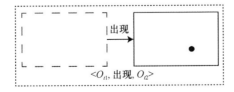

图 2.5　居民地实体出现

　　空间变化类型：消失。变化描述：原数据库中有的居民地实体，而在新数据库没有，如图 2.6 所示。

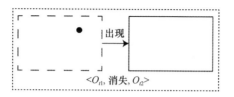

图 2.6 居民地实体消失

空间变化类型：偏移。变化描述：数据库中居民地实体的位置发生偏移，根据偏移量的大小分为两种情况：一是偏移量较小，变化前后居民地实体在地理位置上有重叠；二是偏移量较大，变化前后居民地实体在地理位置上无重叠，如图 2.7 所示。

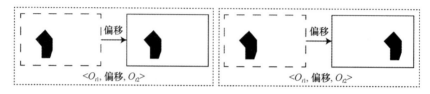

图 2.7 居民地实体偏移

空间变化类型：扩张。变化描述：数据库中居民地实体的面积扩大，根据扩张变化前居民地实体的维数不同分为两种情况：一是扩张变化前居民地实体为面状，经过扩张变化后面积变大；二是扩张变化前居民地实体为点状，经过扩张变化后变为面状，如图 2.8 所示。

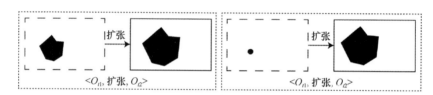

图 2.8 居民地实体扩张

空间变化类型：收缩。变化描述：数据库中居民地实体的面积缩小，与扩张相类似，根据收缩变化后居民地实体的维数不同分为两种情况：一是收缩变化前居民地实体为面状，经过收缩变化后面积缩小；二是收缩变化前居民地实体为面状，经过收缩变化后变为点状，如图 2.9 所示。

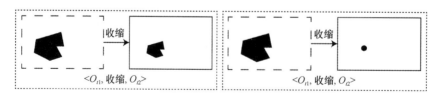

图 2.9 居民地实体收缩

空间变化类型：旋转。变化描述：变化前后新旧数据库中同一居民地实体的方向发生旋转，如图 2.10 所示。

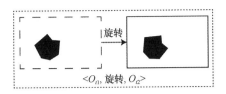

图 2.10　居民地实体旋转

2）复合空间变化类型

复合空间变化类型包括偏移-扩张、偏移-收缩、偏移-旋转、旋转-扩张、旋转-收缩、偏移-扩张-旋转、偏移-收缩-旋转 7 种空间变化类型，如图 2.11 所示。

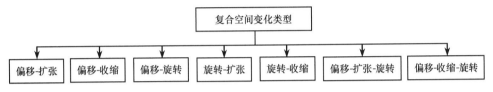

图 2.11　复合空间变化分类

空间变化类型：偏移-扩张。变化描述：数据库中居民地实体同时发生偏移和扩张两种简单空间变化类型，根据变化前后居民地实体维数变化或偏移量的不同分为三种情况：一是变化前后居民地实体由点状居民地实体变为面状居民地实体，同时居民地实体的地理位置发生了偏移；二是变化前后面状居民地实体的面积扩大，同时居民地实体的地理位置发生了偏移，但偏移量较小，变化前后居民地实体在地理位置上有重叠；三是变化前后面状居民地实体的面积扩大，同时居民地实体的地理位置发生了偏移，而且偏移量较大，变化前后居民地实体在地理位置上无重叠，如图 2.12 所示。

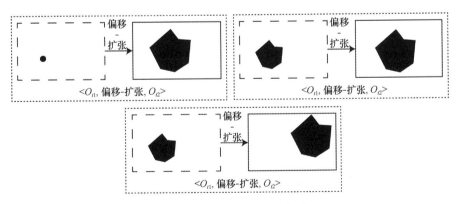

图 2.12　居民地实体偏移-扩张

空间变化类型：偏移-收缩。变化描述：空间数据库中居民地实体同时发生偏移和收缩两种简单空间变化类型，与偏移-扩张相类似，根据变化前后居民地实体维数变化或者偏移量的不同分为三种情况：一是变化前后居民地实体由面状居民地实体变为点状居民地实体，同时居民地实体的地理位置发生了偏移；二是变化前后面状居民地实体的面积缩小，同时居民地实体的地理位置发生了偏移，但是偏移量较小，变化前后居民地实体在地理位置上有重叠；三是变化前后面状居民地实体的面积缩小，同时居民地实体的地理位置发生了偏移，但是偏移量较大，变化前后居民地实体在地理位置上无重叠，如图 2.13 所示。

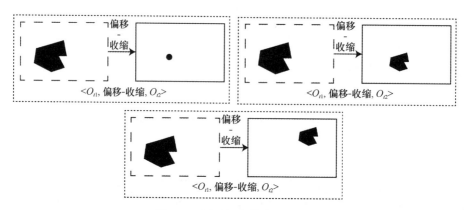

图 2.13　居民地实体偏移-收缩

空间变化类型：偏移-旋转。变化描述：数据库中居民地实体同时发生偏移和旋转两种简单空间变化类型，根据变化前后居民地实体偏移量的不同分为两种情况：一是变化前后面状居民地实体的方向发生变化，同时居民地实体的地理位置发生了偏移，但是偏移量较小，变化前后居民地实体在地理位置上有重叠；二是变化前后面状居民地实体的方向发生变化，同时居民地实体的地理位置发生了偏移，但是偏移量较大，变化前后居民地实体在地理位置上无重叠，如图 2.14 所示。

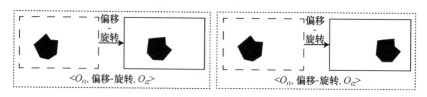

图 2.14　居民地实体偏移-旋转

空间变化类型：旋转-扩张。变化描述：数据库中居民地实体同时发生旋转和扩张两种简单空间变化类型，主要是针对面状居民地对象，变化前后居民地实体不仅方向发生了旋转，而且居民地实体的面积扩大，如图 2.15 所示。

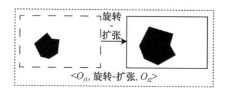

图 2.15　居民地实体旋转-扩张

空间变化类型：旋转-收缩。变化描述：数据库中居民地实体同时发生旋转和收缩两种简单空间变化类型，这种空间变化类型也主要是针对面状居民地对象，变化前后居民地实体不仅方向发生了旋转，而且居民地实体的面积缩小，如图 2.16 所示。

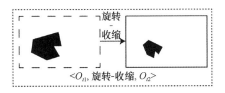

图 2.16　居民地实体旋转-收缩

空间变化类型：偏移-扩张-旋转。变化描述：数据库中居民地实体同时发生偏移、扩张和旋转三种简单空间变化类型，这种空间变化类型也主要是针对面状居民地对象，根据变化前后居民地实体偏移量的不同分为两种情况：一是变化前后面状居民地实体的方向发生变化，而且居民地实体的面积扩大，同时居民地实体的地理位置发生了偏移，但是偏移量较小，变化前后居民地实体在地理位置上有重叠；二是变化前后面状居民地实体的方向发生变化，且居民地实体面积扩大，同时地理位置发生了偏移，且偏移量较大，变化前后居民地实体在地理位置上无重叠，如图 2.17 所示。

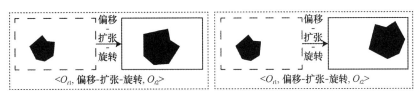

图 2.17　居民地实体偏移-扩张-旋转

空间变化类型：偏移-收缩-旋转。变化描述：数据库中居民地实体同时发生偏移、收缩和旋转三种简单空间变化类型，这种空间变化类型也主要是针对面状居民地对象，根据变化前后居民地实体偏移量的不同分为两种情况：一是变化前后面状居民地实体的方向发生变化，而且居民地实体的面积缩小，同时居民地实体的地理位置发生了偏移，但偏移量较小，变化前后居民地实体在地理位置上有重叠；二是变化前后面状居民地实体的方向发生变化，且居民地实体面积缩小，同时地理位置发生了偏移，且偏移量较大，变化前后居民地实体在地理位置上无重叠，如图 2.18 所示。

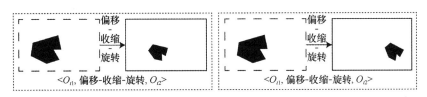

图 2.18　居民地实体偏移-收缩-旋转

2. 多个居民地实体空间变化类型

多个居民地实体空间变化类型主要包括分割、合并两种空间变化类型，如图 2.19 所示。

空间变化类型：分割。变化描述：变化前后将一个居民地对象分割为两个（多个）居民地对象（王家耀等，2006），如图 2.20 所示。

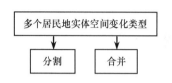

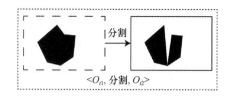

图 2.19 多个居民地实体空间变化分类　　　　　　图 2.20 居民地实体分割

空间变化类型：合并。变化描述：变化前后将两个（多个）居民地对象合并为一个居民地对象（王家耀等，2006），如图 2.21 所示。

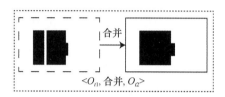

图 2.21 居民地实体合并

至此，本节根据空间变化所影响的居民地实体的数量，将引起新旧居民地差异的空间变化共分成两大类 15 种类型。

2.1.2 空间变化类型的判断

1. 单个居民地实体空间变化类型的判断

空间数据库中用点状和面状来表达客观世界中的居民地实体，居民地实体具有一定大小、方位和位置，其图形可利用图形大小、方位角、位置 3 个基本属性描述，并据此判断两个同名实体是否相同。用 Size（O_t）表示居民地实体的大小，Azi（O_t）表示居民地实体的方位角，Pos（O_t）表示居民地实体的位置，Inter（O_t）表示同名实体之间交集，则影响单个居民地实体空间变化类型的判断过程如表 2.1 和图 2.22 所示。

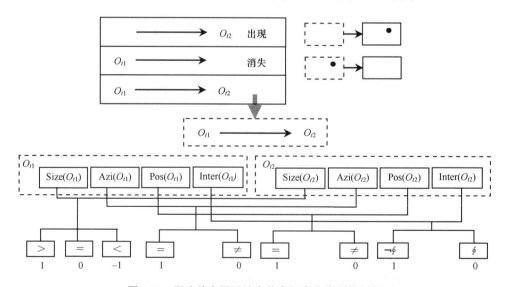

图 2.22 影响单个居民地实体空间变化类型的判断

表 2.1 基于几何特征的空间变化类型判断

	Size(O_t)	Azi(O_t)	Pos(O_t)	Inter(O_t)	空间变化类型
	0	0	1	1	(c) 偏移
	0	0	1	0	(d) 偏移
	1	0	0	1	(e) 扩张
	1	0	0	1	(f) 扩张
	−1	0	0	1	(g) 收缩
	−1	0	0	1	(h) 收缩
	0	1	0	1	(i) 旋转
	1	0	1	1	(j) 偏移-扩张
	1	0	1	1	(k) 偏移-扩张
	1	0	1	0	(l) 偏移-扩张
	−1	0	1	1	(m) 偏移-收缩
	−1	0	1	1	(n) 偏移-收缩
	−1	0	1	0	(o) 偏移-收缩
	0	1	1	1	(p) 偏移-旋转
	0	1	1	0	(q) 偏移-旋转
	1	1	0	1	(r) 旋转-扩张
	−1	1	0	1	(s) 旋转-收缩
	1	1	1	1	(t) 偏移-扩张-旋转
	1	1	1	0	(u) 偏移-扩张-旋转
	−1	1	1	1	(v) 偏移-收缩-旋转
	−1	1	1	0	(w) 偏移-收缩-旋转

2. 多个居民地实体空间变化类型的判断

空间变化往往是与一系列居民地空间实体相关，一个空间变化可能只影响一个居民地空间实体，也可能影响多个居民地空间实体。多个居民地实体空间变化类型包括分割和合并两类，在对这两种空间变化类型进行判断时，主要是利用变化前后实体之间的关系来完成的。如果空间变化发生前的一个居民地空间实体受空间变化的影响而改为多个新的居民地空间实体，则称这种空间变化类型为"分割"；如果空间变化发生前的多个居民地空间实体受空间变化影响合为一个居民地空间实体，则称这种空间变化类型为"合并"。则影响多个居民地实体空间变化类型的判断过程如图 2.23 所示。

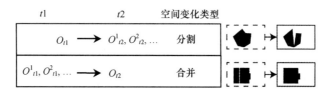

图 2.23 多个居民地实体空间变化类型的判断

2.2 居民地图形数据差及其分类判断

上节对居民地实体的变化从宏观上进行了分类，本节从居民地图形数据的微观差异方面对居民地变化信息进行分类解读。图形数据差反映了空间实体在变化前后的差异程度，是变化信息的主体部分，也是人们最感兴趣的部分。因此，本节针对图形数据差的类型及其判断方法展开研究，为变化信息提取与表达提供理论上的基础。

2.2.1 时空变化和图形数据差

1. 空间实体的时空变化

时空变化是指由于某些空间变化引起了客观世界中地理空间实体状态的改变，使得地理空间实体与先前存在的状态存在着差异。假设 O_{t1} 和 O_{t2} 是同一地理实体在变化前后 $t1$ 时刻和 $t2$ 时刻的状态，引起状态改变的空间变化用 Change 表示，则时空变化可表达为 $C=<O_{t1}, Change, O_{t2}>$（Claramunt and Theriault, 1996）。

图 2.24 中所示是空间实体时空变化实例。其中"出现"是指在 $t1$ 时刻没有，在 $t2$ 时刻出现，如图 2.24（a）所示；"消失"是指在 $t1$ 时刻存在，在 $t2$ 时刻消失，如图 2.24（b）所示；"偏移"根据偏移量的大小分为两种情况，一是变化前后实体位置有偏移，但是偏移量较小，新旧空间实体之间相交，如图 2.24（c）所示，二是变化前后实体位置有偏移，偏移量较大，新旧空间实体之间不相交，如图 2.24（d）所示；"收缩"根据收缩后图形大小分为两种情况：一是收缩程度较小，收缩后依然是面状实体，如图 2.24（e）所示，二是收缩程度较大，收缩后用点状符号来表示，如图 2.24（f）所示；"扩张"根据扩张前空间实体的表示方式分为两种情况：一是扩张前是点状实体，扩张后是面状实体，如图 2.24（h）所示，二是扩张前是面状实体，扩张后还是面状实体，如图 2.24（g）

所示；"分割"是将一个空间实体分割为两个（或多个）空间实体，如图 2.24（i）所示；"合并"是指将两个（或多个）空间实体合并为一个空间实体，如图 2.24（j）所示。

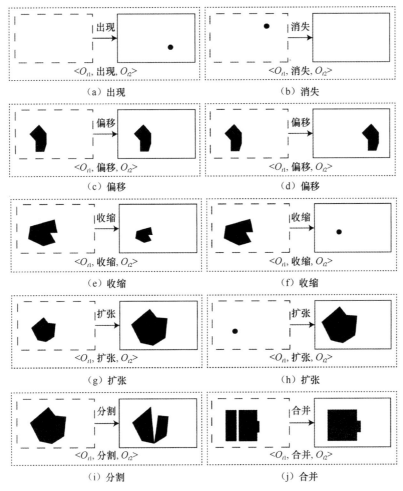

图 2.24　空间实体时空变化实例

2. 图形数据差

由上可以看出，时空变化只能描述出地理实体整体的变化，却不能描述出时空变化中隐含的变化前后空间实体的"差"，难以满足用户对这种"差"的需求；同时同一种变化前后产生的"差"也可能存在很大的差异。因此，需要对空间变化产生的"差"进行分析。

地理数据包括几何数据、属性数据和空间关系数据（崔铁军，2007），其中属性数据不是本节考虑的重点。几何数据是描述地理实体空间位置和几何形状的数据。将地理实体几何数据改变而引起的地理实体间的差异称为图形数据差，记作 Δ，它直接能反映出地理实体对象发生了什么样的变化。

根据图形数据差的定义，可以得到图 2.24 中各个时空变化实例产生的各种图形数据差，如图 2.25 所示。其中图中黑色填充的是增加图形数据差部分，灰色填充的是删除图形数据差部分。从图 2.25 中可以看出，不同空间变化产生的图形数据差可能存在很大的差异，其至同一种空间变化对应的图形数据差也存在很大的差异，如图 2.25（e）和图 2.25（f）中都是由于空间变化"收缩"引起的图形数据差，但是却存在着很大的差异，其中图 2.25（f）中是由于空间实体的收缩，使得原面状符号表示的居民地实体在新的地图上需要以点状符号表示，这时就存在了维数上的差异；图 2.25（e）中是居民地实体收缩引起的图形差。

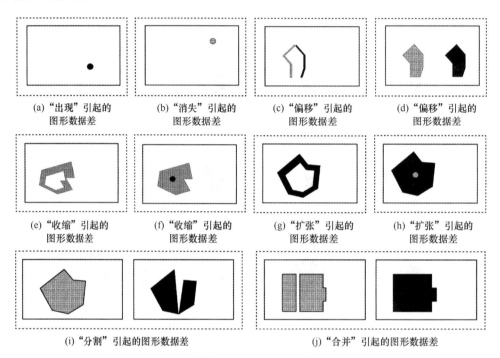

(a) "出现" 引起的
图形数据差

(b) "消失" 引起的
图形数据差

(c) "偏移" 引起的
图形数据差

(d) "偏移" 引起的
图形数据差

(e) "收缩" 引起的
图形数据差

(f) "收缩" 引起的
图形数据差

(g) "扩张" 引起的
图形数据差

(h) "扩张" 引起的
图形数据差

(i) "分割" 引起的图形数据差

(j) "合并" 引起的图形数据差

图 2.25　图形数据差实例

2.2.2　图形数据差的分类

1. 现有分类方法分析

从图 2.25 中的图形数据差实例可以看出，在不同的空间变化影响下可得到不同的图形数据差，但是相同的空间变化影响得到的图形数据差也可能会有很大的差异，所以需要对图形数据差进一步分类。随着空间数据更新研究的逐步深入，已有一些国内外学者对图形变化的分类进行了一定的研究，但主要停留在空间实体整体变化的分类描述，对图形变化差异的分类相对较少。

Beyen 和 Henrion（1998）从数据更新出发，在标识符一致的基础上将新旧数据差异划分为删除、保留和新增三种类型，如图 2.26 所示。

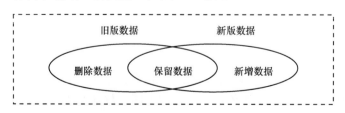

图 2.26　新旧数据之间的交、差

但是，该分类方法只是将图形的数据差异划分为新增数据、删除数据和保留数据三类，难以满足空间数据更新对图形数据差异形式化表达的需求：

（1）难以表达出图形数据差异与新旧空间实体之间的关系。图 2.25（c）和图 2.25（d）都是"偏移"引起的新旧空间实体的变化，如果用 Beyen 分类方法都包括删除数据和新增数据两类，但是两图的图形变化是不同的，图 2.25（c）变化前后对应的删除数据和新增数据是旧空间实体和新空间实体图形的一部分图形，而图 2.25（d）变化前后对应的删除数据和新增数据是旧空间实体和新空间实体图形的整体图形。可见，用 Beyen 分类方法只能表达出图形数据差的增减但是无法表达出图形数据差与新旧空间实体之间的关系。

（2）难以体现出变化前后维数的差异。图 2.25（h）是"扩张"引起的新旧空间实体的变化，如果用 Beyen 分类方法则包括删除数据和新增数据两类，其中，删除数据是旧点状居民地实体，新增数据是新面状居民地实体，可见用该分类方法难以体现出变化前后是否有维数上的变化。

2. 图形数据差类型的划分

通过上述分析，本节除了对图形数据差进行正、负图形数据差之分外，还以图形数据差与变化前后空间实体之间的关系以及变化前后空间实体维数差异作为分类依据，对图形数据差进一步细分。将正、负图形数据差划分为正目标差、负目标差、正整体差、负整体差、正维数差、负维数差、正部分差和负部分差，分别用 $+\Delta_O$、$-\Delta_O$、$+\Delta_W$、$-\Delta_W$、$+\Delta_D$、$-\Delta_D$、$+\Delta_P$ 和 $-\Delta_P$ 来表示。正目标差是指新增的居民地图形；负目标差是指消失的居民地图形；正整体差是指当空间变化发生后，新旧居民地无相交部分时的新居民地图形；负整体差是指当空间变化发生变化后，新旧居民地无相交部分时的旧居民地图形；正维数差是指由点变成面引起的维数变化；负维数差是指由面变成点引起的维数变化；正部分差是指当空间变化发生后，新旧居民地有相交部分时新居民地与相交部分的差值；负部分差是指当空间变化发生后，新旧居民地有相交部分时旧居民地与相交部分的差值。据此分类，得到了图形数据差的 8 种基本类型，如图 2.27 所示。

对图 2.25 中图形数据差实例依据上述基本图形数据差类型进行归类。图 2.25（a）是"出现"影响产生的图形数据差，属于新增加的目标，所以是正目标差；图 2.25（b）

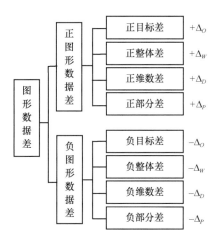

图 2.27　图形数据差的基本类型

是"消失"影响产生的图形数据差，属于删除的目标，所以是负目标差；图 2.25（c）是"偏移"影响产生的图形数据差，由于偏移量较小，新旧空间实体还有相交的部分，所以其中的负图形数据差是旧空间实体图形的一部分，其中的负图形数据差是负部分差，同理其中的正图形数据差是正部分差；图 2.25（d）也是"偏移"影响产生的图形数据差，由于偏移较大，新旧空间实体不相交，所以其中的负图形数据差是旧空间实体图形的整体，即其中的负图形数据差是负整体差，同理其中的正图形数据差是正整体差；图 2.25（e）是"收缩"影响产生的图形数据差，收缩幅度较小，新空间实体还是面状实体，所以只产生负图形数据差，且该负图形数据差是旧空间实体图形的一部分，所以该负图形数据差是负部分差，同理图 2.25（g）中图形数据差是正部分差；图 2.25（f）也是"收缩"影响产生的图形数据差，收缩幅度较大，新空间实体收缩为点状实体，出现了维数上的差异，由 2 维变为 0 维，所以该图形数据差是负维数差，同理图 2.25（h）中图形数据差是正维数差；图 2.25（i）是"分割"影响产生的图形数据差，其中负图形数据差是分割前空间实体图形的整体，所以其中的负图形数据差是负整体差，正图形数据差是分割后空间实体图形的整体，所以其中的正图形数据差是正整体差；图 2.25（j）是"合并"影响产生的图形数据差，其中负图形数据差是合并前空间实体图形的整体，所以负图形数据差是负整体差，正图形数据差是合并后空间实体图形的整体，所以正图形数据差是正整体差。归类结果如图 2.28 所示。

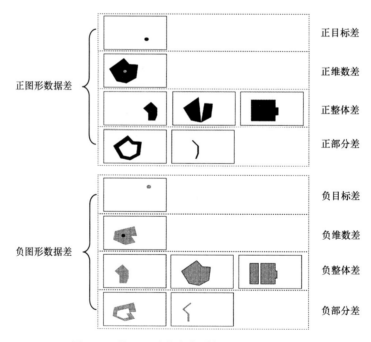

图 2.28　基于 8 种基本类型的图形数据差划分

2.2.3　图形数据差类型的判断

1. 现有判断方法分析

图形数据差类型的判断是实现图形数据差分类的保证，随着空间数据更新研究的逐步深入，已有一些国内外学者对图形数据差异类型判断方法进行了研究。

Tang 和 Kainz（2001）提出了利用拓扑关系和时空依赖关系来判断空间实体的时空变化类型。一个空间数据集合可用 $C=\{O_1, O_2, \cdots, O_n\}$ 来表示，其中 $O_1, O_2, \cdots, O_n$ 是空间数据集合 C 中有限数量的空间实体，$d(C)=n$ 是该空间数据集合的度（也就是空间数据集合中空间实体的个数）。因此，区分时空变化类型实际上通过判断空间变化前后两个空间数据集合之间的差和数据集合中更新前后的两个对象集合的数据差的性质完成。

为了简化起见，将空间数据在某个时刻 T 表示为空间实体的集合，表示为 $E_T=\{E_1, E_2, \cdots, E_n\}$。计算空间实体集合之间的差实际上根据两个集合及其集合成员之间的各种关系来判断，如变化前的空间实体集合为 E_{T1}，变化后的空间实体集合是 E_{T2}，如果 $d(E_{T1}) < d(E_{T2})$，则说明 E_{T2} 中有新增的空间实体，可能是分割、出现等空间变化引起的。通过判断空间变化前后空间实体集合及其同名实体之间的相互关系可以区分图形数据差的不同类型。

在空间关系分类、描述与计算等方面的研究中，通过利用一定的操作算子（如交、并等）和判定因子（如对象整体、对象内部、对象外部等）来区分各种拓扑关系。其中赵仁亮（2002）提出 VW 方法，利用 5 种操作算子 $\omega=\{\cap、\cup、/、\backslash、\Delta\}$，用四元组

$$\mathrm{VW}(A,B)=\begin{pmatrix} A\varpi B & A\varpi B^V \\ A^V \varpi B & A^V \varpi B^V \end{pmatrix} \tag{2.1}$$

表示了 A 与 B 之间的空间关系。式（2.1）中每个操作算子的取值主要包括内容、维数与连通数、面积、长度等，式（2.2）

$$e=(x\,\sigma\,y)\in \begin{cases} \{\phi,-\phi\} & \text{取值内容} \\ \{-1, 0, 1, 2, \cdots\} & \text{取值维数，记作} f_D \\ \{0, 1, 2, 3, \cdots\} & \text{取值连通数，记作} f_N \\ \text{Real} & \text{取值面积、长度，记作} f_M \end{cases} \tag{2.2}$$

为它们的取值。其中，内容只能是空与非空；维数可能的取值包括：–1，0，1 和 2，0 代表点状实体，1 代表线状实体，2 代表面状实体，若为空，则值为–1。如果计算结果包括多个部分，则取值为维数最大部分的维数值；连通数是按照其计算结果连通数目而确定的。若计算结果为空，则值为 0，其他情况值均大于 0。

同样，也可将这些操作算子应用于对象集合，通过操作算子的结果判断两个集合间的关系及其差。在 VW 方法基础上，周晓光提出了描述地块间拓扑关系的 WID3 方法（周晓光等，2006；周晓光，2005），在此方法中只保留 VW 模型中的交、差和被差，表达式为

$$\mathrm{WID3}(A,B)=\begin{bmatrix} A\cap B \\ A\backslash B \\ A/B \end{bmatrix} \tag{2.3}$$

但是，WID3 方法仅适合于对地块实体空间关系的计算和表达，适用于地籍领域的界址点、界址线和地块三类实体，不能完全适合于其他的要素类型，而且判断规则只是适用于变化前后空间实体具有同一几何特征的空间实体，无法描述出变化前后空间实体在维数上的变化差异。

2．图形数据差的判断方法

通过上述分析可见，当前关于图形数据差异类型的判断方法的研究还不够完整。因此本节在现有方法的基础上，加入维数差异的判断，结合居民地要素的特征，设计了图形数据差类型的三级判断方法，判断流程如图 2.29 所示，包括三大步骤：

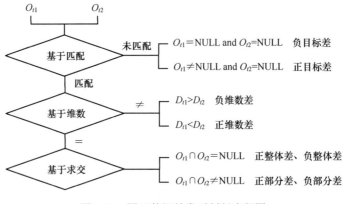

图 2.29　图形数据差类型判断流程图

（1）基于匹配结果判断。通过对变化前后空间数据的匹配处理，根据匹配关系结果判断是否存在正、负目标差；

（2）基于图形维数判断。根据变化前后空间实体图形的维数特征，判断是否发生维数上的变化，若存在，继而判断维数差的正、负；

（3）基于求交运算判断。通过对新旧居民地对象求交运算的结果判断存在部分差还是整体差，继而判断整体差或者部分差的正、负。

三个阶段的详细说明如下。

1）基于空间匹配判断

该判断阶段实际上就是对不同时态新旧空间数据集进行对比分析，通过对不同时态新旧空间数据集进行实体匹配处理，建立同名实体之间的对应关系，如图 2.30 所示。如果新空间数据集中一个实体 O_{t2} 在旧空间数据集找不到与之匹配的 O_{t1}，则判断为产生了正目标差；如果旧空间数据集中一个实体 O_{t1} 在新空间数据集找不到与之匹配的 O_{t2}，则判断为产生了负目标差。总之，如果在新旧空间数据集中存在不能匹配的空间实体，则可以判断出该空间实体是出现或者是消失，存在着目标差；如果存在对应的空间实体，则进行基于图形维数的判断。

2）基于图形维数判断

在第一步判断的基础上，进行基于维数运算的维数差判断（图 2.30）。分别获取到新旧空间数据库中同名实体的图形维数，首先判断维数是否相等。若维数不相等，再判断维数是增大了还是减小了，如果维数增大，则是产生正维数差，如果维数减小，则是产生负维数差；若维数相等进行基于求交运算判断图形数据差类型。

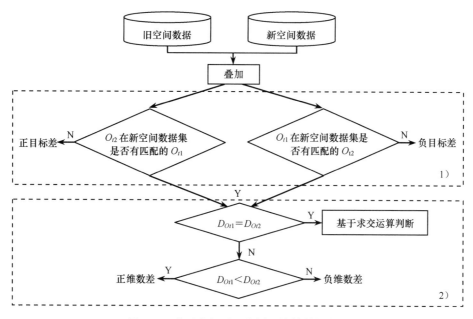

图 2.30　基于空间匹配和图形维数判断流程

3）基于求交运算判断

在基于求交运算判断这一阶段中，通过空间实体求交运算判断是整体差还是部分差，流程如图 2.31 所示。如果一个空间实体在新旧数据库中的图形交集为空，则产生的图形数据差是正、负整体差；如果交集不为空，则产生的图形数据差是正、负部分差。

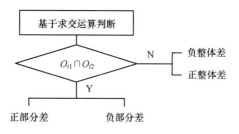

图 2.31　基于求交运算判断流程

2.2.4　图形数据差的形式化表达

在完成图形数据差类型划分与判断的基础上，为了实现变化信息的提取与表达，需要一个对空间实体的图形数据差进行形式化表达的方法。由于空间实体变化前后产生的图形数据差可能包括不同的类型，因此，本节给出图形数据差的形式化表达：

$$\Delta_{id} = \left[a_1 \Delta_O, \bigcup_{j=1}^{m} a_2^j \Delta_W, \bigcup_{k=1}^{n} a_3^k \Delta_P, a_4 \Delta_D \right] \tag{2.4}$$

式中，a_1、a_2、a_3、a_4 是各类型图形数据差的系数，它们的值可以取 -1、0 和 $+1$。如果值为 $+1$，表示存在正该类图形数据差；如果值为 -1，表示存在负该类图形数据差；如果值为 0，表示不存在该类图形数据差。

在实体的图形数据差中，空间实体要么"出现"，要么"消失"，要么发生其他变化，不能同时出现这三种情况，所以 a_1 只能取值为 +1、–1 或 0 三个值中的一个值，不能同时取值。因此，空间实体的图形数据差中目标差（Δ_O）只能有一项。例如，图 2.25（a）"出现"引起的图形数据差就只包括正目标差，a_1 取值为 1，其对应的图形数据差形式化表达为 $\Delta = [+\Delta_O]$。

在实体的图形数据差中，图形整体差（Δ_W）可能只出现正整体差或负整体差，也可能同时出现正负整体差 [图 2.25（d）]。因此，a_2 可取值 +1 或者 –1，且整体差需要利用一个集合来表示，集合中既可以有正整体差，也可以有负整体差，或者正负整体差都存在，即 Δ_W 可能是多项的。例如，图 2.25（d）中"偏移"引起的图形数据差包括正、负整体差，其对应的图形数据差形式化表达为 $\Delta = [-\Delta_W, +\Delta_W]$。

在实体的图形数据差中，图形部分差（Δ_P）也有多种情况：一是只存在正部分差，如图 2.25（g）所示；二是只存在负部分差，如图 2.25（e）所示；三是同时存在正、负部分差，如图 2.25（c）所示。因此，a_3 可取值 +1 或者 –1，部分差需要利用一个集合来表示，集合中既可以有正部分差，也可以有负部分差，或者正、负部分差都存在，即式（2.4）中 Δ_P 可能是多项的。例如，图 2.25（c）中"偏移"引起的图形数据差包括正、负部分差，其对应的图形数据差形式化表达为 $\Delta = [-\Delta_P, +\Delta_P]$。

在实体的图形数据差中，新旧数据之间，一个空间实体只能从低维变化为高维 [图 2.25（h）]，或者从高维变化为低维 [图 2.25（f）]，不可能存在两者同时发生。因此，式（2.4）中 a_4 不可能同时取值 +1 和 –1，即维数差只能有一项。在出现维数差的同时必然会伴随存在正、负整体差。例如，图 2.25（f）中"收缩"引起的图形数据差包括负维数差，同时伴随存在正、负整体差，其对应的图形数据差形式化表达为 $\Delta = [-\Delta_D, -\Delta_W, +\Delta_W]$。

根据上述图形数据差的形式化表达以及对表达式中各种图形数据差类型系数的取值情况分析，归纳总结出图 2.25 中各个实例对应图形数据差的形式化表达，具体如图 2.32 所示。

2.3 空间变化、动态更新操作和图形数据差之间的映射关系

2.3.1 空间变化与图形数据差的对应关系

空间变化是产生图形数据差的原因，图形数据差作为空间变化的结果，两者也是变化信息组成部分中最重要的两个，所以两者之间的对应关系对变化信息的分类与表达有很大的影响，将空间变化类型与对应图形数据差类型相对应，即可得到两者之间的对应关系，如图 2.33 所示。

从图 2.33 可以得出空间变化与图形数据差之间的关系是 1∶1 或 1∶n。例如，空间变化类型"出现"对应的图形数据差只有一种，即"正目标差"，它们之间的关系是 1∶1，即"出现"这一空间变化类型只能影响产生"正目标差"这一种图形数据差类型；而空间变化类型"偏移-扩张"则对应着多种图形数据差类型，包括"正维数差"、"正

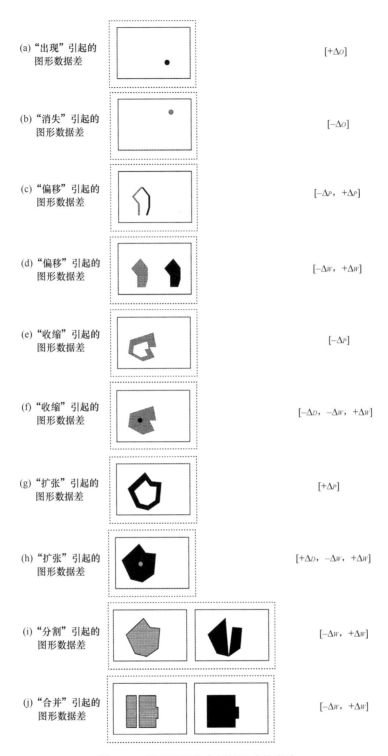

(a) "出现"引起的图形数据差		$[+\Delta o]$
(b) "消失"引起的图形数据差		$[-\Delta o]$
(c) "偏移"引起的图形数据差		$[-\Delta P, \ +\Delta P]$
(d) "偏移"引起的图形数据差		$[-\Delta W, \ +\Delta W]$
(e) "收缩"引起的图形数据差		$[-\Delta P]$
(f) "收缩"引起的图形数据差		$[-\Delta D, \ -\Delta W, \ +\Delta W]$
(g) "扩张"引起的图形数据差		$[+\Delta P]$
(h) "扩张"引起的图形数据差		$[+\Delta D, \ -\Delta W, \ +\Delta W]$
(i) "分割"引起的图形数据差		$[-\Delta W, \ +\Delta W]$
(j) "合并"引起的图形数据差		$[-\Delta W, \ +\Delta W]$

图 2.32　图形数据差实例的形式化表达

部分差"以及"正整体差、负整体差",它们之间就是 $1:n$ 的关系,即"偏移-扩张"这一空间变化类型可能影响产生 3 种图形数据差。所以只要确定了居民地要素实体的空间变化类型就能简单地确定这种空间变化类型影响产生的图形数据差类型。

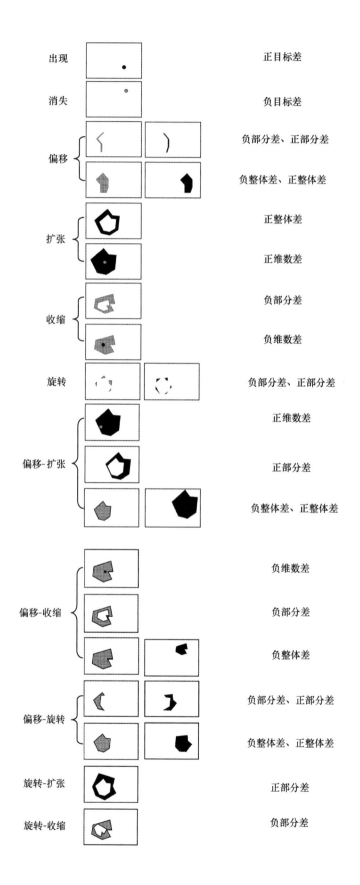

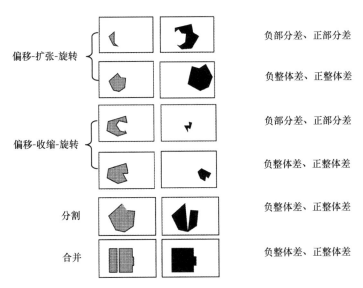

偏移-扩张-旋转		负部分差、正部分差
		负整体差、正整体差
偏移-收缩-旋转		负部分差、正部分差
		负整体差、正整体差
分割		负整体差、正整体差
合并		负整体差、正整体差

图 2.33　空间变化与图形数据差对应关系示意图

2.3.2　空间变化与动态更新操作的对应关系

空间数据库更新必须通过对空间数据的动态更新操作来实现，所以动态更新操作是变化信息的基本内容。动态更新操作包括新建、删除和修改 3 种基本类型（陈军等，2008；周晓光等，2003a，2003b；周晓光和陈军，2009）。通过对各种空间变化类型的分析，得到空间变化类型与动态更新操作之间的对应关系，如表 2.2 所示。

表 2.2　空间变化与动态更新操作关系表

变化类型	新建	删除	修改	变化类型	新建	删除	修改
出现	√			偏移-旋转	√	√	√
消失		√		旋转-扩张			√
偏移	√	√	√	旋转-收缩			√
收缩	√	√	√	偏移-扩张-旋转	√	√	√
旋转			√	偏移-收缩-旋转	√	√	√
扩张	√	√	√	分割	√	√	
偏移-扩张	√	√	√	合并	√	√	
偏移-收缩	√	√	√				

从表 2.2 中可以得出空间变化与动态更新操作之间的关系是 $1:1$ 或 $1:n$。例如，空间变化类型"出现"对应的动态更新操作是"新建"，它们之间的关系是 $1:1$ 的，即发生了"出现"这一空间变化类型就只需执行动态更新操作"新建"；而空间变化类型"偏移"对应的动态更新操作为"新建""删除"和"修改"，它们之间就是 $1:n$ 关系，即发生了"偏移"空间变化类型，其对应的动态更新操作包括"新建""删除"和"修改"。所以只要确定了居民地要素实体的空间变化类型，就能简单地确定该进行何种动态更新操作。

2.3.3　图形数据差与动态更新操作的对应关系

根据 2.2 节中分析得到 8 种图形数据差基本类型，而相同的图形数据差类型可能对应着不同的动态更新操作。由前面对各类型图形数据差的定义可知，正目标差是指新增的居民地图形，所以正目标差对应的动态更新操作就只是"新建"。通过对图形数据差与动态更新操作之间对应关系的分析，可得到如表2.3所示的对应关系表。

表 2.3　图形数据差与动态更新操作对应关系表

数据差类型	新建	删除	修改
正目标差	√		
负目标差		√	
正整体差	√		
负整体差		√	
正维数差	√	√	
负维数差	√	√	
正部分差			√
负部分差			√

2.3.4　三者映射关系的建立

变化信息不仅要提供新旧空间数据库中同名实体之间的图形数据差来满足空间数据库更新的需要，同时还需要体现图形数据差产生的原因（空间变化类型）以及数据库更新过程中对应的操作（动态更新操作）。空间变化类型描述的是基于空间实体之间整体的状态对比，是变化信息中语义信息的一部分，但是不能唯一地确定产生的图形数据差类型；同样，同一类型的图形数据差可能对应不同的空间变化类型；而动态更新操作只能反映出空间数据库更新过程中的操作，而无法满足人们对变化信息中图形变化以及变化原因的关注。因此，仅从一个方面是无法完整地对变化信息进行分类和描述，需要建立三者之间的映射关系，才能更好地对变化信息进行分类与表达。一种空间变化类型可能对应一种图形数据差类型，也可能对应多种图形数据差类型，对应的动态更新操作可以根据空间变化类型和图形数据差类型来确定，其组成规则如图2.34所示。

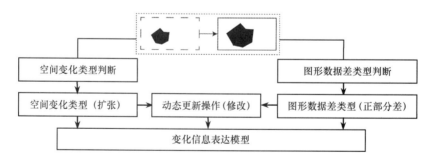

图 2.34　空间变化、动态更新操作和图形数据差之间映射关系的建立

根据对图2.34中新旧居民地实体实例的图形差别，可以判断出对应的空间变化类型是"扩张"，图形数据差是"正部分差"。根据空间变化与动态更新操作之间的对应关系得到"扩张"对应的动态更新操作包括"新建""删除"和"修改"三种，根据图形数据差与动态更新操作之间的对应关系得到"正部分差"对应的动态更新操作就只有"修改"一种，进而判断出图中新旧居民地实体对应的动态更新操作是"修改"，从而唯一确定变化信息的详细类型。

2.4 变化信息表达模型及其分类判断

2.4.1 变化信息表达模型的建立

当前对变化信息的表达已有一定的研究：Claramunt 和 Theriault（1996）提出了基于地理事件对时空变化的表达以实现对变化信息的描述；Homsby 和 Egenhofer（2000）又提出一种以地理对象状态和基本更新操作为基础的空间变化表达方法；周晓光等（2006）提出了基于事件的时空数据库增量更新方法；朱华吉（2006，2007）以及朱华吉和吴华瑞（2007，2010）以地理事件和图元快照差为基础完成变化信息的表达。但上述方法中：

（1）其中一些方法只利用空间变化类型或者基于空间变化类型和动态更新操作对变化信息进行表达，虽然可以表现出空间实体的现实演化过程及空间数据库的动态更新操作，但忽视了人们对更新中数据差的关注。

（2）另外，有些方法仅提供图形数据差作为变化信息，这就存在三个问题：一是不能表达出图形数据差产生的原因及空间数据库的动态更新操作，如图 2.35（a）所示；二是相同类型的图形数据差可能由不同空间变化类型影响产生，且对应的动态更新操作也不相同，如图 2.35（b）中，两个图形数据差都是负整体差，但是第一个负整体差是由空间变化类型"偏移"影响产生的，而第二个负整体差是由空间变化类型"分割"影响产生的；三是单单提供图形数据差无法反映出新旧空间实体之间的关系，如图 2.35（c）中，负整体差与正整体差之间的父子关系无法得到体现。

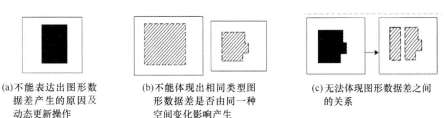

(a)不能表达出图形数据差产生的原因及动态更新操作　　(b)不能体现出相同类型图形数据差是否由同一种空间变化影响产生　　(c)无法体现图形数据差之间的关系

图 2.35　仅考虑图形数据差存在的问题

由上不难看出，仅从一定的层面来描述变化信息是不够准确的。因此本节在现有研究的基础上，提出一种基于空间变化、动态更新操作和图形数据差的居民地变化信息表达模型：

$$C=\{Change，Updata，\Delta\} \tag{2.5}$$

式中，Change 表示空间变化；Update 表示对应的动态更新操作；Δ表示图形数据差。以图 2.24 中时空变化类型"出现"为例，其对应的动态更新操作是"新建"，产生的图形数据差$\Delta=[+\Delta_O]$，所以对应的变化信息表达为 $C=\{$出现，新建，$[+\Delta_O]\}$。

2.4.2 变化信息分类判断

由变化信息表达模型可知，变化信息由空间变化、动态更新操作和图形数据差三部分组成，三者有机结合组成变化信息的基本单元。同一种的空间变化类型可能产生不同的图形数据差类型，因此，首先要判断信息类型所对应的空间变化类型、动态更新操作和图形数据差类型，其判断思路如图 2.36 所示，空间变化类型和图形数据差类型可按照前文给出的方法进行判断。

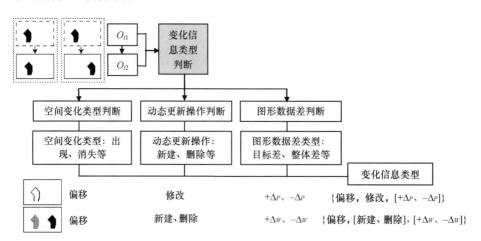

图 2.36　变化信息类型判断的总体思路

2.5　变化信息的分类表达

2.5.1　变化信息类型判断规则

根据图 2.34 中空间变化、动态更新操作和图形数据差之间的映射关系，通过各种空间变化类型所对应的变化信息类型进行分析，可总结出不同变化信息类型对应的判断规则。其中，空间变化类型与规则之间有可能是 $1:1$ 的关系，即一种空间变化类型对应一条判断规则，如空间变化类型"出现"、"消失"等，它们各自都对应着一条判断规则；也有可能是 $1:n$ 的关系，即一种空间变化类型对应多条判断规则，如空间变化类型"偏移"，它对应两条判断规则，而空间变化类型"偏移-扩张"，则对应三条判断规则。表 2.4

表 2.4　单个居民地对象简单空间变化类型所对应的变化信息类型判断规则

空间变化类型		规则描述
出现		If Change = "出现" And Update= "新建" Then C = {出现，新建，$[+\Delta_O]$}
消失		If Change = "消失" And Update= "删除" Then C = {消失，删除，$[-\Delta_O]$}
偏移	规则1	If Change = "偏移" And Update= "修改" Then C = {偏移，修改，$[-\Delta_P，+\Delta_P]$}
	规则2	If Change = "偏移" And Update=[删除、新建] Then C = {偏移，[删除、新建]，$[-\Delta_W，+\Delta_W]$}
扩张	规则1	If Change = "扩张" And Update= "修改" Then C = {扩张，修改，$[+\Delta_P]$}
	规则2	If Change = "扩张" And Update=[删除、新建] Then C = {扩张，[删除、新建]，$[+\Delta_D，-\Delta_W，+\Delta_W]$}
收缩	规则1	If Change = "收缩" And Update= "修改" Then C = {收缩，修改，$[-\Delta_P]$}
	规则2	If Change = "收缩" And Update=[删除、新建] Then C = {收缩，[删除、新建]，$[-\Delta_D，-\Delta_W，+\Delta_W]$}
旋转		If Change = "旋转" And Update= "修改" Then C = {旋转，修改，$[-\Delta_P，+\Delta_P]$}

为单个居民地对象简单空间变化类型所对应的变化信息类型判断规则，表 2.5 是单个居民地对象复合空间变化类型所对应的变化信息类型判断规则，表 2.6 为多个居民地对象空间变化类型所对应的变化信息类型判断规则。

表 2.5　单个居民地对象复合空间变化类型所对应的变化信息类型判断规则

空间变化类型		规则描述
偏移-扩张	规则 1	If Change = "偏移-扩张" And Update=[删除、新建] Then C = {偏移-扩张, [删除, 新建], [$+\Delta_D$, $-\Delta_W$, $+\Delta_W$]}
	规则 2	If Change = "偏移-扩张" And Update="修改" Then C = {偏移-扩张, 修改, [$-\Delta_P$, $+\Delta_P$]}
	规则 3	If Change = "偏移-扩张" And Update=[删除、新建] Then C = {偏移-扩张, [删除, 新建], [$-\Delta_W$, $+\Delta_W$]}
偏移-收缩	规则 1	If Change = "偏移-收缩" And Update=[删除、新建] Then C = {偏移-收缩, [删除, 新建], [$-\Delta_D$, $-\Delta_W$, $+\Delta_W$]}
	规则 2	If Change = "偏移-收缩" And Update="修改" Then C = {偏移-收缩, 修改, [$-\Delta_P$, $+\Delta_P$]}
	规则 3	If Change = "偏移-收缩" And Update=[删除、新建] Then C = {偏移-收缩, [删除, 新建], [$-\Delta_W$, $+\Delta_W$]}
偏移-旋转	规则 1	If Change = "偏移-旋转" And Update="修改" Then C = {偏移-旋转, 修改, [$-\Delta_P$, $+\Delta_P$]}
	规则 2	If Change = "偏移-旋转" And Update=[删除、新建] Then C = {偏移-旋转, [删除, 新建], [$-\Delta_W$, $+\Delta_W$]}
旋转-扩张		If Change = "旋转-扩张" And Update="修改" Then C = {旋转-扩张, 修改, [$-\Delta_P$, $+\Delta_P$]}
旋转-收缩		If Change = "旋转-收缩" And Update="修改" Then C = {旋转-收缩, 修改, [$-\Delta_P$, $+\Delta_P$]}
偏移-扩张-旋转	规则 1	If Change = "偏移-扩张-旋转" And Update="修改" Then C = {偏移-扩张-旋转, 修改, [$-\Delta_P$, $+\Delta_P$]}
	规则 2	If Change = "偏移-扩张-旋转" And Update="修改" Then C = {偏移-扩张-旋转, [删除, 新建], [$-\Delta_W$, $+\Delta_W$]}
偏移-收缩-旋转	规则 1	If Change = "偏移-收缩-旋转" And Update="修改" Then C = {偏移-收缩-旋转, 修改, [$-\Delta_P$, $+\Delta_P$]}
	规则 2	If Change = "偏移-收缩-旋转" And Update="修改" Then C = {偏移-收缩-旋转, [删除, 新建], [$-\Delta_W$, $+\Delta_W$]}

表 2.6　多个居民地对象空间变化类型所对应的变化信息类型判断规则

空间变化类型	规则描述
分割	If Change = "分割" And Update=[删除、新建] Then C = {分割, [删除, 新建], [$-\Delta_W$, $+\Delta_W$]}
合并	If Change = "合并" And Update=[删除、新建] Then C = {合并, [删除, 新建], [$-\Delta_W$, $+\Delta_W$]}

2.5.2　变化信息类型的形式化表达

根据各种变化信息类型的判断规则，得到了 25 种变化信息类型，根据 C={Change, Update, Δ}，可总结出各种变化信息类型的形式化表达。例如，空间变化类型"偏移"可能产生两种变化信息类型：{偏移, 修改, [$-\Delta_P$, $+\Delta_P$]}、{偏移, [删除, 新建], [$-\Delta_W$, $+\Delta_W$]}。表 2.7 和表 2.8 为单个居民地对象简单空间变化类型与复合空间变化类型所对应的变化信息类型的形式化表达，表 2.9 则是多个居民地对象空间变化类型所对应的变化信息类型的形式化表达。

表 2.7　单个居民地对象简单空间变化类型所对应的变化信息类型的形式化表达

变化类型		变化描述	动态更新操作	图形数据差	变化信息表达
出现		出现新的居民地	新建	$[+\Delta_O]$	{出现，新建，$[+\Delta_O]$}
消失		旧的居民地消失	删除	$[-\Delta_O]$	{消失，删除，$[-\Delta_O]$}
偏移	1	新、旧居民地重叠	修改	$[-\Delta_P, +\Delta_P]$	{偏移，修改，$[-\Delta_P, +\Delta_P]$}
	2	新、旧居民地不重叠	删除，新建	$[-\Delta_W, +\Delta_W]$	{偏移，[删除，新建]，$[-\Delta_W, +\Delta_W]$}
扩张	1	面状居民地扩张	修改	$[+\Delta_P]$	{扩张，修改，$[+\Delta_P]$}
	2	点状居民地扩张为面状居民地	删除，新建	$[+\Delta_D, -\Delta_W, +\Delta_W]$	{扩张，[删除，新建]，$[+\Delta_D, -\Delta_W, +\Delta_W]$}
收缩	1	面状居民地面积缩小	修改	$[-\Delta_P]$	{收缩，修改，$[-\Delta_P]$}
	2	面状居民地收缩为点状居民地	删除，新建	$[+\Delta_D, -\Delta_W, +\Delta_W]$	{收缩，[删除，新建]，$[-\Delta_D, -\Delta_W, +\Delta_W]$}
旋转		在原位置旋转	修改	$[-\Delta_P, +\Delta_P]$	{旋转，修改，$[-\Delta_P, +\Delta_P]$}

表 2.8　单个居民地对象复杂空间变化类型所对应的变化信息类型的形式化表达

变化类型		变化描述	动态更新操作	图形数据差	变化信息表达
偏移-扩张	1	位置发生变化，原点状居民地变化为面状居民地	删除，新建	$[+\Delta_D, -\Delta_W, +\Delta_W]$	{偏移-扩张，[删除，新建]，$[+\Delta_D, -\Delta_W, +\Delta_W]$}
	2	新、旧居民地重叠	修改	$[-\Delta_P, +\Delta_P]$	{偏移-扩张，修改，$[-\Delta_P, +\Delta_P]$}
	3	新、旧居民地不重叠	删除，新建	$[-\Delta_W, +\Delta_W]$	{偏移-扩张，[删除，新建]，$[-\Delta_W, +\Delta_W]$}
偏移-收缩	1	位置发生变化，原面状居民地变化为点状居民地	删除，新建	$[-\Delta_D, -\Delta_W, +\Delta_W]$	{偏移-收缩，[删除，新建]，$[-\Delta_D, -\Delta_W, +\Delta_W]$}
	2	新、旧居民地重叠	修改	$[-\Delta_P, +\Delta_P]$	{偏移-收缩，修改，$[-\Delta_P, +\Delta_P]$}
	3	新、旧居民地不重叠	删除，新建	$[-\Delta_W, +\Delta_W]$	{偏移-收缩，[删除，新建]，$[-\Delta_W, +\Delta_W]$}
偏移-旋转	1	新、旧居民地重叠	修改	$[-\Delta_P, +\Delta_P]$	{偏移-旋转，修改，$[-\Delta_P, +\Delta_P]$}
	2	新、旧居民地不重叠	删除，新建	$[-\Delta_W, +\Delta_W]$	{偏移-旋转，[删除，新建]，$[-\Delta_W, +\Delta_W]$}
旋转-扩张		居民地图形发生变化	修改	$[-\Delta_P, +\Delta_P]$	{旋转-扩张，修改，$[-\Delta_P, +\Delta_P]$}
旋转-收缩		居民地图形发生变化	修改	$[-\Delta_P, +\Delta_P]$	{旋转-收缩，修改，$[-\Delta_P, +\Delta_P]$}
偏移-扩张-旋转	1	新、旧居民地重叠	修改	$[-\Delta_P, +\Delta_P]$	{偏移-扩张-旋转，修改，$[-\Delta_P, +\Delta_P]$}
	2	新、旧居民地不重叠	删除，新建	$[-\Delta_W, +\Delta_W]$	{偏移-扩张-旋转，[删除，新建]，$[-\Delta_W, +\Delta_W]$}
偏移-收缩-旋转	1	新、旧居民地重叠	修改	$[-\Delta_P, +\Delta_P]$	{偏移-收缩-旋转，修改，$[-\Delta_P, +\Delta_P]$}
	2	新、旧居民地不重叠	删除，新建	$[-\Delta_W, +\Delta_W]$	{偏移-收缩-旋转，[删除，新建]，$[-\Delta_W, +\Delta_W]$}

表 2.9　多个居民地对象空间变化类型所对应的变化信息类型的形式化表达

变化类型	变化描述	动态更新操作	图形数据差	变化信息表达
分割	一块居民地分割为多个居民地	删除，新建	$[-\Delta_W, +\Delta_W]$	{分割，[删除，新建]，$[-\Delta_W, +\Delta_W]$}
合并	多个居民地合并为一块居民地	删除，新建	$[-\Delta_W, +\Delta_W]$	{合并，[删除，新建]，$[-\Delta_W, +\Delta_W]$}

第3章 同尺度居民地匹配和变化信息提取

第 2 章基于图形数据差理论对空间对象的变化信息进行了分类和形式化表达，在实际更新过程中，这些变化信息是通过空间对象匹配操作发现的，因此，可以说，匹配是变化信息提取的关键。根据参与匹配对象的比例尺不同，匹配操作可以分为同尺度匹配和相邻尺度匹配，考虑到数据质量要求，在实际操作中一般会采用同尺度数据来更新起始比例尺数据，因此，同尺度居民地匹配技术是变化信息发现的前提和基础，而相邻尺度居民地匹配虽然也可用来寻找变化对象，但其主要作用是发现相邻尺度同名对象间的对应关系，将在第 4 章中进行具体论述。

为解决同尺度居民地对象匹配问题，本章主要完成以下工作：首先，通过问卷调查，基于相似性理论，对居民地匹配的空间认知特点进行分析，以得出指导匹配算法设计的主要原则；其次，在这些原则指导下，针对匹配过程中各指标阈值和权值难以准确设置的问题，利用神经网络在处理多要素模糊分类问题上的优势，研究多指标综合衡量的居民地匹配；再次，针对匹配中出现的位移和建筑物形状同质化影响匹配效果的问题，通过在匹配过程中引入空间关系相似性约束，以实现空间关系有序的居民地匹配；最后，基于前面章节论述的图形数据差的变化信息分类理论，根据匹配结果进行变化信息发现和分类提取。

3.1 居民地匹配的空间认知特点

3.1.1 居民地匹配问题分析

居民地匹配技术作为多源数据融合、多尺度数据更新、海量数据查询和空间数据挖掘等领域的核心技术，得到了广泛的关注和研究，总体而言，可以分为基于相似性的匹配方法和基于概率的匹配方法。

基于相似性的匹配方法从居民地对象的特征相似性入手来进行匹配判断。居民地对象是多维信息的集合体，可以从几何特征、拓扑关系和属性信息等方面来判断是否匹配（张桥平等，2004）。从空间认知的习惯和量测技术的成熟性角度考虑，当前的匹配算法往往倾向于从几何特征入手来判定匹配与否，如郭黎等（2008）从被匹配对象之间的方向相似性角度设计居民地的匹配算法。但由于居民地对象轮廓图形复杂，单一的特征很难全面刻画居民地的形态，因此单指标相似性计算得出的结果也很难满足匹配的精确性要求，人们开始考虑综合多个指标进行匹配（吴建华和傅仲良，2008）。例如，Wentz（1997）提出了利用面的紧致度、边界的描述和面的构成成分来表示面实体的形状，并以此进行匹配；郝燕玲等（2008）综合考虑了面实体的位置、形状、大小等各指标的相似度并加权求和来计算空间匹配度。安晓亚等（2011）提出形状多级描述方法并以此为基础结合形状、重叠面积和方向来进行水系要素的匹配。

基于概率的匹配方法是参考一个或多个指标，从备选的待匹配对象中获取匹配概率最大的对象。Walter和Fritsch通过统计匹配实体各项指标的差值的分布来确定指标阈值，再根据阈值进一步缩小候选匹配集，然后根据指标之间的条件概率计算备选实体间的相关信息，最后通过树搜索的方法获取总相关信息最大的实体为匹配实体（Wentz，1997）。Beeri 等（2004）依据模糊集理论，通过计算可信度值寻找匹配实体，并采取了双向匹配的策略来解决非1∶1匹配的问题。童小华等（2007a）在以上两种方法的基础上，使用了多个指标来计算实体的匹配概率，并在点、线、面实体上分别进行了应用。

以上研究有效解决了匹配中遇到的部分问题，然而，具体到面向更新的居民地匹配，现有的算法还存在如下问题：

（1）以方法和实现为主，缺少对匹配认知过程的深入研究。当前的算法侧重于提出解决问题的途径，对于问题产生的根源则较少触及。造成的结果就像盲人摸象，只能看到局部而不能掌控全局，因此，这些方法往往也存在一定的局限性，脱离了算法产生的匹配环境就会降低效果或失效。要解决这个问题，必须从根源上对匹配进行研究，搞清楚做出匹配判断的依据和着眼点，明确匹配的认知特点和规律，这样，一方面可以为匹配算法的设计提供指导，另一方面又能对已有的匹配算法进行评价。

（2）阈值与权值的设置以经验为主。上文提到的采用各指标相似度加权求总相似度来判断两个对象匹配与否的方法存在以下问题，第一，各指标相似度加权累加的意义问题，Tversky 早在1977年进行相似性研究时就指出相似性是一种直觉和主观判断，它没有严格的数学模型，那么相似性的度量值就不可能是一个精确的值（Goyal，2000）。因此，从这个角度而言，各指标相似性累加求和并进行比较就失去了理论上的严格性。第二，各指标的权重受待匹配地图用途、系统误差、比例尺差异等因素的影响，很难全面而科学地权衡，当前主要依靠制图人员的经验确定，这显然制约了匹配算法的自动化水平。第三，单个指标的取舍阈值和总相似度的匹配判定阈值都需要由制图人员依靠经验来确定，缺乏形式化的量化方法。

而基于概率的匹配方法也存在类似的问题，此类方法的思路是首先选取待匹配对象集，根据所依据的指标以所有的备选对象作为基础，计算该指标下的匹配概率，然后对所有指标的匹配概率乘以权值并求和，获取总的匹配概率，最后选取匹配概率最大的对象作为匹配对象。其优点在于规避了阈值的选取，但同基于相似性的匹配方法类似，一是存在各指标权重的确定问题，二是容易造成误匹配，有可能源对象本身在目标地图上就没有匹配对象，这样即使选取概率最大的也会造成错误，该问题从根本上来说还是单个指标的选取阈值和匹配判定时的总相似度阈值缺失问题。

（3）匹配对象粗选方法单一，不能应对复杂的匹配场景。粗匹配是对待匹配对象的粗选，可以有效缩小选择范围，提高算法效率。当前匹配算法普遍采用扩大缓冲区的方法进行粗匹配，获取被匹配对象的备选集，但采用这些方法存在的问题首先是得到的备选匹配对象仍然较多，影响匹配效率，并容易引入干扰选项；其次，在遇到居民地整体位移较大的情况时，这些匹配方法就无能为力了；最后，在大比例尺地图上，建筑物轮廓形状同质化情况比较普遍，一个居民小区甚至是一个街区的建筑物外形都基本相同，对象之间差异较小且位置集中，采用这些方法会由于数据的误差造成大面积误匹配而且还很难发现，从而对后续的数据处理造成很大的影响。

3.1.2 居民地匹配的空间认知过程

空间认知是认知科学的一个重要研究领域，其目的在于说明和解释人在完成空间信息认识活动时是如何进行信息加工的（王家耀和陈毓芬，2000）。要让计算机"独立"完成面状居民地的匹配，首先必须"教会"计算机按照人类的思维方式来工作，即把人类进行匹配判断时的心理活动过程和所用到的知识用计算机的语言来描述。因此，研究人类对面状居民地要素匹配的空间认知特点和规律，可以有效指导匹配算法的设计，为计算机匹配提供理论依据和技术支持。

要研究居民地匹配的空间认知特点，第一步必须搞清楚居民地匹配的空间认知过程，即什么是匹配，人类在完成匹配的过程中大脑是如何思维的，作出匹配与否判断的依据是什么，这些依据从何而来。下面依次对这些问题进行论述。

匹配一词有多种解释，一般是指配合或搭配，在不同的领域有不同的含义，它既是数学语言，又是计算机术语，其含义复杂多变。具体到本节而言，面状居民地的匹配就是从两幅或多幅地图（地理空间数据）中找到同一居民地对象的不同表示。不同地图的比例尺可能相同，也可能不同（张桥平等，2004）。

在匹配的思维过程中，人类思考和判断是通过视觉思维来进行的，而视觉思维是图形被视觉所感知后进行的一系列判断。"形"是视觉思维的细胞，格式塔心理学认为，任何"形"，都是视知觉进行了积极组织或构建的结果或功能。地图空间认知中的心象地图和认知制图，就是视觉思维的过程（王家耀和陈毓芬，2000）。居民地匹配过程中的视觉思维包括视觉选择性思维、视觉注视性思维、视觉结构联想性思维等具体形式。视觉是有选择性的，是一种主动性很强的感觉形式，积极的选择是视觉的一种基本特征，视知觉与高度选择性是分不开的。居民地匹配过程中的视觉思维也具有很强的选择性，如在匹配的过程中，视觉首先是选择对源对象的形状和位置进行认知，然后在目标地图上相对应的区域寻找形状相似的对象，而忽略不相关的其他对象。同时，在匹配过程中视觉注视性也发挥了很大的作用，居民地对象本身包含很多视觉信息，人类在观察和判断时并不是逐个去观察不同的视觉信息，而是关注于居民地的主要特征并进行判断。另外，当看到匹配对象时，影响决策的并不仅仅是对象本身，还有居民地对象背后所代表的人类日常认知的居民地可能形态以及对于居民地分布的常识。可以说，居民地匹配过程中的每一个决策，都贯穿着视觉结构联想思维活动。

如图3.1所示，在实际的匹配操作过程中，用图者在对比两个居民地对象时，首先要把这两个对象所在的地图按照位置进行叠置，如果两个对象完全重合，那么在不考虑属性信息的情况下，可以认为这两个对象是匹配的，即它们是现实中一个居民地对象的不同表示。但是，由于地图用途、制图综合方法不同和制图误差等原因，即便是现实中同一个居民地对象的不同表示，通过不同的制图人员将其绘制到不同用途的地图上，再把它们放到一起时也会有或大或小的差异。然而，人类的视知觉有一定的容错性，它可以包容一些细微的差别，所以当两个对象的轮廓差异不大、整体上基本重叠，并且其与周围其他居民地对象的拓扑关系大致相同时，就可以作出匹配的判定。如果差异大于视觉的容忍范围，就需要利用视觉结构联想思维，调动实践中积累的对地图匹配的经验来辅助判断是否匹配。

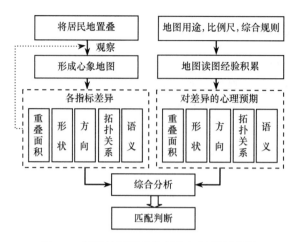

图 3.1 居民地匹配的空间认知过程示意图

如果以上过程交给计算机来执行，那么就需要完成各指标差异的形式化表达和量化计算，即计算待匹配对象之间的相似程度。此外，还要将制图人员对差异大小容忍程度的心理预期转化为确定的数值，即匹配判断的阈值。因此，对匹配算法而言，主要工作是确定待匹配对象的相似程度和匹配判定的阈值。当待匹配对象的相似性大于阈值时，可以认为匹配成功，否则，则认为匹配失败。当前对空间对象匹配问题的研究也正是基于以上思路，并且也取得了一定的成果（郭黎等，2008；Walter and Fritsch，1999）。

3.1.3 居民地相似性及其认知

由上可知，获取待匹配对象之间的相似程度和匹配判定的阈值是计算机判定匹配与否的切入点，因此，何谓相似，居民地相似性有何特点，人类如何认知这种相似性就成为讨论的重点。

1. 相似及相似性

相似普遍存在于自然和社会现象中，是人类感知、判别、分类和推理等认知活动的基础（Shepard，1987）。周美立（2004）认为相似性反映了特定事物间属性和特征的共同性和差异性，相似性的外部表现形式为相似现象，即我们日常所说的相似，相似性是系统内部的本质属性。具体到地图学领域，相似性也有广泛的研究和应用，吴立新和史文中（2003）将相似分为，空间目标几何形态上的相似和空间物体（群）结构上的相似。丁虹（2004）认为空间数据相似性还包括空间方向相似、空间拓扑关系相似和语义信息相似。安晓亚等（2011）则研究了空间对象除语义相似性之外的广义几何相似性，包括几何形态相似（形状、位置、大小等）、空间拓扑关系相似、空间方向关系相似和以上多种相似关系的混合相似。

2. 匹配和相似的关系

匹配是通过对匹配对象相似程度的综合把握进而判定是否为同名对象的操作。因此，相似性的计算和量化表达是匹配判定的基础。根据相似性理论，以系统论的观点来看，相似性普遍存在于系统之间，不同类型、不同层次系统间的要素及特征既不完全相同，也不完全相异，而是部分相同或相异。系统组成要素和特性完全相同的系统称为相同系统，完全相异的系统称为相异系统，系统间存在一定相似要素及相似特性的系统则称为相似系统。事物可以视为系统，相似现象是系统相似特性的外部表现，因而具有相似性的事物和相似的现象可以用相似系统描述。相同、相异和相似是相对概念，相似的两个极端为相同或相异，而大多数系统间或多或少存在某些相似性，只是相似性程度的大小不同而已。如果将相似程度大小用相似度来表示，记为 Q，那么两个对象完全相同则 $Q=1$，完全相异即没有任何相似性则 $Q=0$，而 $0<Q<1$ 的区间则为相似区间。而对于能够匹配的两个对象则必定有相似性，即某些特性相似。由于匹配是对同一对象不同表示的确认，因此相似性必须大于某一阈值才可以认定，将该阈值设为 ε，则能够匹配的两个对象的相似性须满足 $\varepsilon<Q\leqslant1$，具体如图 3.2 所示。所以匹配对象是相似对象的子集，是具有较高相似性的对象集合。

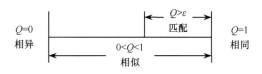

图 3.2　相似与匹配的关系示意图

3.1.4　认知实验及认知特点分析

1. 实验设计

居民地匹配有何特点，是匹配算法设计要关注的重点，也是实验要着重解决的问题。实验采取无记名问卷调查的形式，实验对象为某大学四年级制图相关专业本科生 30 名和非制图专业本科生 30 名。共设计了三个实验题目，每个实验包含几个小问题，每个问题回答完后按序号依次发放下一个问题。

问卷一：匹配是对不同来源的地理空间对象通过对比其形状、方向、重叠面积等来决定是否为同一对象在不同地图上的表示，即同名对象。如图 3.3 所示，多边形 M、N 和 M_1、N_1 分别是两幅地图中的居民地对象，图幅 O、O_1 分别为 M、N 和 M_1、N_1 叠置后的图形。

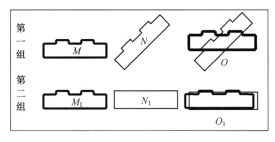

图 3.3　问卷一对应例图

问题 1：你认为哪一组有可能作为同名对象进行匹配成功（　　）。

问题 2：如果它们所在的地图比例尺相同，你认为哪一组有可能作为同名对象进行匹配成功（　　）。

问题 3：如果它们所在地图的比例尺不同，你认为哪一组有可能作为同名对象进行匹配成功（   ）。

A. 第一组　　　B. 第二组　　　C. 都可以匹配　　　D. 都不能匹配

问卷二：如图 3.4 所示，多边形 P、Q 和 P_1、Q_1 分别是两幅地图中的居民地对象，图幅 R、R_1 分别为 P、Q 和 P_1、Q_1 叠置后的图形。

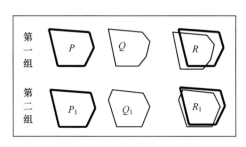

图 3.4　问卷二对应例图

问题 1：你认为哪一组有可能作为同名对象进行匹配成功（   ）。

问题 2：如果它们所在地图的比例尺相同，你认为哪一组有可能作为同名对象进行匹配成功（   ）。

问题 3：如果它们所在地图的比例尺不同，你认为哪一组有可能作为同名对象进行匹配成功（   ）。

A. 第一组　　　B. 第二组　　　C. 都可以匹配　　　D. 都不能匹配

问卷三：如图 3.5 所示，居民地群对象 S、S_1 和居民地对象 T、T_1 分别为两个不同比例尺地图上的居民地，U、U_1 分别是它们叠置后的结果。

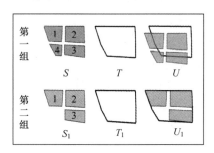

图 3.5　问卷三对应例图

问题 1：你认为哪一组有可能作为同名对象进行匹配成功（   ）。

A. 第一组　　　B. 第二组　　　C. 都可以匹配　　　D. 都不能匹配

2. 实验分析

实验结果如表 3.1 所示，主要从以下角度对居民地匹配判定时的相似性认知特点进行考察：

（1）考察影响待匹配对象相似性认知的因素；

（2）考察待匹配对象之间的比例尺变换对相似性认知的影响；

（3）考察待匹配对象轮廓形状的突出特征对相似性认知的影响；

（4）考察不同制图知识背景的人群对匹配居民地相似性认知和匹配判定的差异。

表 3.1　问卷调查结果

问卷		A		B		C		D	
		专业组	非专业组	专业组	非专业组	专业组	非专业组	专业组	非专业组
问卷一	问题 1	17%	33%	63%	27%	3%	20%	17%	20%
	问题 2	20%	50%	13%	23%	3%	17%	64%	10%
	问题 3	3%	20%	77%	53%	3%	10%	17%	17%
问卷二	问题 1	73%	63%	3%	3%	14%	7%	10%	27%
	问题 2	73%	60%	3%	3%	14%	3%	10%	34%
	问题 3	63%	23%	10%	13%	20%	37%	7%	27%
问卷三	问题 1	80%	60%	14%	24%	3%	6%	3%	10%

问卷一主要从形状和方向对匹配的心理影响角度进行测试，由上文对匹配认知的分析可知，对于居民地对象的匹配，居民地对象的各项几何特征都会影响判断结果，而这种影响对各几何特征却并不等效。如图 3.3 中居民地 M、N 的形状完全相同，但其最小外接矩形的主轴角度差为 45º，这个角度差明显超过正常制图综合和系统误差的影响范畴；而在比例尺不同的情况下，M_1 化简后有变化为 N_1 的可能。从测试数据可以看出，在不表明比例尺的情况下，非专业组的选择集中度不高，说明没有明显的倾向，专业组则倾向于 M_1 和 N_1 匹配，因为根据其专业知识，这种情况有一定的合理性。当限定同比例尺时，则答案 B 的可能性降低，非专业组则大部分认定 A，当限定为不同比例尺时，答案 B 有较大的集中度，说明大部分人对不同比例尺下图形化简有较普遍的认知。

问卷二主要从居民地形状的突出特征对匹配影响的角度进行测试。图 3.4 中居民地对象 P、Q 和 P_1、Q_1 都是略有差异，但差异的部分不同。从测试结果可以看出，在三种情况下，答案 A 都有很大的集中度，说明在进行匹配判断时，居民地轮廓形状的突出特征对匹配的影响要大于其他部分的影响。同时，从两个问题的结果看，专业学员的判定结果相对比较集中且正确率较高，说明专业训练可以提高匹配的准确度。

问卷三主要从相邻比例尺之间居民地要素匹配的角度对匹配的认知进行实验。第一组数据中影响匹配判定的主要因素是位置偏移，第二组数据中的主要影响因素是图形合并对居民地对象形状特征保持的程度。从实验结果可以看出，专业组和非专业组对答案 A 认同度都比较高，说明人们对于适当的位置偏差是可以接受的。由于人眼对居民地轮廓形状的敏感性，当合并过程中轮廓形状出现较大的偏差时（图 3.5 中第一组没有反映出居民地对象 4 消失的情况），对匹配结果的影响较大。

3. 居民地匹配的空间认知特点及其对算法设计的指导

通过对居民地匹配认知的问卷调查实验和分析，可以看出：

（1）制图综合规则约束匹配认知。居民地匹配认知是人在长期的制图实践中，在制图综合规则约束下形成的一种相似性认知，其对相似的理解已不仅仅是常规意义上图形差异大小的衡量，还融入了对制图综合规则的理解和表示，可以说是人生活常识和制图知识的综合。因此，这种认知受专业知识和经验的影响较大。所以，在居民地匹配算法的设计中，必须在常规计算相似度的基础上，加上特定的制图知识表示，如比例尺变换时化简操作造成的居民地图形矩形化、直角化、夸大、舍去、拟合和典型化等图形变化特征，单靠通用的相似性算法来判定匹配与否是远远不够的，必须具体情况具体分析。

（2）匹配是多个影响指标共同作用的结果。人类对于两个居民地对象匹配与否的判定是通过对多个指标进行分析后综合得出的。在人观察的过程中，会对形状、方向、大小、重叠面积、拓扑关系等指标逐个审视，其实这种多指标判断的过程本身就是一个排除的过程，如果某一个指标的差异大于心理预设的阈值，那么就会作出不匹配的决定，而不管其余的指标有多接近。其次，对于不同的指标，人会给其赋予不同的重要性。例如，在同比例尺地图上，形状的权重会大于重叠面积，如果重叠面积差异没有超出阈值的话，就认为二者匹配。但是，不同指标的重要性也是会根据两幅地图的类型、比例尺间距不同而动态变化的，如对于相邻比例尺地图上的两个居民地对象匹配而言，形状的重要性恐怕要低于方向和重叠面积，因为经过比例尺变换的制图综合后，形状相似程度要明显减低，进而形状差异也会扩大。

（3）匹配判定的阈值是动态变化的。人类对匹配判定的总相似性阈值及各指标取舍的相似性阈值的感受是动态变化的，这种变化一般因人而异。对于专业制图人员，由于长时间接触不同类型的地图，所以对于同名对象不同表示之间差异的心理预期会更接近地图现实，而对于一般的用图者，其对同名对象不同表示差异的认知是模糊的，更多的是一种主观判断。同时，即使专业制图人员，对于不同类型的匹配对象，其对阈值的设定也是不相同的，当匹配对象的比例尺相同时，人们往往会认为差异较小，而对于相邻比例尺的地图匹配，人们对其间的差异容忍度也会相应地大一些。此外，不同类型地图进行匹配时阈值的设置也不同，如用海图和地形图匹配，由于其描述重点不同，地图使用目的不同，所以相同地物的表示方法差异也会较同类型地图大。因此，心理上对差异的预期也会大一些。人类不但对不同类型、不同比例尺区间匹配阈值的心理预期不同，即使在匹配同一组地图时，由于时间的先后不同，对差异的感知和心理预期也会不同，在判断的前期，这种对差异的预期是模糊的、不确定的，随着接触样本的增多，渐渐地掌握了差异判断的尺寸，随着匹配的进一步进行，就会逐渐形成稳定的、清晰的心理预期。因此，在匹配算法设计时，如何根据匹配场景动态地调整阈值设置，是提高匹配精度和算法自动化水平的关键。

3.2　基于人工神经网络的居民地匹配算法

匹配判定的总相似性阈值、影响匹配各指标的取舍阈值和权值是匹配过程中难以回避的问题，然而这些参数的设置又涉及待匹配地图的类型、比例尺、系统误差、制图综合规则的理解和使用方式等诸多差异，对这些因素的综合把握是制图工作者在长期的制图实践中积累的经验和知识的集中反映，还包含着创造性的人类思维活动，当前还无法用形式化的方法进行量化和表达。而对这种存在着大量模糊空间的多要素、复杂分类问题，人工神经网络却有着良好的效果，本节将以人工神经网络作为分类器，来进行面状居民地的匹配。

3.2.1　基于人工神经网络的居民地匹配模型

1. 人工神经网络的构建

人工神经网络从功能上是对人脑或自然神经网络的抽象和模拟，它是以有向图为拓扑结构的动态系统，通过对连续或断续的输入进行并行信息处理。设计良好的人工神经网络系统可以充分逼近任意复杂的非线性关系，能够同时处理定量和定性知识，并将这些知识等势分布储存于网络内的各神经元，故有很强的鲁棒性和健壮性，此外，它还可以学习和自适应不知道或不确定的系统（Luger，2009）。

鉴于上述优点，本节选择了人工神经网络作为对于居民地匹配这样有着定量知识、定性知识的非线性、不确定性问题的求解工具。根据人工神经网络的问题求解模型，需要抽象居民地匹配的知识（或决策模型），量化后作为网络的输入，用于网络学习和推理。本节选择技术上较成熟的三层 BP 神经网络来进行匹配与否的判断（王辉连，2005）。如图 3.6 所示，根据面状居民地匹配的影响因素和当前的技术水平，将影响匹配的因素确定为 5 个：形状相似性、方向相似性、位置相似性、大小相似性和重叠面积相似性。因为重叠面积相对于源对象和目标对象的意义不同，所以又将重叠面积相似性细分为源对象重叠面积相似性（source object area similarity，SOA 相似性）和目标对象重叠面积相似性（object source area similarity，OSA 相似性）。这 6 个因素分别对应神经元网络输入层的一个神经元输入，取值范围都归一化在 0～1。

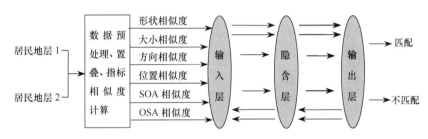

图 3.6　基于人工神经网络的匹配模型

2. 各指标相似性度量方法

1）方向相似性度量

方向相似度定义为待匹配的两个对象居民地对象之间在整体走向上的相似程度，一般采用居民地最小外接矩形（minimum bounding rectangle，MBR）来表示居民地的整体走向，采用与矩形长边平行的中轴线之间的角度差来衡量方向相似程度。但采用这种方法在居民地最小外接矩形长短边长度接近时容易因误差造成致命的错误（可能造成 $\pi/2$ 的误差），所以本节采用与外接矩形左下角顶点连接的对角线之间角度差的绝对值作为衡量方向相似性的工具。设该角度差为 θ，显然角度差为 $\pi/2$ 时相似性最低，0 和 π 相似性最高，那么定义方向相似度 $S_{\text{(Orientation)}}$ 为

$$S_{\text{(Orientation)}} = 1 - \sin(|\theta|), 0 \leqslant \theta \leqslant \pi \tag{3.1}$$

2）位置相似性度量

本节以居民地轮廓多边形的质心来代表居民地的位置，采用模板累加的方法确定质心的具体坐标（Veltkamp，2001）。那么两个居民地对象的位置相似性则可以用质心的欧氏距离来表示。显然，质心之间的距离越近则相似性越高，越远则相似性越低。不过，质心之间的距离也不能无限远，只有在一个规定的范围内，质心之间的距离才会对衡量

位置相似度存在意义。设可以容忍的质心距离最大值为 L，则质心距离 l 的取值范围为 $[0，L]$，定义位置相似度 $S_{(Location)}$ 为

$$S_{(Location)} = (L-l)/L \tag{3.2}$$

3）大小相似性度量

居民地的大小可以用面积来表示，若为同比例尺对象，则理论上面积应该相同，若为不同比例尺的对象，制图综合规则也要求面积大致相同，因此，面积也是居民地对象匹配的约束条件之一。显然，面积差异越小，则相似性越高，设待匹配对象的面积分别为 S_A，S_B，$\min(S_A, S_B)$、$\max(S_A, S_B)$ 分别为两面积中的最小值和最大值，定义面积相似度 $S_{(Area)}$ 为

$$S_{(Area)} = \min(S_A, S_B)/\max(S_A, S_B) \tag{3.3}$$

4）重叠面积相似性度量

重叠面积代表着待匹配居民地对象在位置和轮廓形状方面的相似程度。不考虑其他因素的话，直观上可以认为重叠面积越大，两个居民地对象为同名对象的可能性越大，即相似性越高。设源居民地对象的面积为 S_A，目标居民地对象的面积为 S_B，重叠面积为 S_C，那么定义 SOA 相似度和 OSA 相似度分别为

$$S_{(SOArea)} = S_C/S_A，\quad S_{(OSArea)} = S_C/S_B \tag{3.4}$$

5）形状相似性度量

形状是人眼分辨事物时采用的最直观、最准确的一种手段，当前对形状相似性度量也提出了多种方法（郝燕玲等，2008；帅赟等，2008；谭建荣等，2002；刘宏申和秦峰，2005），本节采用郝燕玲等（2008）提出的形心弧长算法进行形状相似度的度量，其主要思想是将多边形等分为 n 段，以各等分点到形心点的距离作为形状描述函数的值，以某一匹配起始点 P_0 到边界上任一点 P_i 的弧长 l_i 作为形状描述函数的参数，采用形状描述函数间绝对距离大小来表示形状相似性，则形状相度 $S_{(Form)}$ 的计算公式为

$$S_{(Form)} = 1 - \left\{\sum_{i=0}^{n}\left[f_A(l_i) - f_B(l_i)\right]^2\right\}^{1/2}/U \tag{3.5}$$

$$U = \max\left\{\sum_{i=0}^{n}f_A(l_i), \sum_{i=0}^{n}f_B(l_i)\right\} \tag{3.6}$$

式中 A，B 表示待匹配的居民地对象；$f_A(l_i)$ 和 $f_B(l_i)$ 分别是 A 和 B 的形状描述函数在 l_i 点的函数值；n 为通过 l_i 的定义而计算得到的边界点数；U 为待匹配居民地对象形状描述函数的最大值。

3.2.2 人机结合的神经网络训练策略

人工神经网络技术的一大不足就是必须要有大量的数据对网络进行训练，如果针对每一种匹配场景都要准备大量的实验数据的话，势必会使工作量大增，尤其是面对新的工作任务时，往往无法搜集到足够的实验数据。为解决此问题，依托已有的匹配算法，

本节提出了人机结合的神经网络训练策略（图 3.7），其主要步骤为

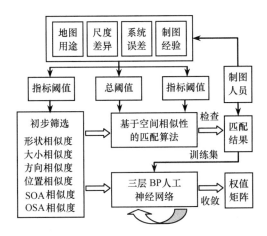

图 3.7 人机结合的神经网络训练过程示意图

（1）制图人员根据源图和目标图之间的地图类型、比例尺差异、系统误差等匹配场景确定各指标的权重、单个指标的取舍阈值以及整体的匹配判定相似性阈值。

（2）使用扩展缓冲区的方法获取匹配备选对象。

（3）按照方向、位置、面积、形状的顺序依次计算各指标的相似度，并与其对应的指标阈值比较，若小于阈值，则直接排除。

（4）计算剩余匹配对象的总相似度，取相似度最高的对象与总相似度阈值比较，若大于阈值则确定为匹配对象，完成匹配工作。同时记录各指标的相似度。

（5）重复步骤（2）～（4），完成目标图到源图的匹配。

（6）根据总体相似性的大小对匹配结果分级表示。例如，假设总相似性大于 0.8 即可认为匹配，那么可以分为 4 个等级，（0.9，1]为可靠匹配区间，[0.8，0.9）为判定匹配区间，[0.7，0.8）为判定不匹配区间，[0，0.7）为确定不匹配区间。对不同的区间设置不同的颜色表示。

（7）由制图人员对匹配结果进行检查，重点是对总相似性在（0.7，0.9）区间的居民地对象进行检查和评估，并对误匹配和漏匹配情况进行纠正。

（8）将纠正后的匹配结果以及各指标的相似度作为神经网络的训练数据输入。

（9）以上步骤反复进行，直到获取收敛的神经网络权值矩阵，最后根据匹配的场景将权值矩阵存储。

3.2.3 居民地匹配实验及变化信息提取

1. 人工神经网络构建及训练

人工神经网络构建及训练过程采用三层 BP 神经元网络，网络结构如图 3.8（a）所示，其中输入层为 6 个节点，中间层为 10 个节点，输出层为 2 个节点。共使用了 380 组训练数据，图 3.8（b）为部分训练数据，输入数据为 380×6 的矩阵，输出数据为 380×2 的矩阵，输出数据中匹配成功表示为{1，0}；匹配失败表示为{0，1}，由于训练数据中部分未变化的数据存在使用原图数据的情况，所以个别指标会出现相似性为 1 的情况。

训练采用 matlab 默认设置，70%数据训练，15%验证，15%测试。神经网络收敛后输入层和中间层之间的连接权值矩阵如图 3.8（c）所示，中间层和输出层的连接权值矩阵如图 3.8（d）所示，中间层和输出层的阈值如图 3.8（e）、（f）所示。

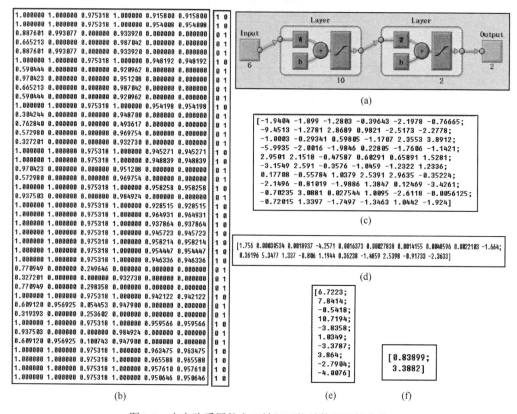

图 3.8　本实验采用的人工神经网络结构及训练参数

2. 同尺度居民地匹配实验

由于级联更新中涉及的匹配对象一般为大比例尺的街区和建筑物，因此本节实验也采用居民地的这两个形态。为方便后续章节的实验和对比，街区实验将采用同一套数据进行。下面将首先进行居民地匹配实验，然后根据匹配结果提取变化对象。

实验样图为图 3.9 所示的某城市新旧两幅地图的居民地层，其中图 3.9（a）为采集

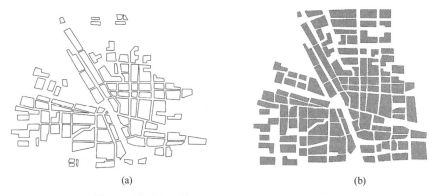

(a) (b)

图 3.9　基于人工神经网络的居民地匹配实验样图

于20世纪90年代的1∶10 000旧图，图3.9（b）为近年采集的同尺度新图。由图可以看出，该城市主体框架基本保持，老城区变化不大，但随着经济的发展城市轮廓有明显的扩张，边缘部分有大量新居民地出现，符合我国城市发展的实际情况。

实验采用收敛后的神经网络对样图进行匹配，结果如图3.10所示，图中深色居民地对象为匹配成功对象，白色为匹配失败对象。其对比图由两名制图人员分别单独手工设置阈值和权值并采用基于空间相似性的匹配算法进行匹配，其指标权重和阈值设置如表3.2所示。匹配结果如图3.11、图3.12所示，匹配结果比较如表3.3所示。

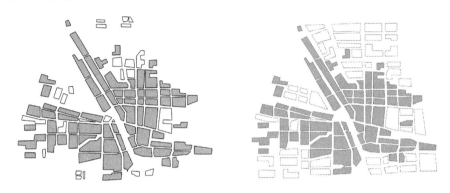

图3.10　基于人工神经网络的居民地匹配算法运行结果

表3.2　各指标权重和阈值设置表

比较参数		方向相似度	形状相似度	大小相似度	位置相似度	重叠面积相似度	总相似度
人工1	权重	10%	25%	20%	15%	各15%	—
	阈值	0.7	0.8	0.8	0.8	各0.7	0.8
人工2	权重	15%	15%	25%	15%	各15%	—
	阈值	0.7	0.7	0.8	0.8	各0.8	0.75

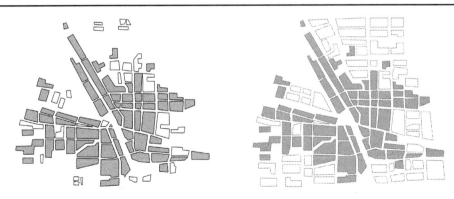

图3.11　人工设置阈值和权值匹配结果1

表3.3　匹配结果数据及对比

比较参数	正确匹配个数	误匹配个数	漏匹配个数
人工1	69×2	0	4×2
人工2	73×2	3×2	1×2
本研究算法	73×2	0	1×2

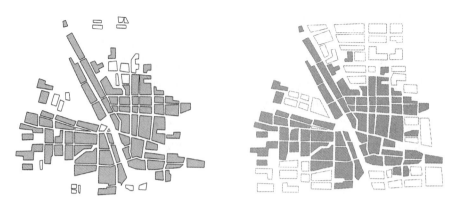

图 3.12　人工设置阈值和权值匹配结果 2

从表 3.2 各指标阈值和权重设置及表 3.3 的匹配结果可以看出，指标阈值和权重的准确设置是一项综合性的、严重依赖制图人员认知水平的工作。由于不同制图人员的工作经验、知识背景、地图认知水平差异，难免会影响阈值和权重的设置，从而造成匹配结果的不稳定。在实验中，人工 1 设置的匹配参数对形状和整体相似度阈值有较高的要求，从而造成一定的漏匹配，而人工 2 的阈值设置标准相对较低，却造成误匹配。而本节所提出的基于神经网络的匹配方法则可以较好地保证匹配结果的稳定性和正确性。

3. 变化信息提取

根据第 2 章对变化信息的定义及本实验的匹配结果，提取出来的变化信息如图 3.13 所示。其中图 3.13（a）为新建对象，图 3.13（b）为删除对象，图 3.13（c）为修改对象，图 3.13（d）为被修改对象。

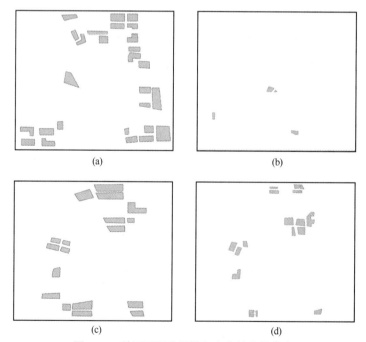

(a)　　　　　　　　　　　　　(b)

(c)　　　　　　　　　　　　　(d)

图 3.13　利用匹配结果提取出来的变化信息

3.3 空间关系相似性约束的居民地匹配算法

针对 3.1.1 节所述匹配对象粗选时由于位移和居民地对象形状同质化会造成误匹配的问题，本节从空间关系相似性入手给出一种解决方案。其灵感来源于人们在日常生活中对陌生地物的表示和查询。在陌生环境寻找地物时，如果只单纯地描述目标的几何特征，由于语言描述的不确定性，寻找起来难度很大，而通过某一已知地物再加上空间关系的辅助则可以大大提高寻找目标的概率。同样，匹配也可以看作一种目标寻找，也会面对几何特征描述不完备的问题，同样也可以借助已匹配对象和对象之间的空间关系来寻找待匹配对象。因此，本节引入空间关系相似性对匹配过程进行约束，以空间对象在空间关系上的有序性来引导匹配进程，缩小匹配目标备选集，提高居民地对象匹配的效率和精度。

3.3.1 空间关系相似性及其计算

本节所提及的空间关系相似性，是指不同表示方式的同名空间对象对（群）之间的空间关系，这些关系虽不能严格一致，但也不违背制图规则的要求，是可以接受的、不会形成空间冲突的关系（孟妮娜等，2009）。本小节的主要任务就是找出这种空间关系的表示和度量方法，用来约束同名对象的匹配。为了计算方便，空间关系相似性大小一般采用离散化的概念距离来描述。

1. 拓扑关系相似性度量

拓扑关系相似性往往是通过拓扑关系的概念邻域来计算（吕秀琴和吴凡，2006；Paiva，1998），以关系之间的概念距离远近来表示相似性的大小。如图 3.14 所示，在建立居民地要素的拓扑关系相似性度量模型时，考虑到居民地的语义特征和制图规则要求，居民地之间的拓扑关系可以简化为相离、相接（相邻）和相交（合并）三种，规定拓扑关系相离和相邻的概念距离为 1，相离和相交的概念距离为 2，拓扑关系概念距离越大，说明两组对象之间的拓扑相似性越低。

图 3.14　居民地对象之间的拓扑概念邻域

对于待匹配的居民地对象，假设居民地 A、B 之间的关系为相接，即 $T(A，B)$ = 相接，而另一幅图上与之相对应的居民地 A_1、B_1 之间的关系为相离，即 $T(A_1，B_1)$ = 相离，那么它们之间的拓扑关系概念距离 $D_T[T(A，B)，T(A_1，B_1)]$ =1。由于两个对象拓扑关系之间的最大距离为 2，所以拓扑关系相似性可以表示为

$$S_T[(A,B),(A_1,B_1)] = 1 - D_T[T(A,B),T(A_1,B_1)]/2 \qquad (3.7)$$

2. 距离关系相似性度量

距离有多种表示方法，根据人对居民地距离的认知习惯，本节采用两个居民地对象之间的最小欧氏距离作为依据。Dimitris（1998）基于模糊数学提出了一种距离相似性的度量方法，由于比较复杂且不适合本节的相似关系离散化表示的需要，现提出一种距离相似性度量的计算方法。设参与匹配的源图中居民地 A、B 轮廓多边形的最小距离为 d，即 $D(A,B)=d$；目标图中相对应的居民地 A_1、B_1 的最小距离为 d_1，即 $D(A_1, B_1)=d_1$；设当前比例尺地图的最小可视分辨距离为 ε（或某一预设值），定义距离差为 d 与 d_1 差的绝对值除以 ε 并取整，即用最小分辨距离的倍数来表示距离的相似程度，即

$$D_{\mathrm{D}}[(A,B),(A_1,B_1)]=\left\lfloor |D(A,B)-D(A_1,B_1)|/\varepsilon \right\rfloor \tag{3.8}$$

假设最大可容忍的空间距离差为 $\alpha\times\varepsilon$，即最小分辨距离的 α 倍，那么距离关系相似性可以表示为

$$S_{\mathrm{D}}[D(A,B),D(A_1,B_1)]=1-D_{\mathrm{D}}[(A,B),(A_1,B_1)]/\alpha \tag{3.9}$$

3. 方向关系相似性度量

空间方向是指在一定的方向参考系中从一个空间目标到另一个空间目标的指向，它存在于地理空间的两个目标之间。对方向的描述分为定量描述和定性描述，定量描述就是用方位角或象限角等比率数据精确地给出目标间的方向关系值，通常用角度表示。定性描述使用有序尺度数据概略描述方向关系，如平面上四方向描述把空间分成东、南、西和北，八方向描述把空间分为北、东北、东、东南、南、西南、西、西北等（闫浩文，2003）。基于此，Goyal（2000）提出了粗略方向关系矩阵来描述居民地对象之间的方向关系。因为相似性计算本身的模糊性，本节采用居民地的质心来代表对象本身来参与方向关系的计算。由于面对象之间缠绕或是包含等复杂关系在居民地中极少出现，所以此处暂不考虑此类情况（陈迪等，2013；张桥平等，2002）。与拓扑关系相似，方向关系的相似性也可以用概念邻域来表达，安晓亚（2011）在 Goyal 空间方向相似性研究的基础上，根据人对空间方向关系距离的感受进行了修正，限定了方向概念块只能在概念矩阵的外围移动，本节采用该方法来度量待匹配居民地对之间的方向关系相似程度，为保持计算的连续性，将对角线上两个方向之间的概念距离也设为 4。在实际应用中，设源图中居民地 A 为参考目标，居民地 B 为待匹配目标，B 在 A 的正北方，其方向关系用矩阵形式可表示为

$$\boldsymbol{M}(A,B)=\begin{bmatrix} 0 & 1 & 0 \\ 0 & * & 0 \\ 0 & 0 & 0 \end{bmatrix}$$

其中，*表示参考对象所在位置；而在目标图中，对应的居民地 A_1 为参考目标，B_1 为待匹配目标，B_1 在 A_1 的东北方向，它们的方向关系可以表示为

$$\boldsymbol{M}(A_1,B_1)=\begin{bmatrix} 0 & 0 & 1 \\ 0 & * & 0 \\ 0 & 0 & 0 \end{bmatrix}$$

那么这两组对象的方向概念距离为

$$D_M[(A,B),(A_1,B_1)] = M(A_1,B_1) - M(A_1,B_1)] \quad (3.10)$$

由于两个方向关系的最大距离为4，那么方向关系相似性可形式化表示为

$$S_M[(A,B),(A_1,B_1)] = 1 - D_M[(A,B),(A_1,B_1)]/4 \quad (3.11)$$

4. 空间关系相似性的集成表达

由于空间关系相似性是拓扑关系、距离关系和方向关系三种关系的集成，其相似性可形式化表示为

$$S_R[(A,B),(A_1,B_1)] = S_T[(A,B),(A_1,B_1)] \oplus S_D[(A,B),(A_1,B_1)] \oplus S_M[(A,B),(A_1,B_1)] \quad (3.12)$$

式中，$S_R[(A,B),(A_1,B_1)]$ 为空间对象 A、B 相对于对象 A_1、B_1 的空间关系相似性；$\oplus$ 表示集成关系。在具体应用中，考虑到各空间关系相似性重要程度的不同，可以给它们赋予权值，设它们的权值分别为 ω_T、ω_D、ω_M，则式（3.12）可进一步表示为

$$S_R[(A,B),(A_1,B_1)] = \omega_T \times S_T[(A,B),(A_1,B_1)] + \omega_D \times S_D[(A,B),(A_1,B_1)] + \omega_M \times S_M[(A,B),(A_1,B_1)] \quad (3.13)$$

为提高运算的简洁性，在实际运算过程中，首先利用各空间关系的概念距离同阈值直接比较，若小于阈值则认为满足相似性约束，继续进行匹配，否则视为不满足。

3.3.2 空间关系相似性约束的居民地匹配流程

如图 3.15 所示，设地图 M_1、M_2 参与匹配，以 M_1 为源图，M_2 为目标图。匹配过程为

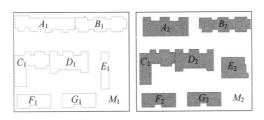

图 3.15 空间关系相似性约束匹配过程示例

（1）构建待匹配对象的邻近对象表。采用基于 Delaunay 三角网的邻近关系探测技术（钱海忠和武芳，2001），分别对 M_1、M_2 中待匹配的居民地对象探测并列出与其邻近的对象，如对于 M_2 中的对象 D_2 而言，其邻近对象及空间关系如表 3.4 所示。其中"匹配对象"表示是否寻找到匹配目标，若是则标出对象名称。"是否遍历"表示该对象是否已被计算过。

表 3.4 居民地 D_2 的邻近对象表

对象名称	拓扑关系	距离关系	方向关系	匹配对象	是否遍历
G_2	相离	7	南	无	否
F_2	相离	7	西南	无	否
C_2	相离	1	西	无	否
A_2	相离	4	西北	无	否
B_2	相离	4	东北	无	否
E_2	相离	3	东	无	否

（2）选取突出居民地对象作为匹配的起始对象。按照人类对地图的认知感受，城市地图中突出居民地包括：面积最大的居民地、街道拐角的居民地、图幅边缘的居民地等。一般的选取策略是首先考虑面积最大的居民地，因为面积最大的居民地其扩展缓冲区也较大，相应地对于位置误差的容忍度较高，漏匹配的概率较小。但是如果连续选取最大面积的居民地都没有成功，则可以依次考虑后两种方案，若这两个方案也失败，则只有寻求制图人员协助标注起始匹配对象。对于地图 M_1，按面积由大到小的顺序排列前三个居民地依次为 A_1、D_1、B_1。

（3）寻找起始对象的匹配对象。找到突出居民地对象（面积最大的居民地）之后，需要寻找该对象在目标地图上的匹配对象。这里采用 3.2 节所述的基于人工神经网络的居民地匹配算法（已完成训练且收敛的神经网络）进行起始对象匹配对象的寻找，若找到则执行下面各步骤，若匹配失败，按照面积大小排序关系将其他居民地作为起始匹配对象。针对本例子，由步骤（2）可知，M_1 中面积最大的居民地为 A_1，采用基于人工神经网络的居民地匹配算法，在 M_2 中没有发现匹配对象。那么，按顺序考虑 D_1 作为起始对象，经计算后发现 D_2 为其匹配对象，对 D_1、D_2 进行标注，同时记下两对象的位置偏移量。

（4）居民地对象的匹配顺序。确定起始匹配对象后，匹配操作就从该对象起步，按照广度优先的搜索策略，完成未匹配对象的匹配。本例中，从起始匹配对象 D_1 开始，按照广度优先搜索策略，如从 D_1 南方向依顺时针按照相接、相离，由近及远的顺序，依次遍历 8 个方向内相邻的未匹配居民地对象，则遍历顺序为 G_1、F_1、C_1、B_1、E_1。选取 G_1 为下一个待匹配对象。

（5）基于空间关系相似性约束的居民地对象粗选及匹配方法。空间关系相似性约束在匹配中的作用体现在粗选过程中，利用源图上待选对象和参考对象的空间关系加上各空间关系的相似性阈值，获取目标图上待选对象的空间关系范围。在本例中，对于待匹配居民地 G_1，其和参考对象 D_1 的拓扑关系为相离，最小距离为 6，方向关系为南，设拓扑关系相似性概念距离阈值设置为不超过 1，距离关系相似性概念距离阈值设置为不超过 3，方向关系相似性概念距离阈值设置为不超过 1，那么 G_1 在地图 M_2 上可能对应的匹配对象相对于参考对象 D_2 的拓扑关系取值范围为相离或相邻，最小距离范围为[3, 9]，方向关系范围为{西南，南，东南}，参考 D_2 的邻近对象表 3.4 可知，满足条件的备选匹配对象为 G_2 和 F_2。然后，利用基于人工神经网络的居民地匹配算法再加上已知的位置偏移量判定 G_1 的匹配对象为 G_2，记下 G_1、G_2 之间的位置偏差并求平均值。依此类推，完成余下未匹配对象的匹配。

（6）搜索不到居民地的匹配方法。如果居民地区域经历了大面积的重建，就会发生部分区域根据以上的搜索算法无法遍历到的问题。对于这类对象，只能将前文获得的平均位置偏移量作为匹配参考，使用基于人工神经网络的居民地匹配算法进行匹配，并尝试重新从步骤（4）执行。

3.3.3　邻近对象空间关系相似性校验的匹配质量检核

上述步骤完成后，为避免误匹配，需要利用匹配结果，对已匹配对象进行匹配质量检核。下面仍以图 3.15 为例，对检核过程进行说明。

匹配完成后，居民地对象 D_1 的邻近对象表如表 3.5 所示。其中已匹配对象为 G_1、F_1、C_1、B_1，对应 M_2 上的匹配对象为 G_2、F_2、C_2、B_2。如果匹配是正确的，那么，D_1 和与其邻近的已匹配对象之间的空间关系必然也与 D_2 的相似，否则说明匹配过程中出现了问题。因此，质量检核的思路就是判定待检查对象同其所有邻近的已匹配对象之间的空间关系是否与目标图上对应的空间关系相似。检核采取对应对象分别比较的方法，即 D_1、G_1 对应 D_2、G_2，D_1、F_1 对应 D_2、F_2，D_1、C_1 对应 D_2、C_2，D_1、B_1 对应 D_2、B_2，依次检查拓扑关系、距离关系和方向关系的相似性，检核中采用匹配时设置的空间关系相似性阈值。匹配完成之后 D_2 的邻近对象关系如表 3.6 所示，经计算后 D_1、D_2 的匹配通过了匹配质量检核。依此类推，按照与匹配过程相同的顺序，完成已匹配数据的质量检核。

表 3.5　匹配完成后居民地 D_1 的邻近对象表

对象名称	拓扑关系	距离关系	方向关系	匹配对象	是否遍历
G_1	相离	6	南	G_2	是
F_1	相离	6	西南	F_2	是
C_1	相邻	0	西	C_2	是
A_1	相离	5	西北	无	是
B_1	相离	5	东北	B_2	是
E_1	相离	5	东	无	是

表 3.6　匹配完成后居民地 D_2 的邻近对象表

对象名称	拓扑关系	距离关系	方向关系	匹配对象	是否遍历
G_2	相离	7	南	G_1	是
F_2	相离	7	西南	F_1	是
C_2	相离	1	西	C_1	是
A_2	相离	4	西北	无	是
B_2	相离	4	东北	B_1	是
E_2	相离	3	东	无	是

3.3.4　居民地匹配及变化信息提取

本实验样图选取某市区的部分区域，新图数据来源于卫星数据，如图 3.16（a）所示，数据现势性为 2012 年。经过人工采集和投影纠正，获取矢量居民地数据如图 3.16（b）所示。旧图数据来源于 20 世纪 90 年代采集的矢量数据，如图 3.16（c）所示。

1. 匹配起始对象的确定

按照 3.3.2 节所述的匹配起始对象的选取方法，首先考虑面积最大的居民地对象，新图面积最大的前三个居民地对象如图 3.17（a）所示，旧图面积最大的前三个居民地对象如图 3.17（b）所示，显然，它们与对应的粗匹配对象都难以匹配成功。其次应该考虑街道拐角的居民地对象，若道路数据比较完备且已经匹配完成，那么利用道路数据作为辅助会比较方便且高效的，不过本实验样图中未考虑道路数据，因此考虑第三种情况，即图幅边缘的居民地对象，本实验中考虑与样图外接矩形顶点距离最近的居民地对象，此处点与居民地的最小距离是指该点离居民地轮廓多边形的最短距离，外接矩形的4个顶点依次按照左下、右下、右上、左上的顺序进行计算，离4个顶点距离最近的居民地对象及其关系如图3.17（c）、（d）所示。精匹配后最先发现左下角的对象匹配成功，将其确定为匹配起始对象。

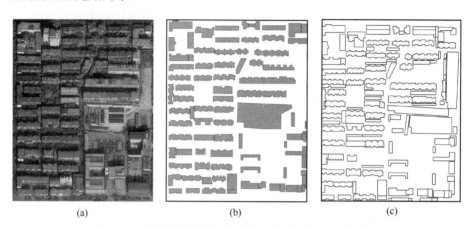

(a)   (b)   (c)

图 3.16　基于空间关系相似性约束的居民地匹配实验图

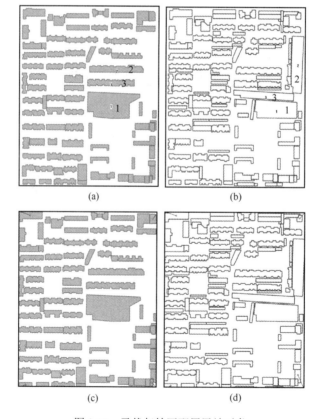

(a)   (b)

(c)   (d)

图 3.17　寻找起始匹配居民地对象

2. 基于空间关系相似性约束的居民地匹配及对比测试

图 3.18 为新旧数据人工对准后的匹配结果及对比，其中图 3.18（a）、（d）为新旧数

据叠加，可以看出，经过 10 余年的发展，该区域经规划后部分建筑物被拆除，另有部分新建建筑。图 3.18（b）、（c）为采用基于人工神经网络的居民地匹配算法的匹配结果，其中彩色居民地为匹配成功对象，白色为匹配失败对象。图 3.18（e）、（f）为采用基于空间关系相似性约束的居民地匹配算法的匹配结果，可以看出，由于两图对准得较好，并且基于空间关系相似性约束的居民地匹配算法在精匹配阶段采用的是基于人工神经网络的居民地匹配算法，因此两算法匹配结果相同（表 3.7）。

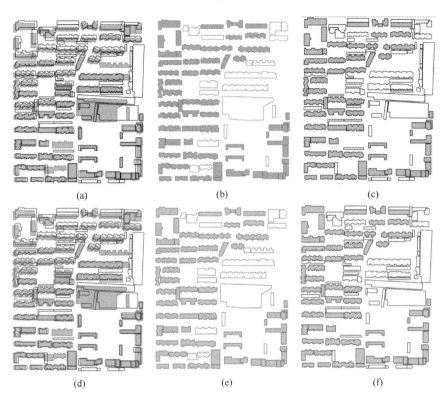

图 3.18　基于空间关系相似性约束的居民地匹配实验及对比（人工对准）

为检验两个算法在发生系统移位情况下的表现，对两个图层进行人工移位，图 3.19 为将旧数据层向东北方向实地距离移动 10m 的结果，图 3.20 为同方向移动 20m 的结果。图 3.19（b）、（c）为基于人工神经网络的居民地匹配算法的匹配结果，相比图 3.18 的匹配结果，出现了大量漏匹配的情况，图 3.19（e）、（f）为使用基于空间关系相似性约束的居民地匹配算法的匹配结果，其结果与图 3.18 的相同。在进一步加大位移的情况下，基于人工神经网络的居民地匹配算法的匹配结果进一步恶化，如图 3.20（b）、（c）所示，不但出现了更多的漏匹配情况，而且还出现了较难以发现的误匹配情况。而基于空间关系相似性约束的居民地匹配算法的匹配结果在这种情况下依然保持稳定［图 3.20（e）、（f）］。这主要是由于采用扩展缓冲区方法搜索粗匹配对象时，由于新旧数据之间的位移，正确的匹配对象未被选入备选对象集。由于局部区域居民地轮廓形状的同质化，所以造成了误匹配。而采用基于空间关系相似性约束的居民地匹配方法则可以有效地避免以上两种情况的发生，使匹配正确率和算法可用性有了显著提高。

表 3.7　匹配结果比较

		专家判定	人工对准		位移一		位移二	
			3.2 节算法	3.3 节算法	3.2 节算法	3.3 节算法	3.2 节算法	3.3 节算法
匹配成功	新图	70	68	68	27	68	1	68
对象个数	旧图	70	68	68	27	68	1	68
未匹配	新图	17	17	17	17	17	17	17
对象个数	旧图	56	56	56	56	56	56	56
漏匹配	新图	—	2	2	43	2	65	2
对象个数	旧图	—	2	2	43	2	65	2
误匹配	新图	—	0	0	0	0	4	0
对象个数	旧图	—	0	0	0	0	4	0

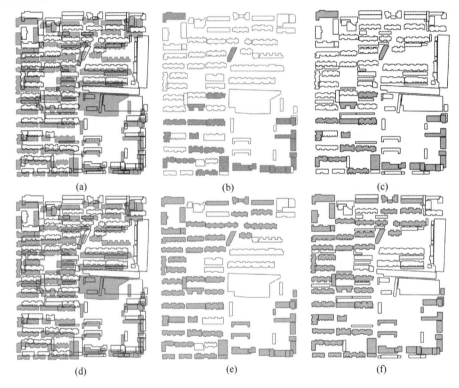

图 3.19　基于空间关系相似性约束的居民地匹配实验及对比（位移情况一）

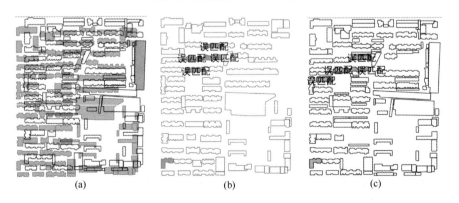

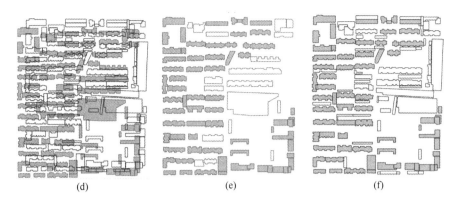

图 3.20　基于空间关系相似性约束的居民地匹配实验及对比（位移情况二）

3. 变化信息提取

根据第 2 章对变化信息的定义，依据图 3.17 的匹配结果，提取出来的变化信息如图 3.21 所示。

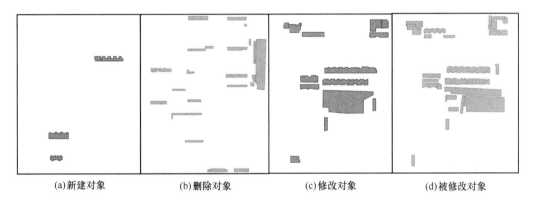

図 3.21　根据匹配结果提取出的变化对象

3.4　基于图形数据差的居民地变化信息提取与表达示例

以上各节论述的重点是匹配方法本身，而对所提取的变化对象仅从新建、修改和删除三个方面进行了分类，本节将完成基于图形数据差理论的变化对象选取和分类表达实验。选取图 3.22 所示的榆林市同一地区、不同时期的新旧居民地数据进行实验。

图 3.22 是生产于 20 世纪 90 年代的原始居民地要素数据，有 108 个面状居民地实体。图 3.23 为最新的遥感影像图，图 3.24 是对遥感影像数字化得到的居民地要素数据，有 234 个面状居民地实体。图 3.25 是新旧居民地要素数据叠加图，从图中可以看出，整体上新旧数据存在位置偏差，新旧数据中居民地对象的图形形状有一定变化。

3.4.1　居民地要素变化信息提取

在居民地要素数据建立对应关系之后，根据空间数据更新操作对变化信息的操作需求，对同名实体进行比对，提取出其中的变化信息，将提取得到的变化信息分为两大类：负变化信息和正变化信息。

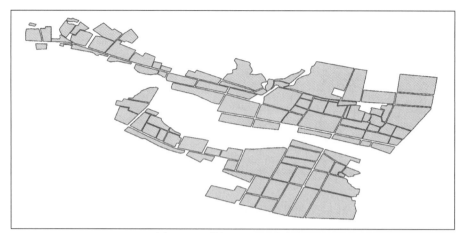

图 3.22　原始居民地要素数据

图 3.23　最新的遥感影像图

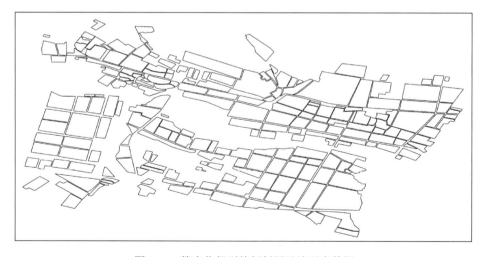

图 3.24　数字化得到的新版居民地要素数据

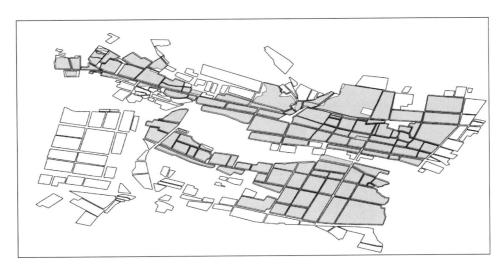

图 3.25　新旧居民地要素数据叠加图

图 3.26 是变化信息提取结果的统计，本次实验共提取得到 338 个变化信息，包括 105 个负变化信息，233 个正变化信息。图 3.27 是实验新生成的变化信息数据层，新生成添加了"变化信息-负信息"数据层和"变化信息-正信息"数据层两个新数据层，如图 3.27 中实线框内所示。

图 3.26　变化信息提取结果

序号	图层名	可视	可编辑	颜色标识	建立时间	备注	权重	参与人员	URL:
1	原始居民地	☑	☐	60bbeb	2013/3/24	备注:	522	参与人员	
2	新版居民地	☑	☐	92f424	2013/3/24	备注:	186	参与人员	
3	1:1匹配旧居民地图层	☑	☐	648c23	2013/3/24	备注:	654	参与人员	
4	1:1匹配新居民地图层	☑	☐	4c0faf	2013/3/24	备注:	46	参与人员	
5	0:1匹配图层	☑	☐	d71305	2013/3/24	备注:	312	参与人员	
6	1:0匹配图层	☑	☐	fecbf0	2013/3/24	备注:	240	参与人员	
7	1:N匹配旧居民地图层	☑	☐	b7e595	2013/3/24	备注:	407	参与人员	
8	1:N匹配新居民地图层	☑	☐	653a93	2013/3/24	备注:	679	参与人员	
9	N:1匹配新居民地图层	☑	☐	9534aa	2013/3/24	备注:	725	参与人员	
10	N:1匹配旧居民地图层	☑	☐	1f0185	2013/3/24	备注:	256	参与人员	
11	变化信息-负信息	☑	☐	114c47	2013/3/24	备注:	586	参与人员	
12	变化信息-正信息	☑	☐	96b285	2013/3/24	备注:	85	参与人员	

图 3.27　变化信息提取图层示意图

同时对提取出的变化信息的属性信息添加"变化信息类型"属性项，图 3.28 是变化信息提取结果中负变化信息，图 3.29 是变化信息提取结果中正变化信息图，图 3.30 是负变化信息对应的属性信息，其中实线框为新添加的"变化信息类型"属性项以及对应属性值，图 3.31 是正变化信息对应的属性信息，其中实线框内为新添加的"变化信息类型"属性项以及对应属性值。

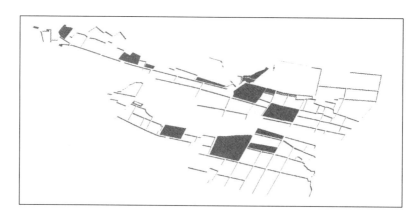

图 3.28　变化信息提取-负变化信息（105 个）

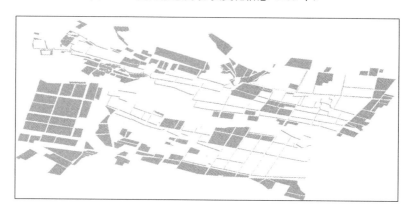

图 3.29　变化信息提取-正变化信息（233 个）

图 3.30　负变化信息数据层信息查询

Index	Code	变化信息类型
53	-1	正变化信息
117	-1	正变化信息
121	-1	正变化信息
122	-1	正变化信息
123	-1	正变化信息
124	-1	正变化信息
126	-1	正变化信息
127	-1	正变化信息
128	-1	正变化信息
130	-1	正变化信息
131	-1	正变化信息
132	-1	正变化信息
133	-1	正变化信息
134	-1	正变化信息

保存修改结果

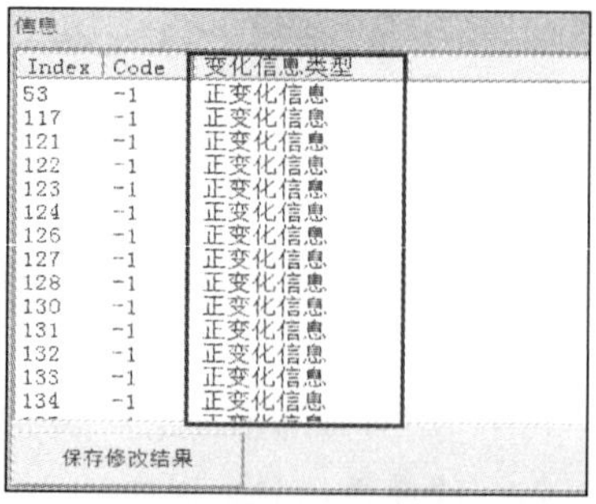

图 3.31　正变化信息数据层信息查询

3.4.2 居民地要素变化信息的分类表达

提取得到居民地要素变化信息后，根据图形数据差类型、空间变化类型以及动态更新操作的不同对提取得到的居民地要素变化信息进行分类表达（图 3.32）。

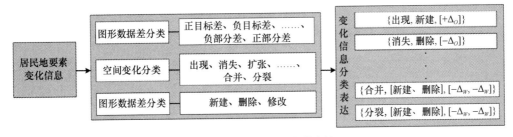

图 3.32 变化信息的分类表达

图 3.33 是空间变化类型"出现"影响产生的变化信息及其属性信息的查询，实线框内为对应的变化信息属性，包括空间变化类型和对应的动态更新操作。

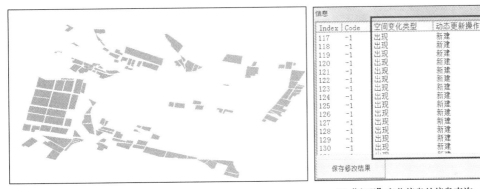

(a)"出现"对应的变化信息 (b)"出现"变化信息的信息查询

图 3.33 "出现"对应的变化信息及其属性查询

图 3.34、图 3.35、图 3.36 分别是空间变化类型"消失"、"扩张"和"收缩"影响产生的变化信息及其属性信息的查询，实线框内为对应的变化信息属性，包括空间变化类型和对应的动态更新操作。

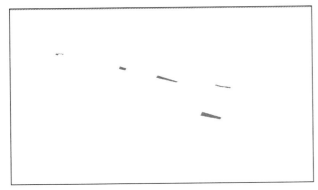

(a)"消失"对应的变化信息 (b)"消失"变化信息的信息查询

图 3.34 "消失"对应的变化信息及其属性查询

(a)"扩张"对应的变化信息　　　　　　　(b)"扩张"变化信息的信息查询

图 3.35 "扩张"对应的变化信息及其属性查询

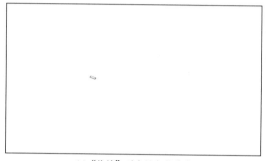

(a)"收缩"对应的变化信息　　　　　　　(b)"收缩"变化信息的信息查询

图 3.36 "收缩"对应的变化信息及其属性查询

　　图 3.37 是空间变化类型"偏移（A）"影响产生的负变化信息和正变化信息及其属性信息查询，实线框内为对应的变化信息属性，包括空间变化类型和对应的动态更新操作。

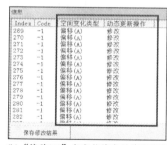

(a)"偏移(A)"对应的负变化信息　　　　　(b)"偏移(A)"负变化信息的信息查询

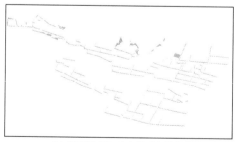

(c)"偏移(A)"对应的正变化信息　　　　　(d)"偏移(A)"正变化信息的信息查询

图 3.37 "偏移（A）"对应的负变化信息、正变化信息及其属性查询

图 3.38 是空间变化类型"偏移（B）"影响产生的负变化信息和正变化信息及其变化信息属性（实线框内）查询，含空间变化类型和对应的动态更新操作。

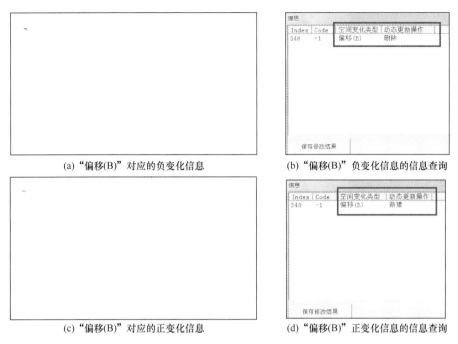

(a)"偏移(B)"对应的负变化信息   (b)"偏移(B)"负变化信息的信息查询

(c)"偏移(B)"对应的正变化信息   (d)"偏移(B)"正变化信息的信息查询

图 3.38 "偏移（B）"对应的负变化信息、正变化信息及其属性查询

图 3.39 是空间变化类型"合并"影响产生的负变化信息和正变化信息及其属性的信息查询，实线框内为对应的变化信息属性。

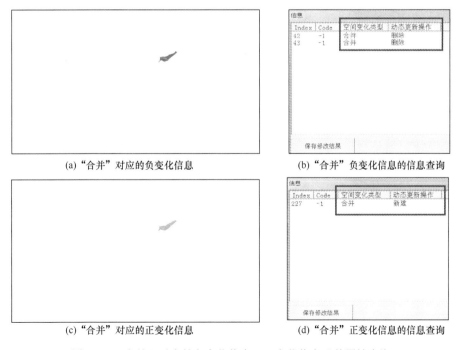

(a)"合并"对应的负变化信息   (b)"合并"负变化信息的信息查询

(c)"合并"对应的正变化信息   (d)"合并"正变化信息的信息查询

图 3.39 "合并"对应的负变化信息、正变化信息及其属性查询

图 3.40 是空间变化类型"分割"影响产生的负变化信息和正变化信息及其属性的信息查询,实线框内为对应的变化信息属性。

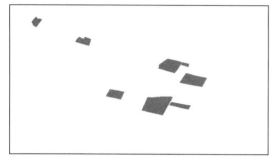

(a)"分割"对应的负变化信息

(b)"分割"负变化信息的信息查询

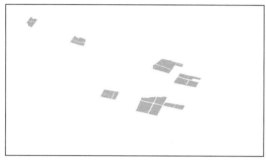

(c)"分割"对应的正变化信息

(d)"分割"正变化信息的信息查询

图 3.40 "分割"对应的负变化信息、正变化信息及其属性查询

第4章　居民地要素的形态演化和相邻尺度居民地匹配

在居民地要素的生命周期中，经历了建筑物、街区、点状居民地的形态演化，最终在大比例尺地图上失去了个体的特征，或消失，或以区域轮廓的形式表达。因此，发现并保存同名对象在不同比例尺上不同表现形式之间的对应关系，对于空间数据更新的准确性有重大意义。因此，相对于同尺度居民地匹配，相邻尺度居民地匹配不但为更新操作发现变化信息，而且还担负建立相邻尺度同名对象关联关系的重任。由于在图形缩编过程中经历了尺度变换和空间关系处理，相邻尺度同名对象之间的几何相似性和空间关系相似性必然更加难以把握和准确衡量，因此，本章将从多个角度，以居民地要素的形态演化为基础，结合尺度变换过程中的制图综合技术，对相邻尺度居民地对象匹配的特点、方法和流程进行探讨。

4.1　相邻比例尺居民地匹配的特点

4.1.1　相邻尺度同名对象对应关系的类型

根据居民地对象在生命周期内的演化过程和相邻尺度居民地要素匹配研究，一般认为相邻尺度同名居民地对象之间存在 5 种对应关系。如果以相邻的大比例尺居民地对象个数对比小比例尺居民地对象个数的形式来表示，5 种对应关系分别为

1∶1 对应关系：这种关系对应于综合操作中的选取和化简算法，大比例尺居民地经过化简后，在小比例尺地图上仍以单个居民地对象的形式存在。这种关系多存在于大尺度数据中的建筑物化简或是中比例尺的街区化简。

1∶0 对应关系：这种关系对应于综合操作中的选取算法，大比例尺居民地对象在向小比例尺进行尺度变换时，因为地图图幅变小，必须进行取舍，这种对应关系表明该对象被舍弃。

0∶1 对应关系：这种关系表明有新建的居民地出现。

m∶1 对应关系（$m>1$）：这种关系对应于综合操作中的合并算法，在尺度变换时，城区密集的居民地区域要进行合并，所以，就会出现多对一对应关系。

m∶n 对应关系（$m>n>1$）：这种关系一般对应于综合操作中的典型化算法，参与典型化操作的对象往往个体几何特征简单，如都是矩形，但其排列规则，整体上呈现出某种规则特征（图4.1），因此在综合时作为整体考虑，重点关注整体结构和特征的保持，而把个体特征的表达作为次要因素。

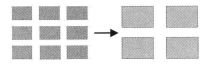

图 4.1　m∶n 对应关系示例

4.1.2 居民地在生命周期内的表现形式和对应关系

明确居民地对象在生命周期内各个比例尺阶段的表现形式是相邻尺度匹配算法设计的前提，也是构建纵向多尺度数据关联关系的基础。本小节首先对居民地要素在生命周期内的存在形态进行分析，然后列出导致形态变化的综合算子，并以此为依据总结不同形态之间居民地对象的对应关系。

1. 居民地对象在生命周期内的表现形式

如图 4.2 所示，在生命周期内，居民地要素在地图上的存在形态为建筑物、街区、点状符号，其形态与比例尺有关，同时也取决于对象自身的面积和语义特征。例如，村庄中的居民地一般在比例尺为 1∶250 000 很多就表示为点状符号，而城市尤其是省级政府所在地，则要到比例尺为 1∶1 000 000 才大多表示为点状符号。

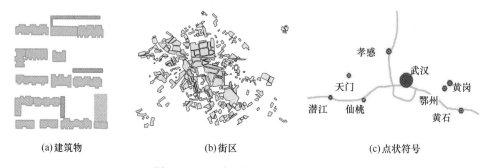

| (a)建筑物 | (b)街区 | (c)点状符号 |

图 4.2 居民地要素的不同形态示例

若以居民地的不同形态作为匹配主体，多尺度居民地要素匹配形式上可以分为 4 类，如表 4.1 所示。在大中比例尺地图上以建筑物和建筑物匹配及街区和建筑物匹配为主，而在中小比例尺地图上，建筑物则基本上消失了，只剩下街区和街区及点状符号和街区匹配。由于点状符号和街区匹配只涉及位置信息，并且城市之间误匹配的可能性很小，因此，这里不对此情况进行讨论，重点对建筑物、街区之间的匹配进行研究。

表 4.1 不同形态的同名居民地要素对应关系表

大比例尺	小比例尺	对应关系类型	综合操作
建筑物	建筑物	1∶1	化简
		1∶0	删除
建筑物	街区	1∶1	化简
		$m∶1$	合并
街区	街区	1∶1	化简
		$m∶1$	合并
		$m∶n$	合并，典型化
街区	点符号	$m∶1$	典型化

2. 相邻尺度居民地对象的对应关系及其对应的综合算法

相邻比例尺居民地数据中，小比例尺数据一般由大比例尺数据缩编而来，居民地要素常用的综合算子有选取、化简、合并和典型化，选取造成的结果一般是 $1:0$ 和 $1:1$ 匹配，即大比例尺地图上被舍弃的对象在小比例尺地图上没有对应的匹配对象，而被选取的对象则存在 $1:1$ 匹配。化简算法也会造成 $1:1$ 匹配，只是轮廓特征进行了简化，合并算法将多个邻近的居民地对象合为一个，会形成 $m:1$ 匹配，而典型化重在居民地对象群结构的保持，关注的是整体特征，其在详细性和清晰性之间进行权衡，不关注个体的表达，往往会出现 $m:n$ 匹配（$m>n$），结合对匹配对象的分析，不同尺度、不同形态的同名居民地要素的对应关系见表4.1。

4.1.3 相邻尺度居民地匹配问题分析

1. 相邻尺度居民地匹配面临的困难

在匹配的认知过程中，理想的匹配场景是相邻尺度同名对象面积相差不多，位置基本相同，形状略有化简（或合并），方向保持一致。与同尺度数据匹配类似，相邻尺度数据匹配的关键也是通过对比待匹配对象之间的相似性从而实现匹配对象的发现与确认。然而由于不同尺度的数据经过制图综合，所以给匹配过程造成许多困难。

（1）制图综合结果的多样性增加了匹配的复杂性。制图综合规则对综合前后对象的几何约束是原则性的，这种约束给具体的综合算法留下了大量的空间，导致对同一对象会出现许多符合要求的综合结果。同时，综合规则的约束是多维的，这些约束共同作用于对象综合过程中，而规则的权重和具体实施细则却没有统一的规范，这样产生的后果就是制图综合结果具有不确定性，也增加了相邻尺度居民地匹配的难度。

（2）形状变化的不规则性增加了匹配的不确定性。与方向、面积、位置等指标相比，形状是最直观的特征。但由于综合过程中的合并与化简，居民地对象的形状变化难于描述和量测，难以用一种符合人类认知特征的方法直观地描述形状的变化规律。这是相邻尺度居民地对象匹配的一个难点和关键点。

（3）多种对应关系的辨识增加了匹配的难度。同尺度居民地匹配大多是 $1:1$ 对应，而相邻尺度同名居民地对象的对应关系则复杂得多，除了 $1:1$ 关系，还有大量的 $m:1$ 和少量的 $m:n$ 关系。因此，如何根据粗匹配的结果，确定属于哪种对应关系就比较麻烦。此外，当前的研究对于多对多对应关系的认定还存在模糊的空间，若要解决相邻尺度居民地匹配问题，就必须明确多对多对应关系的概念和界定规则。

2. 现状与分析

由于相邻尺度空间对象匹配的复杂性，当前专门对其研究的成果还比较少。章莉萍等（2008）在研究相邻比例尺的居民地要素变化规律的基础上，采用增量式凸壳匹配方法，实现了 $m:1$ 和 $m:n$ 匹配目标的发现，然而由于其利用扩展缓冲区法来选择备选匹配对象并采用匹配备选对象的凸壳与源对象进行匹配，必然会引进和放大误差，而其简单的凸壳扩展方法也没有考虑居民地轮廓图形的复杂性及合并操作的多样性，势必会影响匹配精度。付仲良等（2010）针对多尺度面状要素的 $m:1$ 匹配问题，提出基于正切空间的多尺度面实体形状相似性匹配方法。通过源多边形外扩缓冲区搜索候选匹配集，对候选匹配集中的面要素进行组合，组合生成的多边形与源多边形进行形状匹配，从而获得最佳匹配集。该方法对于位移不大、形状变化规则的同名对象效果明显，而对于因合并和化简而造成形状变化较大或是进行典型化的对象，该方法就很难发挥作用；另外，其通过候选集中面要素随机组合的方式来选定待合并对象的方式也造成结果的不确定性。其他研究也对匹配中涉及的 $m:1$ 和 $m:n$ 问题进行了一定程度的探讨。例如，郝燕玲等（2008）采用双向匹配策略来实现非 $1:1$ 情况的匹配；童小华等（2007a）也是采用双向匹配策略，通过计算待匹配对象的概率来实现 $m:1$ 的匹配。

综合而言，相邻尺度居民地匹配已经引起业界的重视，并进行了一定的研究。然而当前的研究成果还很难满足更新过程中变化对象发现和同名对象关联关系建立的需要，其存在的主要问题是：

（1）扩展缓冲区的粗匹配方法不但会引入较多的备选对象，从而干扰正常的匹配，而且对于面积较小的对象，若缓冲区阈值设置不恰当还有可能被漏掉。

（2）不管是模板匹配还是基于正切空间的形状识别，都不能解决因尺度变化而造成的形状描述和相似性计算问题，从而难于从根本上解决形状匹配难题。

（3）双向匹配策略为非 $1:1$ 对应情况的发现提供了一条途径，但是只用这一个方法还很难准确认定对应关系，需要相关的辅助措施。

针对以上问题，下面将提出一种面向更新的相邻尺度居民地匹配方法。首先通过对典型化对象群的寻找和确认，实现 $m:n$ 关系匹配。然后利用空间关系相似性约束进行匹配对象的位置纠正和粗选。对于粗选中出现的 $m:1$ 情况在初步筛选的基础上进行合并，将粗选对象统一到 $1:1$ 关系上，然后依次进行形状识别、局部配准和轮廓跟踪，从多个层次和角度对匹配对象进行识别和判定。

4.2 相邻比例尺居民地匹配中多对多关系的发现和确认

4.2.1 匹配中多对多关系产生的原因

对于经过缩编而产生的两个相邻比例尺数据而言，小比例尺地图上的每一个对象都是由大比例尺地图上的对象经制图综合而产生的，此时，这两幅地图是空间一致的。而对于不同来源的两幅相邻尺度数据来说，小比例尺地图上的对象不一定直接来源于大比例尺地图，可能是从其他的途径生产的。这两幅地图若要保持空间一致性，则必然存在制图综合意义上的对应关系。例如，如图 4.3 所示，相邻尺度数据中大比例尺地图 Map_l 上的对象 A、B 对应于小比例尺地图 Map_s 上的对象 C，那么若要使 Map_l、Map_s 保持一致，必须存在 C 是由 A、B，或是其他数据源上 A、B 的同名对象综合而来，或是由 A、B 的图像采集综合而成。而相邻尺度空间数据的匹配，就是对两幅图上的对应对象能否保持制图综合一致性关系的判定。

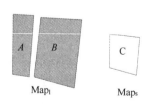

图 4.3　相邻比例尺中的同名对象

那么，具体到多对多对应关系，既然这种对应关系存在并且是合理的，则必然存在一种或几种综合算法与其对应。经过对居民地综合算法分析和相邻尺度地图对比，发现多对多关系来源于制图综合中的典型化算法（Bildirici and Aslan，2010）。典型化算法是指在尺度变化的过程中用数量较少的空间对象来表示数量较大的空间对象，但这些对象的典型空间结构特征必须保持（Burghardt and Cecconi，2007；Anders，2006）。典型化算法根据操作对象的不同可以分为个体典型化和群典型化。居民地对象的个体典型化是指直角化、边平行于街道等，这种典型化不构成 $m:n$ 对应关系（王辉连等，2005）。而对于能形成典型化操作的群对象，则包括三种：

（1）面状居民地对象群。如图 4.4 所示，能够进行典型化的面状居民地对象群一般个体形状简单，如都为正方形或是矩形，排列规则，群轮廓呈现某种典型的特征。在对这类群对象进行综合时，由于其结构和轮廓比较特殊，因此往往是从整体入手，着重于结构化特征的保持，而个体对象之间的对应关系则不太清楚，但整体上存在轮廓和结构相似性。

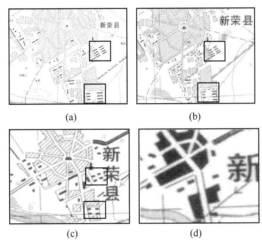

图 4.4　半依比例尺记号房群的 $m:n$ 对应关系

（2）半依比例尺的记号房群。如图 4.4（a）矩形框所标注对象，按照制图规则要求，半依比例尺对象只表示长度和方向，而宽度是确定的。单个半依比例尺记号房对象在综合时只进行长度的缩减，而对于排列规则的半依比例尺记号房群，其综合时也采用典型化算法，重点关注群结构和整体特征的保持，如图 4.4（b）、（c）中方框标注所示。

（3）不依比例尺的记号房群。如图 4.5 所示，不依比例尺的记号房一般以固定大小的点来表示，其综合原则是只选取、不合并。对于记号房群对象，在选取过程中，不但要进行个体的取舍，而且在取舍时要关注群特征如外围轮廓、密度、重心的保持等。

4.2.2　匹配中多对多关系的发现方法

当前研究中对于非 1:1 匹配的情况，往往采用双向匹配策略来解决。在实际操作中，使用双向匹配可以发现潜在的对应关系，对于 $m:1$ 关系的发现具有较好的效果，然而对于因典型化而造成的 $m:n$ 关系，由于个体之间的对应关系往往较弱，采用这种方法难免会造成误匹配和漏匹配。而对于增量式凸壳匹配方法，由于其利用扩展缓冲区

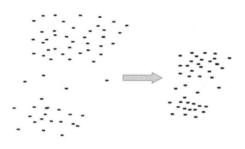

图 4.5　记号房群的 $m:n$ 对应关系

方法来选择备选匹配对象,并采用备选匹配对象的凸壳与源对象进行匹配,其简单的凸壳扩展并没有考虑居民地轮廓图形的复杂性及合并操作的多样性,凸壳扩展的结果很可能是大面积以至于整个制图区域的 $m:n$ 匹配,而忽略对象之间真正的对应关系,该方法也很难用于多对多匹配关系的寻找。因此,若要发现因典型化而造成的 $m:n$ 对应关系,首先必须能够识别这种典型化结构。

寻找 $m:n$ 对应关系的前提是能够识别出这种对应关系的特征,即找到这种关系存在的可能性。而针对本节研究的三种 $m:n$ 对应关系,其自身又各有特点,其中点群普遍是以整体特征为主的结构化选取和化简,在实际更新过程中以整体重新缩编更新为主,这里主要对半依比例尺的记号房群和面状居民地对象群的 $m:n$ 对应关系发现和确认方法进行讨论。

半依比例尺的散列式居民地单独存在时,其综合方法同其他居民地类型相同,首先是根据长度取舍,对于保留下来的依比例尺表示其长度,宽度固定。但是,当多个半依比例尺居民地长度相同,呈规则的平行或并列方式存在时,其综合方式则侧重于整体特征的保持。图 4.4(a)、(b)表示了地图由比例尺 1:10 000 缩小至 1:25 000 时,半依比例尺记号房的尺度变换,可以看出只进行了个体的长度变化,而整体特征并没有明显改变。当比例尺继续缩小至 1:50 000 时[图 4.4(c)],群对象个数由 8 个变成了 4 个,但还保持了整体排列的方式。当比例尺进一步缩小到 1:100 000 时[图 4.4(d)]群对象要么消失,要么变成一个不依比例尺表示的记号房。

由以上分析可以看出,大比例尺地图上出现的结构化半依比例尺记号房群,在相邻的小比例尺地图上有几种可能的表示,第一是形态不变,只改变记号房长度;第二是数目减少,或蜕化成不依比例尺的记号房群,但还保持群的基本形态;第三是蜕化为单独的不依比例尺散列式居民地;第四是被舍掉,从地图上消失。以上 4 种情况中,前两种还是群和群的匹配,第三种是群和点的匹配,第四种则是多对零匹配了。也就是说,半依比例尺记号房群对象对应的匹配对象可能是群对象,也有可能是点对象,出现这两种情况都是规则允许的。

因此,对于因典型化而造成的群对象的匹配,首先是进行群对象的发现,然后可以采取外接矩形相交判断的方法来进行待匹配对象的粗选。群对象的发现可以采取空间聚类的方法,以对象之间的最小欧氏距离作为指标进行聚类,然后判断群的类型,保留符合要求的群。具体步骤如下:

(1)根据地图的精度、比例尺和统计经验,设定搜索距离阈值 d。

(2)跟踪半依比例尺居民地,根据搜索阈值 d 对其邻近居民地对象进行搜索。

（3）若邻近没有半依比例尺的散列式居民地对象，对该对象进行标注，遍历下一个对象，若有，建立散列式居民地群结构，将该对象和被搜索对象加入结构，标注被搜索对象。

（4）以被搜索对象作为起始对象，从步骤（2）开始重新搜索。

（5）所有半依比例尺居民地对象都已经被标注，搜索结束。

（6）对被搜索到的半依比例尺对象群结构进行模式识别，无明显结构特征的进行标注。

（7）以同样方法对待匹配的小比例尺居民地对象进行群结构搜索和模式识别。

（8）将两幅地图叠置，误差修正后，以所发现群的凸包为轮廓进行粗匹配。若无明显结构特征的群对应的对象也是群，将这两个群保留并记下对应关系，若不是则直接从待匹配群中清除。具体多对多对应关系发现的流程如图 4.6 所示。

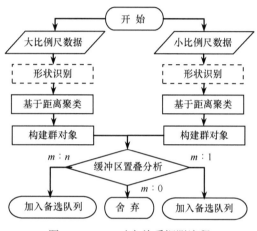

图 4.6　$m:n$ 对应关系探测流程

面状居民地对象群和半依比例尺的记号房群类似，也可以采取这样的手段，只不过在进行群对象发现以前，要进行形状探测和识别，只对形状规则的同类对象进行群归类。此外，面状居民地对象群经尺度变换也有可能被表示为一个面状居民地对象或被附近的面状居民地对象合并，图 4.6 中虚线箭头和框中的操作都是面状居民地群所特有的。

4.2.3　多对多对应关系的确认

一般情况下，规则分布的半依比例尺的居民地群在地图上数量很少，大多独立分布，也正因为其独立、量少且有规则，所以才进行典型化。因此，如果相邻比例尺上同一区域发现了对应的群，则一般可以判定为同名群对象，但也存在着变化的可能，如现实中厂房的扩建、搬迁等，所以还必须进行比对，主要按照以下指标进行判断。

（1）轮廓形状相似性。群对象在进行典型化时，轮廓形状相似性的保持是算法考虑的一个重点，因此，在匹配时，也可以把轮廓形状是否相似作为一个衡量标准。形状的描述和相似性计算比较复杂，同时其相似度计算的精确性也不太令人满意（帅赟等，2008）。不过，典型化的群对象轮廓一般比较规则，这也是这些对象之所以要采取典型化操作的原因。因此，得到群对象的轮廓之后，首先进行滤波处理，清除小的弯曲，之后再对轮廓进行模式识别。若相对应的两个群对象的轮廓属于相同的类型，如同属矩形或三角形，那么，匹配的可能性就大大增加了。

（2）结构相似性。结构相似性是指群中单个对象的存在方式和相互关系，如图 4.4 中的半依比例尺居民地群所示，其中的对象大小相同，相互之间呈平行关系。若要匹配成功，相邻的小比例尺地图上对应的群对象也必须具有相似的群结构特征。

（3）面积相似性。面积相似性只有在同为群对象或是面状居民地群匹配时才有意义，并且该指标只是作为以上两个指标的补充。毕竟典型化对象群的主要目的在于整体特征的表达，而其他的标准则可以放松。面积相似性是指两个群对象的轮廓所围成的面积要大致相同，群对象的轮廓一般可用凸包代替，在实际计算中只需计算群对象轮廓凸包的面积并进行比较。此外，两个群对象凸包重叠面积也可以作为匹配计算的指标之一。

（4）方位相似性。重叠面积相似性可以部分说明两个群对象的方位相似程度，此外，方位相似性也可以用群轮廓中心之间的欧氏距离作为指标来衡量，同样，该指标也服从于前两个指标。

4.3 基于多层次相似性辨识的相邻尺度居民地匹配算法

相邻尺度居民地同名对象之间存在 $1:1$、$m:1$ 和 $m:n$ 对应关系。不同于多对多关系存在明显的群特征，$1:1$ 和 $m:1$ 关系的几何和语义相似性都不太明显，因此这两种对应关系的发现和确认都存在很大困难。由于相邻尺度居民地数据类型多样，匹配场景复杂，因此单独的一项技术很难全面解决问题，因此，本节将综合利用多种相似性辨识方法，对相邻尺度居民地中的 $1:1$ 和 $m:1$ 匹配关系进行研究。

4.3.1 链角结合的局部配准方法

链角结合的局部配准方法既可以用于辅助粗选对象的选取，又可以用于精匹配时对象的对准，其主要思路来源于居民地合并算法的操作流程。在居民地对象合并过程中，当前的匹配算法往往通过寻找两个居民地对象中的邻近顶点并连接，从而实现对象的合并（钱海忠和武芳，2001）。在这个过程中，对于未被包括进去的顶点一般不予处理，如图 4.7（a）所示，居民地对象 S_1、S_2 为待合并对象，图 4.7（b）、图 4.7（c）中的居民地 S_3、S_4 分别为可能的合并结果。

如图 4.7（e）所示，在 S_3 中，顶点 f、m，c、i 分别作为邻近的合并顶点被连接，而两对顶点中间的顶点 d、e、n、o、p、h 消失，居民地对象按照逆时针重新排序，而其余顶点并没有变化。如图 4.7（f）所示，在 S_4 中，顶点 e、n、c、h 分别作为邻近的合并顶点被连接，而两对顶点中间的顶点 d、o、p 消失，居民地对象按照逆时针重新排序，而其余顶点并没有变化。消除位置误差和系统误差并将 S_1、S_2 分别和 S_3、S_4 叠置后，得到的结果如图 4.7（g）、（h）所示，将 S_3、S_4 也叠置后得到图 4.7（i）的结果。从叠置结果可以看出，合并操作没有涉及的顶点保持不变，那么，这些没有变化的顶点就是合并留下的证据。而在匹配的过程中，如果能够找到这些顶点并证明其和源对象中的部分顶点相同，那么，就有更充足的证据来证明对应关系判定的正确性。

1. 构建链角串

若要对居民地对象在合并过程中未发生变化的局部图形进行识别，可以采取对局部

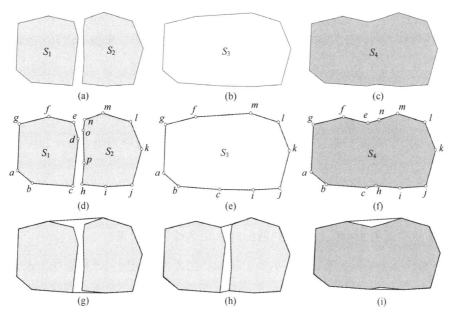

图 4.7　同名居民地对象局部配准示例图

边及其方位角匹配的方法。首先对待匹配居民地对象构建链角串，如图 4.8 所示，居民地对象 O_s 由顶点 a、b、c、d、e、f、g 组成，若把右下角顶点作为起始顶点，将该顶点与逆时针下一个顶点之间的边作为起始边，起始边的方位角作为起始角，依此类推，遍历多边形，可以得到一个链角串 $L_1\alpha_1L_2\alpha_2L_3\alpha_3L_4\alpha_4L_5\alpha_5L_6\alpha_6L_7\alpha_7$，利用该串可以重组目标多边形。所以，链角串也可以作为居民地多边形的一种形状描述方法。

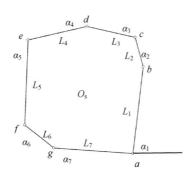

图 4.8　居民地对象链角串构建

2. 子串搜索和确认

子串搜索从单链角组合入手，实现居民地多边形各边的遍历。例如，先从链边 L_1 入手，查询对应的多边形链角串看是否有长度相同或相近的边，若有，进行位置和拓扑关系确认，若确认成功，那么将搜索内容扩展到 $L_1\alpha_1$，若也成功，继续进行子链的扩展，直到出现失败的边或角。若成功的链角串至少包含一条边角组合，则记下该子串。

子串的确认主要是基于位置信息来判定，由于各居民地多边形形态的相似性和自相似性，也可能出现不是同名居民地对象而部分相似的情况，因此必须对搜索出来的子串进行位置相似性评估，以确认是否是部分配准成功。以搜索成功边的中点作为匹配标的，若相对应边中点之间的距离不大于给定的阈值，则可以认为位置确认成功，表明该子串局部匹配成功。

3. 局部配准

若两个多边形中有部分子串配准成功，说明这两个多边形存在作为同名对象的可能，若是 $m:1$ 匹配，则说明大尺度数据中的多边形有可能是组合成小尺度居民地对象的部件之一。因此，该技术不但可以用于精匹配阶段的对准，还可以用于粗匹配阶段 $1:1$ 和 $m:1$ 对象的遴选与判断。总体而言，局部配准的区分作用较弱，但可作为辅助判断，用来定位和提高匹配的可信度，同时还可用来进行备选对象的搜索确认。

4.3.2 基于空间关系相似性约束的匹配对象粗选和位置纠正

3.3 节中基于空间关系相似性约束的匹配算法提供了空间关系相似性的表示和度量方法，并给出了空间关系相似性辅助的同尺度居民地匹配流程。虽然尺度不同，但相邻比例尺空间数据也存在基本的空间关系相似性约束。因此，空间关系相似性技术也可以用于相邻尺度居民地匹配，只不过由于相邻尺度同名居民地对象对应关系复杂，在应用中要加以改进和优化。下面结合具体例子，阐述空间关系相似性在相邻尺度居民地匹配过程中的实际应用。

如图 4.9 所示，地图 Map_s、Map_l 参与匹配，其中，Map_s 为小比例尺地图，Map_l 为大比例尺地图，OverlapMap 为它们叠置后的图形。粗匹配过程如图 4.10 所示。

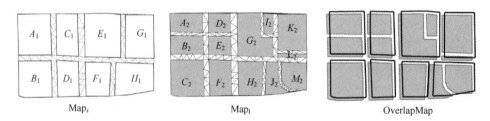

Map$_s$ Map$_l$ OverlapMap

图 4.9　相邻尺度居民地对象匹配过程示例

（1）构建待匹配对象的邻近对象表。采用基于 Delaunay 三角网的邻近关系探测技术（钱海忠和武芳，2001），分别对 Map_s、Map_l 中待匹配的居民地对象探测并列出与其邻近的对象，如对于 Map_l 中的对象 E_2 而言，其邻近对象及空间关系如表 4.2 所示。其中"匹配对象"表示是否寻找到匹配目标，若是则标出对象名称。"是否遍历"表示该对象是否已被计算过。

表 4.2　居民地 E_2 的邻近对象表

对象名称	拓扑关系	距离关系	方向关系	匹配对象	是否遍历
D_2	相离	2	北	无	否
G_2	相离	4	东北	无	否
F_2	相离	3	南	无	否
B_2	相离	3	西	无	否
A_2	相离	4	西北	无	否

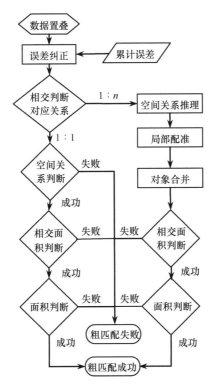

图 4.10　相邻尺度居民地对象粗匹配流程

（2）$m:n$ 关系的发现和排除。利用 4.2 节所述的 $m:n$ 对应关系发现和确认方法，通过构建的邻近对象表对居民地对象进行聚类，发现并确认 $m:n$ 对应关系。若成功确认，选择其中之一作为本次匹配的起始对象；若没有发现 $m:n$ 对应，转步骤（3）。

（3）确定起始匹配对象。根据 3.3 节选取起始匹配对象的经验，一般要选取突出、明显的对象作为匹配的起始对象，城市地图中突出居民地包括：面积最大的居民地、街道拐角的居民地、图幅边缘的居民地等。一般的选取策略是首先考虑面积最大的居民地，因为面积最大的居民地其扩展缓冲区也较大，相应地对于位置误差的容忍度较高，漏匹配的概率较小。但是如果连续选取最大面积的居民地都没有成功，则可以依次考虑后两种方案，若这两个方案也失败，则只有寻求制图人员协助标注起始匹配对象。在上一步排除多对多对应关系后，所面对的主要是 $1:1$ 和 $m:1$ 匹配，由于 $m:1$ 匹配比较复杂，所以原则上匹配起始对象的选择以 $1:1$ 对应关系为主。对于地图 Map_s，按面积由大到小的顺序排列前三个对象依次为 E_1、A_1、B_1。

（4）寻找起始对象的匹配对象。首先进行起始匹配对象对应对象的粗选，由于此时空间关系约束还未建立，只能是利用扩展缓冲区方法寻找备选对象。获取和扩展缓冲区相交的所有对象后，通过面积和相交面积来进行备选对象的选择。起始匹配对象的对应关系限制在 $1:1$ 关系上，所以要选择面积相当，相交面积较大的对象作为备选对象。选择完成后，将备选对象列表依次进行精匹配（具体方法下文详述），确定起始匹配对象的对应对象。由步骤（3）可知，Map_s 中面积最大的居民地为 E_1，按照以上所述方法，在 Map_l 中没有发现匹配对象。那么，按顺序考虑 A_1 作为起始对象，也没有发现匹配对象。按顺序考虑 B_1，发现 C_2 为其匹配对象，对 B_1、C_2 进行标注，同时记下两对象的位置偏移量。

（5）利用空间推理确认起始匹配对象。由于起始匹配对象决定着整个匹配过程的参数设置，所以其确定必须谨慎。在选取了起始对象后，根据邻近对象表对其邻近对象进行匹配，若邻近对象中有一半对象也都匹配成功，那么，确定起始对象选择成功，若没有，则放弃该起始对象，转而由制图员协助选定起始匹配对象。本步骤的目的是消除系统性的位移误差，提高匹配正确率。找到起始匹配对象后，记录两对象的位置偏差，将其作为系统误差统计。

（6）居民地对象的匹配顺序。从起始匹配对象 B_1 开始，按照广度优先搜索策略进行匹配，如从 B_1 北方向依顺时针按照相接、相离，由近及远的顺序，依次遍历 8 个方向内相邻的未匹配居民地对象，则遍历顺序为 A_1、C_1、D_1。选取 A_1 为下一个待匹配对象。

（7）居民地对象的粗选方法。对于待匹配居民地 A_1，其和参考对象 B_1 的拓扑关系为相离，最小距离为 4，方向关系为北，设拓扑关系相似性概念距离阈值设置为不超过 1，距离关系相似性概念距离阈值设置为不超过 3，方向关系相似性概念距离阈值设置为不超过 1，那么 A_1 在地图 Map_1 上可能的匹配对象相对于参考对象 C_2 的拓扑关系取值范围为{相离，相邻}，最小距离范围为[3, 9]，方向关系范围为{西北，北，东北}，参考 C_2 的邻近对象表可知，满足条件的备选匹配对象为：B_2、E_2。

一般而言，对于剩余的匹配对象，有三种可能的对应关系情况，分别为 1∶1、$m∶$ 1 或匹配失败。首先根据待匹配对象和备选对象之间的面积和重叠面积为标准进行判断，若备选对象只有一个，将它们置叠后计算重叠面积比，若面积比大于阈值，可以认为粗匹配成功，加入该对象的粗匹配链表。若有多个对象和其相交，首先考虑重叠面积比最大的备选对象，看其是否满足 1∶1 匹配的条件，若满足则加入 1∶1 粗匹配链表。若不满足，考虑 $m∶1$ 匹配，从待匹配目标对象中选取重叠面积比最大的对象，若有多个对象被小比例尺的源对象覆盖，那么这些对象的重叠面积比都是 1，将这些对象作为寻找对应对象的种子，通过这些对象的邻近关系表向外扩展，寻找和待匹配对象相交的邻近对象，若存在，计算该对象和源对象的链角串，看是否有局部匹配，若有，将这个对象加入源对象的粗匹配对象链表，若不存在局部匹配，计算其各顶点到源对象轮廓的最小距离是否大于给定的阈值，若不大于，加入粗匹配对象链表，若大于则舍弃。最后将粗匹配对象链表中的多个对象合并为一个对象，加入 $m∶1$ 粗匹配对象链表，若不满足，继续扩展。

具体到本次案例，将两图叠置后，居民地对象 A_1 和 B_2 相交，和 C_2 相离。因此把 B_2 作为粗匹配备选对象，但其面积和重叠面积不符合 1∶1 匹配的要求，但满足 $m∶1$ 初始对象的搜索需求。因此，以 B_2 为基础，搜索其邻近对象，发现 A_2 和 A_1 相交，并且 A_2、B_2 合并后和 A_1 比较符合 1∶1 匹配的条件，因此把 A_2 和 B_2 一起作为 A_1 的粗匹配对象。

（8）搜索不到居民地的粗选方法。如果居民地区域经历了大面积的重建，就会发生部分区域根据以上的搜索算法无法遍历到的问题。对于这类对象，只能将前文获得的平均位置偏移量作为匹配参考，使用下文所述的精匹配方法进行匹配，并尝试重新从步骤

（6）执行。

4.3.3 基于多层次相似性辨识的精匹配

利用空间关系相似性约束、面积和重叠面积相似性及局部配准技术进行的匹配对象的粗选，可以得出如下认知：与源对象位置基本相同，有面积相似的地物。然而这些信息还不足以确定二者的匹配关系，还必须进行几何特征尤其是形状的确认。由于不规则居民地的形状识别方法并不能完全满足要求，而其随尺度变化的变化规律也就更难以全面把握。因此，必须在已有形状识别算法的基础上，寻找其他的解决问题途径。下面将从多个角度入手，首先利用对象轮廓形状识别方法发现形状相对简单、规则的对象，若识别失败再利用对象局部对准和轮廓跟踪等技术结合空间推理方法对粗匹配结果进行确认。

1. 基于形状识别的精匹配方法

形状识别和理解是计算机视觉、模式识别和分类等学科的基础，也是居民地匹配的关键环节。当前业界对于居民地形状的分类、居民地随尺度变化的特征及其相似性度量都有了一定的研究。其中 Xu 等（2011）基于句法模式识别实现了建筑物的识别和匹配，但该方法必须要求待匹配对象具有相同的顶点数目，对图形的相似性有较高的要求，只适用于大比例尺建筑物对象的 1:1 匹配，因此使用范围较窄。章莉萍等（2008）对相邻尺度居民地类型进行了分类，总结了不同类型居民地在尺度变换中的对应关系，这种方法适用于中小比例尺数据的匹配，但有限的分类和形状对应归纳还无法完全涵盖所有的居民地类型，并且居民地对象形状的准确识别和归类也是难题。艾廷华等（2009）基于形状模板对面状对象进行了相似性度量和分类，在多边形查询领域得到了较好的应用，但该方法主要注重于形态特征的匹配而忽略了居民地尺度变换对形状的影响，所以利用其也难以完全解决居民地匹配的问题。

由于形状描述的复杂性和形状本身的多元特征，对于不规则的居民地，用一种方法难以完全解决匹配问题，因此，本节考虑采用多种方法试探性地解决形状识别问题。具体思路是首先对于粗选出来的 1:1 对象和合并后的 $m:1$ 对象利用章莉萍等（2008）所述方法进行形状识别，若能判定其类型符合并且其所属类型也符合匹配的判定规则，则采用该方法进行匹配。若不能识别或不符合匹配的判定规则，则采用艾廷华等（2009）所述的形状模版法对待匹配对象进行形状分析，看其形态是否相似，若是，则在基本指标相似度满足要求的前提下，可以判断匹配成功。若以上两种方法都不奏效，即无法通过形状识别判定具体类型，也无法通过形状模版匹配，那么说明通过形状识别匹配对该组对象不适用，只能采用其他技术进行尝试。

2. 基于最小顶点距离的轮廓跟踪

轮廓跟踪是从细节上判定居民地形状差异程度的一种形状匹配方法。对无法进行形状识别的居民地对象，上文分别从微观上进行了局部配准，宏观上进行了面积和重叠面积相似性判断。然而，这两种匹配辅助方法都是从粗线条上对待匹配对象进行刻画和比对，前者只能提高匹配的可信度，但不能决定是否能够匹配，而后者的区分作用又太弱，那么，对于满足以上条件的待匹配对象，还需要考虑什么决定因素呢。

在前文进行匹配认知特点分析时，我们分析了突出特征对居民地匹配的影响。若待匹配对象的部分特征，如某一个顶点偏离另一个对象很远，那么这个突出特征将会严重影响匹配的判断，所以在上文关于局部配准和面积匹配的基础上，还需要考虑两个多边形的轮廓是否吻合，若轮廓吻合，形态符合要求，那么就可以进一步确定匹配关系了。

两个居民地对象的轮廓吻合判断可以利用基于最小顶点距离的轮廓跟踪方法来实现。该方法是从细节上判断两个居民地对象轮廓形状差异的手段。它对两个指标进行评测，一个是多边形顶点到对应多边形的最小距离是否大于给定的阈值，另一个是两个多边形差的面积和是否大于阈值。对于如图 4.11 所示的多边形 A、B，多边形顶点到对应多边形的最小距离可以用点到线段的最小距离来获取；多边形差的面积和可以表示为 area（|A–B|）+ area（|B–A|）。

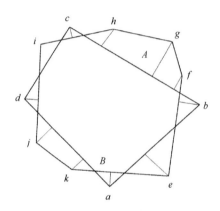

图 4.11　居民地对象轮廓跟踪示例图

对多边形进行轮廓跟踪基于如下考量，人眼对于轮廓差异的直观感受是多边形顶点到对应多边形的距离，若该距离小于给定的阈值，则表明这两个多边形的轮廓差异在可以容忍的范围内。而多边形差的绝对值之和则描述了两个多边形差异在量上的累积程度，也是衡量差异的一个指标。

为保证形状特征提取的合理性，在进行顶点距离和多边形差的面积和计算时，首先必须对两个待匹配对象进行对准。对准可采用两种方法，第一是利用链角串匹配获得的信息来进行局部配准；若两个对象中没有发现匹配成功的链角串，则采用第二种方法，利用两居民地对象的中心来进行对准。

3. 精匹配流程

相邻尺度居民地对象精匹配流程如图 4.12 所示。

（1）合并 m：1 备选对象。对粗匹配过程中发现的疑似 m：1 备选对象中的大比例尺对象采用钱海忠等（2005a）所述方法进行合并，同时利用获取的系统误差进行位置纠正。

（2）1：1 备选对象形状识别。将合并后的 m：1 备选对象和粗匹配出来的 1：1 备选对象统一到 1：1 关系上并采用章莉萍等（2008）和艾廷华等（2009）所述方法进行形状识别。若识别成功，进行面积、方向和位置等基本指标的匹配，若也成功，则精匹配成功，若失败，则判定精匹配失败，若形状识别不成功，转步骤（3）。

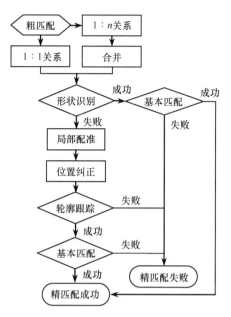

图 4.12　相邻尺度居民地对象精匹配流程

（3）对形状识别失败的对象进行局部配准。影响居民地对象位置变化的除了系统误差，因冲突引起的位移也是一个很重要的方面，而这种位移会造成备选对象的漏选。而采用局部配准与面积相似性计算相结合，就可以进行漏选对象的复查。若大比例尺居民地对象合并后的面积小于小比例尺上对应对象的面积，可以在空间关系相似性约束的基础上，采用局部配准方法进行复查，若发现漏选对象，将其加入粗匹配对象列表，从步骤（1）开始重新执行。

（4）待匹配对象轮廓跟踪。首先验证源居民地对象各顶点到目标居民地多边形的最小距离是否满足要求，若不满足，判定精匹配失败；若满足，验证两多边形面积差的绝对值之和是否小于给定的阈值，若超过阈值，则判定精匹配失败；若小于阈值，验证方向、位置、面积等基本指标的相似性是否满足要求，若满足，判定精匹配成功，若不满足，则判定精匹配失败。

（5）至此，一组待匹配对象执行完毕，对这些对象的匹配结果进行标注，并按照空间关系相似性约束匹配方法的要求，进行下一组粗选对象的判定，直至完成所有对象的匹配。

4.3.4　相邻尺度居民地匹配示例

由于各章的实验有一定的依赖关系，为保持实验的连续性和数据的复用，本节涉及街区的实验采用一套数据，本实验样图的旧大比例尺数据与第 3 章实验中的图 3.9（a）相同，在本实验中标号为图 4.13（a）。

图 4.13 中，图 4.13（b）为同一地区相近时期 1:25 000 的相邻小比例尺地图，图 4.13（c）为两图叠加图形，图 4.13（d）为叠加图局部放大。图 4.13（e）为运行链角结

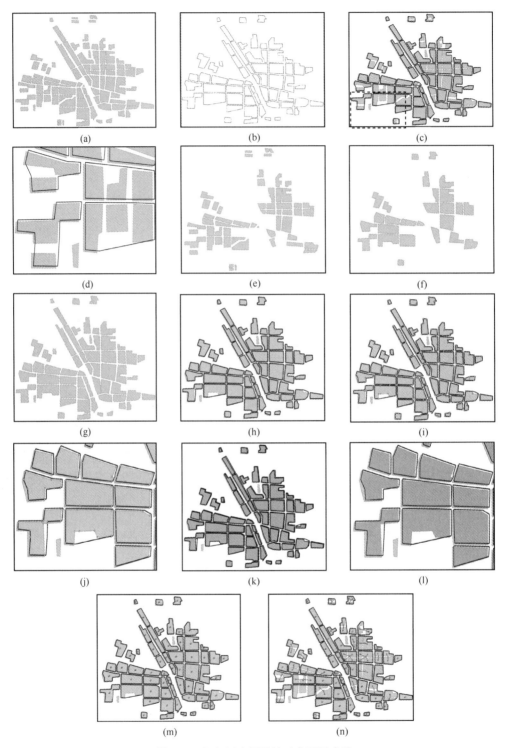

图 4.13　相邻尺度居民地对象匹配实验

合的局部配准和基于空间关系相似性约束的匹配对象粗选后发现需要合并的对象，图 4.13（f）为采用文献（钱海忠等，2005a）中的方法合并后的对象，图 4.13（g）为合并后的待匹配对象和可能为 1∶1 匹配的对象的完整显示。图 4.13（h）为小比例尺地图和合并后的中间数据的叠加显示，图 4.13（i）为运行轮廓跟踪程序后获取的顶点最短距离，图 4.13（j）为该图的局部放大。图 4.13（k）为求取的两对象轮廓，图 4.13（l）为该图的局部放大。图 4.13（m）为中间数据和小比例尺数据匹配的结果，图 4.13（n）为用大比例尺数据替代小比例尺数据后获得的最终匹配结果。

由实验可以看出，空间关系相似性约束的相邻尺度居民地粗选和链角串结合的局部配准方法可以有效地粗选出与小比例尺居民地对象所对应的大比例尺对象集，而轮廓跟踪方法又能够较好地计算形状不规则对象之间的相似性，进而完成匹配。该方法虽没有形状识别类型的匹配算法那么高的对象识别度和匹配精度，但对于因尺度变换而造成一定形状变化的匹配场景而言，具有较强的适应性和实用性。

第 5 章　多尺度居民地数据关联关系的构建

多尺度空间数据增量级联更新过程中，实现更新操作在比例尺间的传递是关键。通过上一章相邻尺度居民地数据匹配，发现了相邻尺度同名对象的对应关系，本章将从这种对应关系入手，构建树型系列比例尺居民地数据关联关系模型。此外，在变化对象面向目标比例尺尺度变换过程中，需要邻近关系探测，这可以通过构建制图综合索引来辅助解决。本章将从城市整体架构、主要道路完整性、道路网眼密度均衡和格网内建筑物的自适应聚类 4 个层次，构建基于自然格网的居民地制图综合索引。最后，在实现制图综合索引在多尺度数据中的一致性保持基础上，将纵向关联和横向制图综合索引进行融合，构建了顾及纵向关联和横向索引的多尺度数据关联索引结构，这一数据结构是多尺度居民地数据增量级联更新的数据框架基础，为变化对象尺度变换和更新信息在尺度间的传递提供了结构支撑。

5.1　系列比例尺关联关系模型的建立

在相邻比例尺同名对象之间建立关联的思想最早出现于多重表达数据模型的研究中（齐清文和张安定，1999；Anders and Bobrich，2004）。早期的研究多关注于两层数据之间的关联，随着空间数据更新逐渐成为业界的研究热点以及多尺度级联更新方式的提出，多尺度数据之间的关联逐渐进入大家的视野（蒋捷和赵仁亮，2008；王艳慧和孟浩，2006；Harrie and Hellström，1999；Dunkars，2004）。Timpf（1995）等基于有向无环图（directed acyclic graph，DAG）思想建立了多尺度数据中同名对象之间的关联，但由于 DAG 本身的语义特征限制，导致其难以完整表达系列比例尺之间的关联，同时对综合操作也缺少有力的支持。因此，如何全面描述多尺度空间数据的关联关系，同时又能够有效地支持更新操作在不同尺度数据之间传递，成为构建多尺度关联关系模型要解决的主要问题。

5.1.1　树型关联关系模型的建立

由相邻尺度同名居民地对象之间的对应关系及其形成原因的分析可知，$0:1$ 对应关系和匹配失败情况表示的是相邻尺度数据之间的不稳定状态，是更新操作的动力源。利用这些变化数据更新相邻小比例尺数据后，即相邻尺度数据达到稳定态后，则只有 $1:1$、$1:0$、$m:1$ 和 $m:n$ 关系可以保持（图 5.1）。若将这些需要表示的对应关系组合起来，并考虑以树型结构来表示的话，自然会得出如图 5.2（a）所示的结构，不过这种结构无法支持 $1:0$ 对应关系类型，因为被舍弃对象在相邻的小比例尺数据中没有对应对象。若按照这种模式，从上往下遍历时会出现数据丢失，进而造成数据空洞。为避免这种情况的发生，考虑将选取操作中舍弃的对象也关联在相邻的小比例尺数据中。具体方法是将被舍弃对象依附在相邻比例尺数据中与它距离最近的同类对象身上，形成图 5.2（b）的虚关联，这样，既可以保持数据的完整性，又不会造成关联关系的混乱。

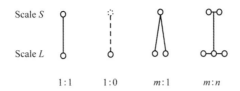

图 5.1　相邻尺度数据中需表示的对应关系

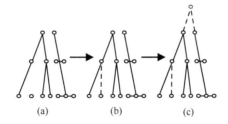

图 5.2　树型系列比例尺关联关系模型

而要构成一棵完整的树，没有树根是不行的，但是系列比例尺中尺度最小的数据未必会将一个城市或一个综合区域表示为一个对象，因此可以考虑在树的顶端加一个虚拟的根，使其成为一个真正的树型数据结构。图 5.2（c）是完整的系列比例尺关联关系树，除了虚拟的根之外，每一层数据对应于系列比例尺中的一个尺度，因此，只要系列中比例尺的数目固定，树的深度也就固定，层与层之间的关联关系对应着相邻尺度之间同名对象的匹配关系。

这种树型结构设计的优点是符合人的认知习惯，符合对象之间的自然联系，其关联结构反映了大比例尺数据向小比例尺数据转化的路径。

5.1.2　索引结构的设计

系列比例尺空间数据关联模型在具体构建过程中可以采取三种方式：多尺度矢量数据显式存储技术、多尺度空间索引方法和多尺度矢量数据存储结构（程昌秀，2009）。而现实中系列比例尺数据库大多已经建成，并且部分数据由不同的机构存储和管理，数据格式相对固定，对其进行修改往往成本较高。因此，构建相邻尺度之间的关联，采用多尺度空间索引技术是一个相对简单而又有效的方法。索引可以独立于数据主体之外存在，同时，又可以随数据的更新同步更新。若以索引的方式实现上述的树型系列比例尺关联模型，各空间对象的索引字段名称、数据类型和意义如表 5.1 所示。

其中的群对象是表达因典型化而形成 $m:n$ 对应关系的居民地对象，将参与多对多匹配的对象以一个群来表示，多对多对应关系将转换成 1：1 对应关系，方便数据的组织和管理。UpLinkList 和 DownLinkList 表示该对象与相邻的小比例尺同名对象和大比例尺同名对象的关联，其数据结构如图 5.3 所示，为不失一般性，对文本和影像也进行

表 5.1   关联关系索引中各字段的类型及意义

字段	数据类型	意 义
LayerID	字符串	空间对象所在图层标志
Index	数字	空间对象（群）在图层中的序列号
UpLinkList	结构体链表	相邻小比例尺数据中对应同名对象的图层名称和序列号集合
DownLinkList	结构体链表	相邻大比例尺数据中对应同名对象的图层名称和序列号集合
IsGroup	BOOL	是否是群对象
GenerAlgList	结构体链表	该对象（群）从相邻大比例尺数据综合而来时所用的综合算子及参数

```
//支持要素之间的关联,可用于要素之间关系的建立
struct SLinkage
{
    CString m_sLayerName;                  //关联的图层名
    CIntArray pRelatedPointIDArray;        //关联的点要素ID
    CIntArray pRelatedLineIDArray;         //关联的线要素ID
    CIntArray pRelatedRegionIDArray;       //关联的面要素ID
    CIntArray pRelatedTextIDArray;         //关联的文本要素ID
    CIntArray pRelatedImageIDArray;        //关联的影像要素ID

    ......;
};
```

图 5.3   相邻尺度关联关系数据结构

了考虑。GenerAlgList 项用来存储该对象生成所采用的综合算子和参数，主要用于后述章节中自适应尺度变换算子选取时使用。

树型系列比例尺关联关系模型建立起来以后，在更新过程中关联关系的动态维护将结合更新传递过程分析放到第 10 章论述，在此先讨论横向制图综合索引的建立方法。

5.2   基于自然格网的居民地制图综合索引

居民地在地图上往往成片出现，居民地区域的轮廓受道路、水系等要素的约束，在道路水系构成的格网内发展，在居民地匹配和尺度变换过程中，道路和水系构成的自然格网对其操作提供了很大的约束和支持，因此，如果能够构建基于自然格网的居民地索引，对居民地要素的尺度变换和更新都会提供有效的支撑。而多尺度居民地增量级联更新操作涉及多个比例尺数据的匹配和尺度变换操作，为了全方位服务于更新进程，不但要在每个尺度建立索引，而且要保证多个尺度之间自然格网索引的兼容性，即建立一致的多尺度自然格网索引架构。要完成该任务，首先要解决如何建立单个尺度基于自然格网的居民地制图综合索引问题，其次提供多尺度索引结构的一致性约束条件，实现空间数据一致性基础上的多尺度索引结构。

5.2.1   制图综合索引的构建方法及问题分析

对综合区域的要素建立索引从而对综合操作提供支持是综合索引建立的初衷，也是制图综合工作者奋斗的目标之一，经国内外学者多年来的不懈努力，涌现出了一批有意义的索引结构。按照功能划分，现有的自动综合索引方法大致可以分为两类，一类是以建立伪尺度依赖数据库为目的的索引；另一类是为了方便综合操作而在综合系统内部建

立的索引（邓红艳等，2007）。

以建立伪尺度依赖数据库为目的的索引方法主要通过对空间进行规则或半规则分解来建立目标索引。其中以 R 树为基础，演化出支持选取操作的 Reactive Tree（van Oosterom，1991）、Multiple R-tree（Chan and Chow，2002）、Multi-scale Hilbert R-tree（Oosterom and Schenkelaars，1995）、支持合并操作的 GAP-tree（Zhou et al.，2002），以及支持选取、简化、合并、标记化的 Z-value（Prasher and zhou，2003）；此外，Ballard（1981）利用剥皮树建立的线层次结构；Jones 等（1996）提出的多尺度线树等。此类索引方法一般都是以实现 GIS 的多尺度显示为主要目的，要么是为了支持快速查询而弱化了对综合的支持，要么是强化了对某一个综合算法的支持而忽略了其他算法，它们往往对处理时间要求高，并且很难同时兼顾目标的空间和语义特点。

以方便制图综合操作为目的而在综合系统内部建立索引是自动制图综合人员在目前计算机条件下进行大数据量自动综合必须要解决的问题。目前最具有代表性的索引方法是 Agent 项目工作组提出的基于区域划分的自动综合索引方法。该方法的基本原理是：按照综合操作的不同等级将待综合的区域划分为由低到高三个层次——最低层次、中间层次和最高层次。其中，最低层次是指单个待综合目标，如点状居民地、单条道路等，其对应的操作只有简单的单目标操作方法；最高层次是指整个综合区域，其对应的是全图信息载负量平衡等高级综合操作；将水系、道路、境界相关联，形成网络拓扑，对整个综合区域进行划分，建立基于区域划分的中间层次，从而辅助目标间的综合操作。该索引方法综合考虑了空间与语义特点，具有非常明显的优势。

Agent 项目组的大量实践工作表明采用该索引方法大大提高了制图综合操作的效率和正确率（侯格贤，1998）。然而，该方法还存在以下缺陷：一是索引层次划分过于简单固定，对于大比例尺密集居民地区域采用索引方法无法提高效率；二是只简单地考虑了道路和水系网的空间分布特点，对于网内目标的空间分布特点没有考虑。

针对以上问题，邓红艳等（2007）提出了一种改进的基于区域划分的自动综合索引方法，其基本原理是：首先对除境界、水系和道路网络以外其他要素进行目标的自适应聚类，以获取目标的基本空间分布和密度对比；然后以最小位移限差的 3 倍为缓冲距建立缓冲区，探测目标间可能发生位移的区域，将可能因为位移发生冲突的聚合类别进行合并。利用境界、水系和道路网生成拓扑网络，对经过聚类和缓冲区冲突探测处理的区域进行划分，得到下一层次索引。这样的改进相对于原来的索引方法在层次上进行了扩展：其中，第一层为整个综合区域；第二层为进行聚类和冲突探测后的区域划分；第三层是利用境界、水系和道路网进行的区域划分；第四层是单个目标。

基于同样的思想，赵彬彬等（2010）基于城市形态学理论，以 Patricios（2002）提出的城市 4 级层次结构为基础，提出了基于城市形态学原理的层次空间索引方法。该索引根据城市形态，以道路、水系等自然地理要素对城市空间进行划分，形成区别于规则格网的自然格网（不同等级的 4 类单元：neighbourhood、superblock、block、enclave），在此基础上建立层次索引。该方法的优点一是格网大小和数量与空间尺度相关，索引深度与空间尺度无关；二是无重叠区域；三是很大程度上避免了一个地物跨区域分布的情况。

综合以上论述可知，伪尺度依赖类索引结构希望通过索引树（结构）的建立来替代制图综合时操作对象的选择，进而实现综合过程的自动化，然而由于制图综合问题的复杂性，对象的空间关系千差万别，对操作对象和操作方法的选择和使用很难靠一个结构来决定。而制图综合索引只是以提供选取区域限定和综合操作支持为目标，其实现难度明显降低并且现实意义很大。其中 Agent 项目组的研究开创了空间与语义结合的索引模式，邓红艳等（2007）针对其格网划分过于宽泛的问题，利用自适应聚类技术对大尺度建筑物数据索引进行了优化。赵彬彬等（2010）基于城市形态学提出的面状地物层次索引方法与以上两种方法有异曲同工之妙，但由于 Patricios（2002）提出的城市 4 级层次结构只是在概念上对城市层次进行了划分，而在实际的应用中如果囿于这 4 级划分则显得有些生硬，毕竟城市规模、大小都不尽相同，并且比例尺不同也会影响索引的划分级别，此外，与 Agent 项目组类似，该索引也忽略了对大比例尺地图上建筑物聚类的支持。

5.2.2　面向更新的制图综合索引的构建要点

以上对制图综合索引的研究现状进行了回顾，下面将对构建面向更新的制图综合索引的任务及目标进行分析。多尺度居民地增量级联更新涉及多个层次的数据，比例尺跨度大，各尺度数据特点和要求都不相同，大比例尺数据要求对城市架构提供详细的描述，而小比例尺则只需要整体架构的粗线条勾勒即可。此外，每个尺度数据建立的索引将会对匹配和尺度变换操作提供约束和辅助，若这些索引结构不能保持一致，将会造成居民地数据匹配和尺度变换的错误和失败。所以，面向多尺度居民地增量级联更新的索引结构要提供对待更新区域（城市）宏观、中观和微观的描述，并且要保证不同尺度描述的一致性。要实现该目标，需要完成以下任务：

（1）宏观上提供对城市（综合区域）整体架构提取和描述的支持。单纯的主干道路提取并不能保证城市主体结构表达的准确性和完整性，还必须对城市结构进行模式识别，针对城市道路结构类型（如星型、环型、格网型和混合型等）进行索引构建。

（2）在宏观架构提取的基础上，中观层次的任务是保证主要道路的连通性。

（3）微观上要保证道路、水系所构成格网的密度与区域特征协调。

（4）对大比例尺数据，实现格网内部居民地对象的自适应聚类。

（5）研究多尺度索引结构一致性保持的约束条件并形式化表达。

5.2.3　制图综合索引的构建策略

为完成上文所述构建面向更新的多尺度制图综合索引的任务，首先对（1）～（4）项任务要求相关的概念、技术和本节所采用的方法进行论述。

1. 宏观层次城市主体框架结构的提取

1）城市空间结构分类

城市主体框架结构的提取离不开城市结构的分析，城市空间结构是指城市各功能区的地理位置及其分布特征的组合关系，它是城市功能组织在空间地域上的投影（谷凯，2001）。世界上各城市的发展过程不同，因此在空间结构上表现为形态各异；但具体到每一个城市而言，其产生、形成和发展都有其内在的规律，呈现出特定的空间秩序。随着城市人口、产业的增长，反映在城市结构上则表现为其空间结构的不断演化。城市空间结构的演化本质上是人类社会经济活动在空间上的反应，在表象上反映为城市中心区的漂移、城市的蔓延增长、城市新的职能空间出现以及城市某些区域的繁荣或衰落等。无论城市的空间结构经历怎样的演化方式，根本上可以归结为两种模式：单核蔓延发展模式和多核分散发展模式（段进，1999）。

单核城市，顾名思义是指具有一个空间中心的城市，这个空间中心是城市各主要活动的集聚地，诸如商务办公、金融保险、零售批发、行政管理、通信服务等多种城市功能的汇聚，在此区域城市人流、物流、资金流和信息流等高度集中，城市其他功能分区围绕核心区展开。根据现代城市的发展，城市的中心区具有中心性、高价性、集聚性等特征。中心区的各类功能活动集聚导致空间的集中，随着中心区功能和空间的集聚，城市的其他功能区难以远离中心区而单独发展，因此表现为城市结构增长的过程为围绕城市中心"摊大饼"式的蔓延扩展，北京市是典型的单核中心城市。

多核分散发展模式是指在城市发展过程中，对城市的功能进行划分，在原有城市中心的基础上，设立专业化、并行的城市中心，使各中心能够和谐发展。多核模式是吸收单核模式的经验而发展起来的一种城市架构，如上海、苏州等，这种模式能够有效促进城市各区域的均衡发展。但这种结构的代价就是极高的交通成本（包括土地、环境代价等在内的广义的交通成本）。在现实中的城市，其空间结构的均衡点大多是介于完全专业化的网络城市与综合性单中心结构城市之间的复合式多中心的结构。

2）城市路网结构类型

以上对城市结构进行了分析，在提取城市主体框架时，对城市结构的考虑可以有助于确定城市中心，如对于单核城市就从单核中心来提取，而对于多核城市则从多个中心点同步提取，这样可以避免城市主体框架构建时对城市中心的忽略。在此基础上，还需要对路网模式进行识别，构建以城市核为中心，以路网模式为骨架的城市主体框架。

城市道路网络是联系城市交通的脉络，道路网络布局是影响城市发展、城市交通的一个重要因素。现已形成的城市道路系统有多种形式，王炜等（1998）将其归纳为 4 种典型的路网形式：方格网式、环形放射式、自由式和混合式。Zhang（2004）把道路网数据的结构模式大致归为方格型、星型以及不规则型 3 种模式。在 Zhang 提出的这 3 种结构模式中，星型和不规则型道路模式属于小比例尺上的结构模式特征，在城市内部的道路网中并不常见。而格网结构则是道路网中普遍存在的一种结构模式，对于城市道路网的 LOD 模型表达非常重要。

2. 中观层次主要道路连通性的识别和提取

在确定了城市中心和路网模式后，下一个需要解决的问题就是保证索引构建中主要道路和水系的连通性，由于河流往往自成体系，其连通性在此不过多论述，中观层次索引结构研究的主要任务就是保证主干道路的连通性。当前对道路连通性的研究主要采用"stroke"技术，下面将对其概念和提取方式进行论述。

1）stroke 的基本概念

stroke 是 Thomson 和 Richardson 在分析道路与水系数据的网状结构时，根据 Gestalt

视觉感知中"良好连续性"原则提出的一个概念，即一组满足在方向上有"较好连续性"的边连接而成的路段（Thomson and Richardson, 1999; Thomson, 2006; 杨敏等, 2013）。这里"较好连续性"不仅包括方向相同或相似，还隐含有趋势相同、类别相同等概念。图 5.4 显示了从道路网数据中提取一条 stroke 的例子。

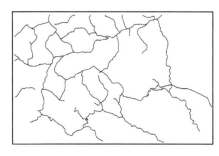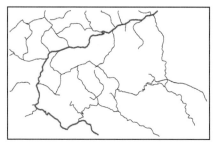

图 5.4　从道路网数据中提取一条 stroke 示例

2）stroke 提取的基本方法

当前的道路数据组织方法中，道路要素被分割成一条条弧段，弧段与弧段之间通过结点相连接。要生成一条道路 stroke，通常任意选取一个弧段作为种子弧段，依次判断该弧段首、末结点关联的其他弧段中哪一条弧段和它同属一条 stroke。如果存在这样的弧段，那么再以这条弧段作为种子弧段继续寻找下一条同属一条 stroke 的弧段，不断循环，直到无法找到满足条件的弧段，最终构成了一条完整的道路 stroke。从上述过程可以看出，生成 stroke 的关键就是要明确两条关联弧段是否同属一条 stroke 的判断标准。从现有 stroke 生成算法分析，主要从以下三个方面进行判断（翟仁健, 2011）：

属性一致性。道路弧段属性信息中的名称、类型等信息可用于 stroke 构建。若关联的两条道路弧段名称上一致，可以直接判定这两条弧段同属一条 stroke。另外，相同条件下，类型、级别和种子弧段相同的弧段肯定要优先选取。实际上，属性一致性通常在 stroke 构建中被作为约束条件，当属性信息不完整时，更多从方向一致性角度进行判断。

方向一致性。种子弧段在结点处往往会关联多条其他弧段，通常会设定一个偏向角阈值［Jiang 等（2008）的研究表明该值设定在 30°~75°比较合适］，当备选弧段和种子弧段的夹角小于该阈值时就将此弧段选取为候选弧段。

趋势一致性。线要素形态的趋势也常被用作 stroke 生成的一条判断准则。如图 5.5 所示，对于种子弧段 *a*，如果从方向一致性角度考虑，弧段 *b* 可作为构成 stroke 的下一

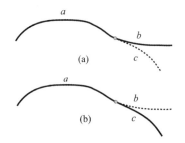

图 5.5　stroke 提取中的趋势一致性

条弧段［图 5.5（a）］，但如果从弧段 a 的整体趋势来看，应该选取弧段 c 作为构成 stroke 的下一条弧段［图 5.5（b）］。

在具体的 stroke 提取过程中，可能要对以上提取原则进行综合考虑并设定优先级。例如，若两条候选弧段都满足方向一致性约束，其中一条的等级和种子弧段相同，那么该条弧段就应该被选取。因此，一般而言，属性一致性的优先级要大于方向一致性，而趋势一致性的优先级最低。

3. 微观层次构建网眼密度均衡的多级格网

完成路网模式提取和主要道路 stroke 构建后，会对整个更新区域形成大粒度网状划分，但这种划分只包括了主干道路和主要河流，格网巨大并且在边缘部分呈开放状态，因此不能完全满足更新的需要，还必须根据地域特征对格网进一步细分，这就是微观层多级格网构建的主要任务。道路网眼技术一般用于道路选取，这种选取的结果是构建了密度均衡、符合区域特征的格网，因此下面采用道路网眼技术，辅以水系和道路混合数据结构，来实现多级格网构建的任务。

1）道路网眼的概念

从几何形态上看，道路网眼是一个由若干道路连接而成的封闭面状区域，它的边界是闭合的道路环路。道路网眼并不是真实存在的地理对象，而是人们为了更好地认识道路网的结构特征而抽象出来的面对象。在路网中，道路之间通过相交会形成若干道路环路，但并非每个道路环路都可以当作一个道路网眼，道路网眼的构成必须符合人的空间认知（胡云岗等，2007a）。

在构成网眼的道路中，不同道路之间的交点被称为道路网眼的顶点，两个相邻顶点之间的路段被称为道路网眼的边。需要指出的是，道路网眼在边的确定上遵循保持良好视觉连贯性的原则，较好地保证了道路的完整性。相对于传统的"结点—弧段"模型，道路网眼的边可能包含多条道路弧段。

2）基于网眼密度均衡的格网构建方法

除了对制图综合提供约束与辅助外，格网构建的另外一个主要任务是方便居民地对象的查询，因此在构建格网时就要考虑网眼的大小与格网层次的权衡问题。为了提高查询效率，要求每个格网内部的居民地对象数目大致相同，然而道路和水系都是自然要素，不可能进行随意的变迁，因此在城市密集居民区域，只有通过保持网眼的密度区域均衡来实现格网内居民地对象数目的均衡。

此外，每一层数据中并非只有一级格网，这样查询效率太低，还要对格网进行多个层次的合并，实现多个级别的格网。为叙述方便，就把一个比例尺内构建的最详细的格网称为基本格网，在基本格网的基础上经合并而成的格网称为中间格网，最顶层的中间格网称为顶层格网。在综合过程中，只有基本格网提供约束和支持，而中间格网和顶层格网都是作为检索的辅助。

在构建过程中，首先根据居民地对象的密度和每个格网内居民地对象的大致数目设计格网的大小。然后在已经提取出来的城市框架和主干道路的基础上，以网眼作为格网自然划分的最小区域选取单元,当网眼密度大于阈值时,删除网眼上的路段,形成与邻接网眼的合并。依次类推,实现基本格网的构建。最后根据设定的格网层数进行各级中间格网的生成。

4. 格网内居民地对象的自适应聚类

一般而言,索引构建到道路网眼这一层次,就可以直接对居民地对象进行检索了。然而,对于一些大比例尺数据来说,道路围成的格网还是太大,不能对尺度变换提供必要的约束。如图5.6所示,在基本格网 E 内还有大量的居民地对象,对象之间空间关系复杂,因此,在格网内对居民地对象进行自适应聚类是必要的。

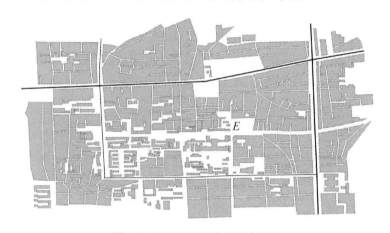

图 5.6 需要进行聚类的基本格网

在空间聚类或模式识别中,通常只考虑元素间的欧氏距离,把距离近的归为同一类,把距离远的归到不同类。这是因为在大尺度上实体单元的大小比相互间距离小得多,在识别中几乎可以忽略实体的大小、方向、布局等因素对模式结构的影响。但对于大比例尺居民地而言,由于对象之间的距离和对象的几何尺寸在一个数量级,因此在模式识别中非距离因素如形状、大小、方向、排列方式等逐渐上升为主要影响因子。

因此,居民地聚类的影响因素还要从人的视觉认知方面来寻找。Gestalt 原则在地图要素空间分布模式的识别上作为一种标准已被广泛应用(翟仁健,2011)。人们在对一群地图要素根据视觉感受进行分组时,将"感觉相同"的对象放在一组,这种"感觉相同"实质就是一种模式结构的一致性,其涉及了 Gestalt 理论中的多项原则。归纳起来至少存在 8 种 Gestalt 因子被用来指导地图要素群的构建(表 5.2)。

通过对这 8 种 Gestalt 因子的细化、量化和形式化表达,它们常被用来进行居民地要素群结构分布特征的识别。通过计算与组合居民地要素之间的 Gestalt 因子评价指标,并与阈值进行比较,最终实现居民地对象的聚类。

在上述思想指导下,采用邻近性、形状相似性、方向相似性和面积相似性作为指标来实现居民地对象的聚类。首先对居民地对象构建约束的 Delaunay 三角网,然后分别衡量两个对象之间的最小距离,再利用几何相似性度量技术进行形状和方向相似性计算,最后根据距离、形状相似性、方向相似性和面积相似性等指标综合作出判断。

表 5.2　8 种 Gestalt 因子及其图解

Gestalt 因子	解释	样例
邻近性	位置邻近的对象容易被视为属于同一群体	
相似性	形状或者大小相近的要素容易被视为属于同一群体	
共同的方向	沿着相同方向分布的对象容易被视为属于同一群体	
连续性	一种规律性或者趋势不容易被破坏,如相交的曲线在交点处仍然保持各自的连续性	
封闭性	一个要素群在分布上具有封闭的趋势,会在感觉上认为它们是封闭的	
共同区域	位于相同的区域中的要素容易被视为属于同一群体	
连通性	相互连接的要素容易被视为属于同一群体	
共同的命运	表示共同命运的一些因素,如一个综合操作作用在旧群体的一些对象上将会产生新的群体	对要素进行移位

资料来源:Li et al.,2004。

5.2.4　基于自然格网的制图综合索引构建方法

在实际应用过程中,随着比例尺的缩小和居民地的合并,索引的级数也会逐渐减少。此外,即使同一比例尺的数据,城市大小不同,需要的索引级数也不相同。例如对于省会城市,在比例尺为 1∶10 000 时,需要 4~5 级索引,而对于同尺度的县城,可能 3 级索引就已经足够了。由于本节研究的地图数据尺度跨度较大,为保持通用性,还是从底层比例尺最大的数据层开始、以大型城市为例来建立索引结构,这样在使用时遇到小比例尺、中小城市时只需要降低索引的级数即可。另外,格网内居民地对象的自适应聚类也是只适用于大比例尺数据,小比例尺数据可以忽略该部分内容。

基于上文论述,单一尺度居民地横向制图综合索引的构建流程如图 5.7 所示,主要步骤如下:

(1)道路、水系数据的预处理。由于当前数据存储模式中道路和水系是分开存储的,首先对各级道路和水系构建拓扑,将道路和水系作为统一的格网基础数据处理。

(2)进行待处理城市的架构分析和主体框架提取,这可以保证提取出的索引在结构上和城市保持一致性。由于当前的技术水平限制,实现主体框架的全自动提取尚有困难,而城市的主体框架由主要的道路和水系组成,因此可以采取人工辅助的方式进行框架结构提取。

(3)在构成框架结构的道路和水系数据的基础上,对于剩余的道路数据构建 stroke。

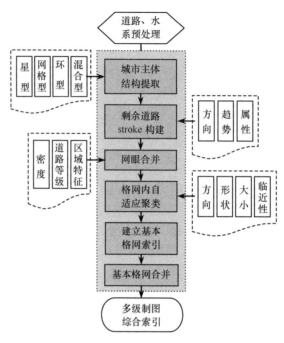

图 5.7 构建单一尺度居民地制图综合索引流程

（4）以城市框架结构提取出的道路、水系数据和 stroke 数据为约束，以未被利用的道路和水系为基础，根据区域密度协调的原则，构建面积最小的基本格网。然后，根据城市规模进行道路网眼多层次合并，形成多级中间格网和顶层格网，构建多尺度制图综合索引。

（5）对于大比例尺数据，在最小格网内还有大量的居民地对象，根据形状、方向、大小和邻近性等指标对居民地对象进行自适应聚类，提取居民地群。到此，单一尺度居民地制图综合索引构建完毕，其完整的架构如图 5.8 所示。

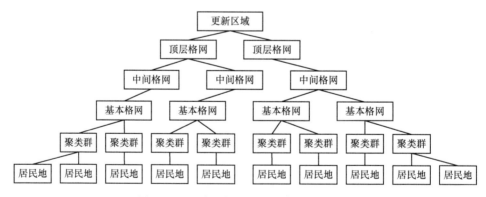

图 5.8 基于自然格网的制图综合索引架构

由于道路、水系的自然特征，在城市边缘可能会出现格网不封闭的情况，这就会造成理论的不严谨。考虑到格网的表示问题，采用系列比例尺数据中比例尺最大的数据作为基础，以不封闭网格的外包道路或水系结合其中的居民地要素一起构建凸包，或连接道路或水系不封闭端点来作为该格网的补充，构建完整的格网。

5.2.5 构建过程及分析

1. 制图综合索引构建

实验数据的制图综合索引构建实验示例如图5.9所示。

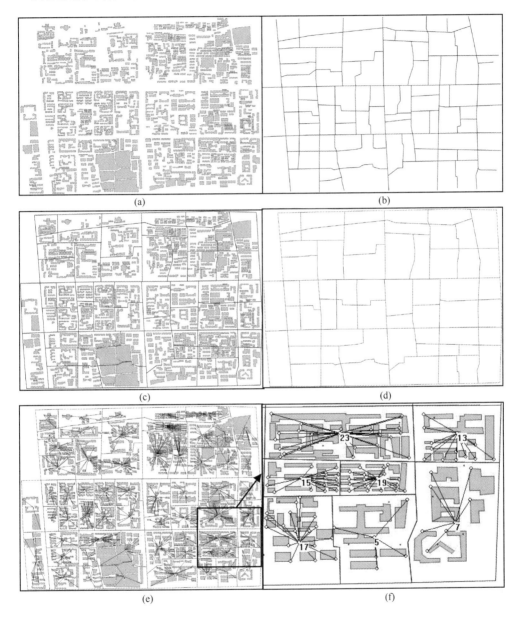

（a）　　　　　　　　　　　　　　　（b）

（c）　　　　　　　　　　　　　　　（d）

（e）　　　　　　　　　　　　　　　（f）

图5.9　制图综合索引中基本格网的构建

1）基本格网构建

图5.9（a）为待建索引的居民地数据，图5.9（b）为道路网数据（该区域无水系、境界）；图 5.9（c）为路网结构提取、主要道路连通性保持和网眼密度均衡后所得到的路网和居民地的叠加，并封闭路网边缘后得到的实验区域；5.9（d）为经过道路网数据

断链、拓扑构建等操作后，利用断链后的路段构建的基本格网，以面的形式存储；图 5.9（e）为通过基本格网对格网内的居民地构建的索引，图 5.9（f）为索引放大图，其中的连线表示居民地与格网的索引包含关系。经统计，图中共有居民地 972 个，构建基本格网 60 个。

2）中间格网构建

一般情况下，由于居民地要素数据众多，一层索引检索效率还较低，因此还需要在基本格网的基础上构建中间格网。中间格网的构建如图 5.10 所示，图 5.10（a）为基本格网合并后生成的一级中间格网，共 18 个，它不与居民地对象发生关联，而是通过对基本格网的检索来实现居民地对象的间接检索。图 5.10（b）为中间格网和基本格网之间的索引关系。图 5.10（c）为将上一步所得中间格网进一步合并后生成的更高一级的中间格网，共 7 个，图 5.10（d）为这两层中间格网之间的索引关系。

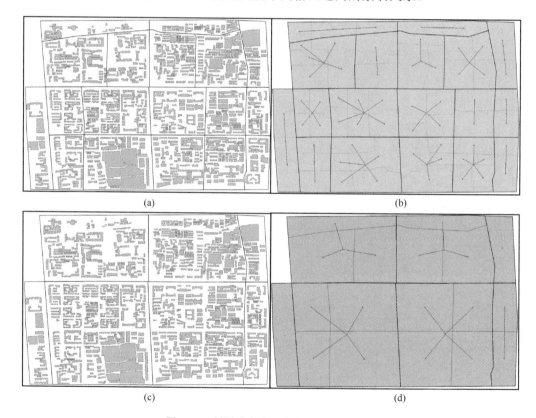

(a)　　　　　　　　　　　　　　(b)

(c)　　　　　　　　　　　　　　(d)

图 5.10　制图综合索引中中间格网的构建

2. 索引检索效率对比

对于以上基于大比例尺数据构建的制图综合索引，本节进行了随机点检索实验和约束条件下的邻近对象检索实验，利用规则格网索引检索和无索引检索进行对比。

1）系统精确计时

本实验基于一台运行 Windows XP 系统的台式计算机，主频 2.2GHz，内存 2GB。

为提高实验精度，本节采用 Windows 系统提供的高精度计时器，该计时器的主要功能由 QueryPerformanceFrequency（）函数和 QueryPerformanceCounter（）函数完成，这两个函数由 Visual C++提供，供 Windows 95 及其后续版本使用，并要求计算机从硬件上支持高精度计数器。

　　在进行计时前，应该先调用 QueryPerformanceFrequency（）函数获得机器内部计时器的时钟频率，本实验用机的时钟频率为 3 579 545Hz，精度可以达到 2.79×10^{-7}s。接着，需要在严格计时的事件发生前和发生后分别调用 QueryPerformanceCounter（）函数，利用两次获得的计数之差和时钟频率，就可以获得事件经历的精确时间。

　　2）规则格网的设置

　　规则格网如图 5.11 所示，采用 8×8 的格网架构，共 64 个格网，构建方法是对待处理居民地区域的外接矩形进行等分，然后根据居民地对象和格网的关系确定索引关系，图 5.11（a）为构建完成的规则格网，图 5.11（b）为规则格网索引。当然由于部分居民地对象不可能完整地落入某一个格网，因此难免存在冗余。

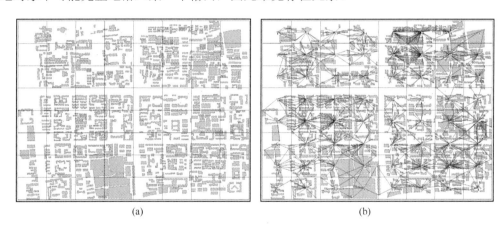

(a)　　　　　　　　　　　　　　　(b)

图 5.11　规则格网及其索引构建示例

　　3）随机点检索效率对比

　　点检索效率实验主要用来模拟鼠标点击选取居民地对象，对比实验进行了三次，在图上随机设计了 100 个点，查找轮廓包含点的居民地对象，每次实验分 10 个步骤，从 10 个点检索起步，逐次累加，计算检索用时，所得对比数据如表 5.3 所示。表中的数据是每组检索所用的时间，为提高精确性，直接用时钟周期表示，时钟周期数越高，说明效率越低。图 5.12 为将三次实验所得数据平均后得出的检索效率对比图。由数据和对比图可以看出，由于规则格网可以通过随机点的坐标直接定位到目标格网，因此检索效率较高，然而，由于其无法提供居民地对象与邻近自然地理要素的空间关系信息，所以这种随机检索的高效率难以完全用于制图综合时对邻近对象的检索，下面的实验将对此证明。基于自然格网的制图综合索引首先查找到对应的中间格网，然后逐级查找基本格网和目标对象，其效率略低于规则格网，但明显高于无索引检索。

表 5.3　随机点检索效率对比

测试点个数	第一组数据			第二组数据			第三组数据		
	自然格网	规则格网	无索引	自然格网	规则格网	无索引	自然格网	规则格网	无索引
10	3 324	663	6 932	3 692	665	6 901	3 325	665	6 858
20	6 382	1 739	13 049	6 414	1 550	13 005	6 428	1 549	13 448
30	9 592	2 660	20 062	9 977	2 611	20 032	9 617	2 920	20 195
40	12 665	3 528	27 433	12 794	3 574	27 535	13 019	3 480	27 609
50	16 564	5 301	35 109	16 685	5 300	35 243	16 663	5 288	35 645
60	19 488	6 439	42 532	22 065	6 111	43 066	19 658	6 130	44 109
70	22 725	7 191	50 208	23 383	7 064	51 267	22 799	7 021	50 194
80	26 357	8 311	58 362	26 833	8 318	58 679	26 653	8 321	58 900
90	29 345	9 072	65 046	29 419	9 099	64 959	29 333	9 148	65 315
100	32 600	10 257	69 901	32 810	10 784	69 545	33 060	10 300	70 391

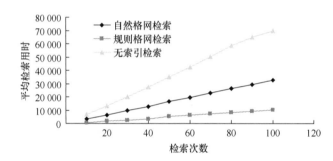

图 5.12　随机点检索平均效率对比

4）约束邻近对象检索效率对比

约束邻近对象检索的需求来源于制图综合时往往需要查询已知对象邻近的对象，这种邻近一方面要求对象之间的距离小，另一方面两个对象之间不能存在本级比例尺上必须要保留的对象如道路、河流等，因此说这种邻近对象检索是受约束的。本次实验在上次随机点检索实验的基础上进行，随机点检索到目标居民地对象后，查找该对象的约束邻近对象，统计从随机点检索开始到邻近对象查找结束所用的时间，仍然用 100 个随机点进行实验，由 10 个点起步，逐次累加，直到完成 100 个点的检索，每组实验做三次，取三次实验的平均结果作为实验结果。三种数据组织方式的约束邻近对象检索时间如表5.4 所示，效率对比如图 5.13 所示。

表 5.4　约束邻近对象检索效率对比

测试点个数	第一组数据			第二组数据			第三组数据		
	自然格网	规则格网	无索引	自然格网	规则格网	无索引	自然格网	规则格网	无索引
10	30 447	192 305	1 381 000	30 545	195 027	1 235 635	31 129	193 734	1 318 752
20	48 544	331 617	1 678 165	49 645	339 138	1 680 374	49 367	334 445	1 682 260
30	110 929	863 843	3 083 671	114 632	787 915	3 100 171	113 553	812 285	3 091 153
40	136 361	856 133	3 870 631	136 650	603 381	3 892 782	137 831	602 982	3 899 453

测试点个数	第一组数据			第二组数据			第三组数据		
	自然格网	规则格网	无索引	自然格网	规则格网	无索引	自然格网	规则格网	无索引
50	185 123	886 227	5 103 874	185 873	885 034	5 109 808	185 554	888 493	5 108 357
60	219 389	1 057 421	5 941 995	218 572	1 066 279	6 057 995	220 243	1 064 625	5 947 821
70	259 535	1 383 504	8 649 833	259 509	1 391 623	7 848 465	259 436	1 392 357	7 958 029
80	296 833	1 554 825	9 488 538	297 039	1 562 069	9 474 528	296 983	1 562 828	9 475 431
90	313 635	1 709 879	10 166 034	314 467	1 626 691	10 355 996	315 096	1 617 720	10 642 703
100	375 195	1 934 285	11 405 914	364 859	1 898 970	11 587 993	356 988	1 881 526	11 781 877

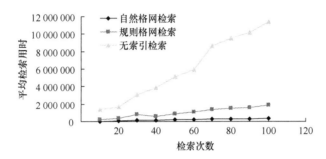

图 5.13 约束邻近对象检索平均效率对比

从表 5.4 和图 5.13 可以看出,由于无索引检索在查询到随机点所在的居民地对象后,要和区域内所有的对象进行比较计算,才能确定距离最近的对象,因此其每次检索所用时间最长,且随着区域变大检索效率逐渐降低,100 个点的检索用时将近 4s,在现实中难以忍受,不具有实用性。而规则格网在进行随机点检索时的效率是最高的,其只需要查询所在格网包含的对象,而不用考虑其他信息。但在进行邻近对象检索时则复杂得多,它不但要考虑本格网内的对象,还要考虑与本格网相邻的 8 个格网中数据的情况,因此其约束邻近对象的检索效率有了一定程度的降低,落后于自然格网索引。由于自然格网索引本身就是由道路、水系等自然要素围成,因此在检索时只需要考虑格网内最邻近的对象,而不用考虑其他格网的信息,因此检索效率大幅提高。

5.3 多尺度居民地关联索引结构

对于多尺度居民地增量级联更新而言,纵向同名居民地对象关联关系空间一致性的保持要靠横向综合索引的辅助和约束,所以就要求不同尺度的横向索引也具有一致性,此外,如何合理地表示这些索引架构也关系到系统的运行效率,本节重点关注这两个问题。

5.3.1 多尺度制图综合索引的一致性约束

各尺度数据可以根据本层次的自然格网建立空间划分,这些划分不但能够加快单个居民地对象的寻找过程,而且对居民地的综合操作产生约束,不同的划分会造成不同的综合结果,若各层次的划分不能保持一致,那么极有可能会造成相邻层次数据之间的空间冲突,因此,在空间尺度维要保证自然格网的一致性。但是各层次的自然要素存在形式都不尽相同，这种一致性则更多地体现在格网的包含关系上。借用集合概念来讲，就是小比例尺数据的格网划分必须是大比例尺数据的子集，而不能是相反。

就格网层次而言，单一比例尺内根据城市规模可以划分多级格网，而真正对居民地尺度变换起约束作用的是粒度最小的格网，其他层次的格网都是只起到了索引的作用。同理，在多尺度制图综合索引的一致性约束中，真正需要考虑的就是每个尺度内粒度最小的基本格网的一致性问题。

如图 5.14 所示，地图 Map_1 上的中间格网 MN_1 由道路 L_1、L_3、L_4、L_6 围成，其中包括基本格网 N_1、N_2、N_3、N_4，分别由道路 L_2、L_5 分割 MN_1 而成，基本格网可以由弧段来表示，如 N_1 包括弧段 a、b、c、d，而中间格网可以由基本格网表示，因此，若基本格网表示为以逆时针方向排序的弧段集合，且集合用大括号表示的话，那么 $N_1=\{d, c, b, a\}$、$N_2=\{b, g, f, e\}$，中间格网 $MN_1=\{N_1, N_2, N_3, N_4\}$。在相邻尺度地图 Map_s 上，由道路 L_1'、L_2'、L_3'、L_4' 围成了基本格网 N_1'，其中道路 L_1' 对应于 L_1，道路 L_2' 对应于 L_3，道路 L_3' 对应于 L_4，道路 L_4' 对应于 L_6，道路 L_2、L_5 被舍弃，基本格网 N_1' 对应于中间格网 MN_1。

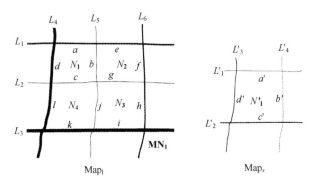

图 5.14　格网的包含关系

由于在居民地尺度变换过程中，基本格网对于居民地的邻近关系判断、合并、位移等都起到了很大的约束作用，因此，若小尺度地图上构成基本格网的弧段在相邻尺度的数据中没有出现，即其没有作为构成格网的弧段，那么就会出现小尺度数据被该弧段约束而大尺度数据没有约束的情况，进而影响居民地对象的尺度变换过程，造成相邻尺度数据的不一致。因此，在格网构建的过程中，必须保证出现在小比例尺数据中的弧段，在大比例尺数据中存在对应对象，并且也是构成格网的弧段。由此往下推理，小比例尺地图中的基本格网在面积上不能小于相邻尺度的对应基本格网，即大比例尺地图上的基本格网是相邻小比例尺地图上基本格网的子集，若将其以面对象表示的话，不考虑尺度变化过程中道路及河流中线变化，相邻尺度基本格网所构面对象之间要么是包含关系，要么是相邻或相离，而不能存在相交关系。

本例中，Map_1 中的中间格网 MN_1 和 Map_s 中的基本格网 N_1' 重合，而在实际应用中则无此要求，中间格网只是用来辅助检索，提高查询速度，没有尺度变换约束功能。

5.3.2　多尺度居民地关联索引结构的构建

由制图综合索引的构建方式可知，该索引的数据组织方式如图 5.15 所示，最顶层是更新区域，它包括该区域的基本信息和一系列顶级格网，每个顶级格网又包括自身的基本信息如外接矩形、中间格网数量等和中间格网的指针，顶级格网和中间格网都只是作为对象查询的辅助设施。中间格网包括自身的基本信息和基本格网的指针，而基本格网包括围成格网的弧段串，并直接管理居民地对象本身及其聚类，如此，基于自然网格的制图综合索引形成了更新区域、格网组合、群聚类和居民地对象4个层次的组合关系。

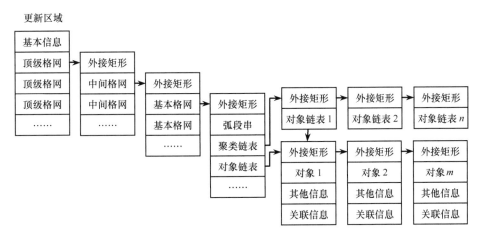

图 5.15　基于自然格网的索引结构及其关联示意图

而纵向的关联信息又从居民地对象自身和群聚类（因典型化而形成的群结构）起步，通过向上关联和向下关联，按照图5.16所示的结构构建纵向关联。纵向关联和横向索引最后统一于各尺度数据的最底层，即居民地对象自身和对象群聚类。这样就构成了多尺度居民地数据关联索引结构，其整体架构如图5.17所示。

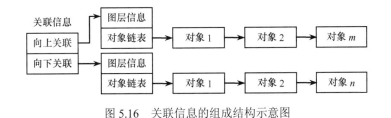

图 5.16　关联信息的组成结构示意图

图 5.17　居民地多尺度数据关联索引模型

5.4　相邻尺度同名对象关联关系建立

本节仍以图 4.13 中的相邻尺度居民地匹配为例,说明相邻尺度居民地同名对象关联关系的建立过程。

由第 4 章的图 4.13(n),建立了如图 5.18 的最终匹配结果。将发现的对应关系进行连接,就实现了关联关系的建立。

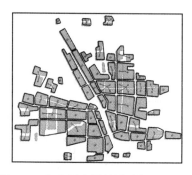

图 5.18　相邻尺度居民地对象匹配结果

而除了匹配成功的对象外,还存在匹配失败的对象。如图 5.19(a)所示,在图 4.13 的匹配中,由于其不满足匹配条件,所以无法建立关联。对于这类对象,由人工进行辅助处理,若差异不大,可直接建立关联并标注,若差异较大,就需要标注进行人工更新后再建立关联。图 5.19(a)中的对象由于其差异较小,可以接受其直接建立关联,因此,用手工方式建立对象之间的连接。除此之外,还有删除对象的处理,按照本章的关联关系设计,删除对象要和相邻小比例尺的邻近对象建立虚关联,运行建立虚关联程序后关联的建立如图 5.19(b)、(c)所示。最终建立图 5.19(d)所示的关联关系。

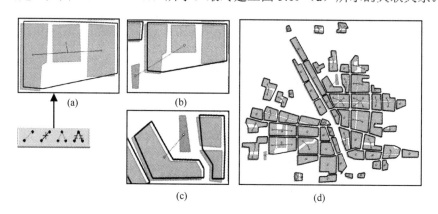

图 5.19　依据匹配结果建立相邻尺度居民地对象关联关系

第6章 居民地变化信息的尺度变换

在变化信息提取环节中发现的变化信息，若其比例尺和待更新的数据不同，在插入目标数据库前必须进行尺度变换，使之满足小比例尺数据的要求，并通过关联实现更新信息的传递。为实现该目标，需要建立适合增量更新的尺度变换流程，需要设计尺度变换算子的动态自适应选择方法，需要实现增量综合的相关算法。因此，本章主要针对这几个方面展开研究。

6.1 增量更新环境下居民地的尺度变换方法

居民地要素的尺度变换是指利用综合算法将变化对象变换为满足目标比例尺要求的数据，其核心是制图综合技术，甚至可以说，尺度变换过程就是制图综合过程。然而，增量更新环境下的制图综合是变化对象的区域性制图综合，其操作对象、流程和方法与传统的批量制图综合都不尽相同。因此，若要实现增量更新环境下变化对象的尺度变换，必须在深入了解传统制图综合流程和算法的基础上，分析增量更新环境的特点，设计面向增量更新的尺度变换方法。

6.1.1 居民地要素尺度变换方法分析

1. 传统制图综合过程及顺序

1）传统制图综合过程

传统手工方式下的制图综合过程包括编辑和编绘过程，如图 6.1 所示，编辑过程主要包括选择地图内容、制定地图符号、分析制图资料、研究制图区域地理特点、拟定制图综合指标、编写制图综合细则等（王家耀，1993）。对于国家系列比例尺，由于已有业务主管部门制定的"编绘规范"，所以编辑过程的主要任务是分析制图资料及其以后的工作。制图综合的编绘过程要依据编辑阶段所形成的制图综合细则，其过程主要包括分析、评价、判断和实施等环节。随着计算机的引入，制图综合技术进入数字化时代，编辑和编绘分解为不同的算法，而制图综合流程也随之发生了变化，不过其主体思想大致相同，都要遵循制图规范的约束。

2）地图中各要素的制图综合顺序

由于地图用途不同，地图中各要素的制图综合顺序也略有差异，该顺序不但受地图内容各要素本身重要程度的影响，而且由它们之间相互联系与制约的关系共同决定。一般而言，针对不同用途的地图，突出目标或是需要重点表示的基础性地物要优先表示。例如，地形图上的控制点和独立地物，由于它们担负控制目标和方位的任务，所以其制图综合顺序要靠前；此外，地势图上的水系和地貌；行政区划图的境界、行政中心和主要道路；军事交通图上的道路和居民地等都要优先于其他要素表示。

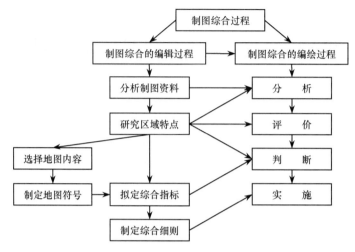

图 6.1 传统制图综合流程

地物的重要性程度和大小也会影响表示的顺序。等级高的、图形大的、位置重要的一般应先表示。例如，控制点中三角点优先；道路中先选铁路，然后依次是高速公路、普通公路、简易公路、乡村路和小路等；境界中先表示国界，然后表示其他各级境界等（王家耀，1993）。

地图内容各要素的表示顺序，还应有利于各要素的协调表示。由于当前处理各要素相互关系的基本方法主要是位移，因此，不允许位移的地物应先表示，而需要位移的地物则后表示（钱海忠，2006）。

总而言之，空间数据各要素综合的先后顺序原则是重要的要素层先综合，次要的要素层后综合；影响全局的要素层先综合，影响局部的要素层后综合。钱海忠（2006）把地形图各要素层的综合先后顺序设置为如表 6.1 所示。

表 6.1 数据层的综合顺序

综合顺序	层 名	综合顺序	层 名
1	A 测量控制点	5	K 境界与政区
	F 水域/陆地	6	P 航空要素
	G 海底地貌及底质	7	B 工农业社会文化设施
	I 水文	8	E 管线
2	N 助航设备及航道	9	J 陆地地貌及土质
	O 海上区域界线	10	L 植被
	H 礁石沉船障碍物	11	M 地磁要素
3	D 道路网	12	Q 军事区域
4	C 居民地	13	R 注记

2. 主要的居民地要素制图综合方法

制图综合算法是在制图过程和顺序引导下，针对具体的操作对象所采取的动作。与其他要素类似，居民地的制图综合过程根据操作目的的不同也可以分为不同的阶段，由不同的算子来完成。居民地自动综合的算子主要有以下几种：选取、化简、合并、位移等（王家耀和武芳，1998）。对于每一个居民地综合算子，都有许多不同的综合算法可以去实现。各个算法在处理综合问题时的侧重点和精度都各有不同。下面就典型算法进行回顾。

1）选取

面状居民地对象一般按照面积指标进行取舍，因此选取操作主要针对点状居民地对象。点状居民地选取模型有两种，分别是数量选取模型和结构选取模型，前者一般采用开方根模型、回归模型等数学模型来计算选取的数量，即选多少的问题。而结构选取模型则重点关注解决选哪些的问题，是选取操作的重点和难点。当前基于遗传算法、Circle原理、Kohonen网络和Voronoi图等技术进行了一定的研究，典型算法如表6.2所示。

表6.2　居民地选取的典型算法

算法名称	开发人员	算法描述
基于遗传算法的点群目标选取模型（邓红艳等，2003）	邓红艳	此模型利用遗传算法的基本原理与特点，结合点群目标选取的一般原则，采用遗传算法对点群进行了选取操作。选取时，很好地保持了点群的分布特征（如分布范围、排列规律、内部各地段的分布密度等）
基于Circle特征变换的点选取算法（钱海忠等，2005b）	钱海忠	此算法结合Circle技术及其基本特点，通过把点群的坐标空间转换成特征空间，对点群进行选取。关键步骤是确定空域中心点、特征空间点群的聚类和特征空间的化简等
基于Kohonen网络的点群综合研究（蔡永香和郭庆胜，2007）	蔡永香	此方法是对SOM算法的改进，主要用于点群的选取和典型化。能够保持点群的空间分布特征，但未考虑点的重要性差异，把每个点都看成是同等重要。当多个点群存在时，此方法还必须考虑点群的聚类
保持空间分布特征的群点化简方法（艾廷华和刘耀林，2002）	艾廷华	确定了点群的4个重要特征参数：分布范围、分布密度、分布中心和分布轴线。利用邻近原则和"剥皮"法，确定点群的分布范围，用图像灰度表达点群的分布密度，建立动态Voronoi图对点群进行选取
基于Voronoi图的点群目标普适综合算法（闫浩文和王家耀，2005）	闫浩文	进行点群选取时，考虑了点所包含的专题信息，根据点与其周围点重要性程度的比较来确定其删除与否，从而使拓扑、专题和几何信息能正确传输。但未考虑点的符号化，可能导致地图上符号的压盖和重叠

2）化简

在相邻尺度居民地变化信息尺度变换过程中，化简是应用最广泛、使用频率最高的一个制图综合算子。由于居民地对象轮廓特征的复杂性，面状居民地化简一直以来也都是制图综合操作的一个难点。特别是在大比例尺地图条件下，如何保持化简前后同名对象的相似性，同时还能够保证全图的关系协调和重点突出，是化简操作关注的重点，当前典型的化简算法如表6.3所示。

表6.3　居民地化简的典型算法

算法名称	主要开发人员	算法描述
基于数学形态学和模式识别的建筑物多边形化简（王辉连等，2005）	王辉连	主要是对直角化或矩形化的建筑物进行栅格处理，采用矢量和栅格相结合的方式实现居民地化简。适合于大比例尺下直角化特征明显的建筑物，对复杂建筑物多边形的化简还不尽如人意
Delaunay三角网支持下的多边形化简与合并（艾廷华等，2001）	艾廷华	在二维空间建立约束Delaunay三角网模型和形式化检索机制的基础上，系统讨论了多边形弯曲特征的化简、夸大以及邻近多边形合并的方法
一种组合优化的多边形化简方法（杜维等，2004）	杜维	首先找出多边形轮廓的特征点，并将轮廓线分解为一系列的弯曲特征，对此弯曲特征集实施组合优化，完成目标的化简

3）合并

合并是居民地数据尺度变换过程中，随着比例尺的缩小，对象之间的距离不足以独立表示时所采用的一种形状简化方法。该方法广泛应用于中小尺度居民地对象的制图综合中，其典型算法如表 6.4 所示。

表 6.4　居民地合并的典型算法

算法名称	主要开发人员	算法描述
基于 ABTM 的城市建筑物合并算法（钱海忠等，2005a）	钱海忠	该算法通过聚类分析，利用约束 Delaunay 三角剖分技术和 Agent 技术实现了建筑物的合并
GIS 环境城市居民地合并算法（袁策和张锦，2005）	袁策	此算法主要应用最小二乘平差理论得出综合的约束条件和算法过程，然后对城市居民地进行合并，同时兼顾了属性数据的处理
基于数学形态学的街区合并方法（王光霞和杨培，2000）	王光霞	通过矢栅数据转换，用数学形态学中图像闭运算的算法进行居民地街区自动合并

4）位移

尺度变换过程中，对象之间如果发生空间冲突，就会考虑把重要性低的对象进行位移，以保持图面的关系协调。位移不但会影响被操作对象，而且还有可能造成连锁的反应。就此问题，艾廷华（2000）基于场论对建筑物群的移位算法进行了研究，侯璇等（2005）提出了基于弹性力学思想的居民地点群目标位移模型。

由以上分析可以看出，当前对居民地制图综合全过程所涉及的问题都进行了一定程度的研究，也提出了许多有意义的算法，这些算法在批量综合和面向单个要素的综合中发挥了很大的作用。然而，增量综合是对变化对象的综合，不但包括单个对象的尺度变换，还包括邻近受影响对象的发现及影响程度和范围的确定，若将这些算法和流程照搬到增量综合环境中，势必会形成大量的冲突。因此，需对增量综合环境下尺度变换的特点和要求进行研究，然后提出已有流程和算法的改进途径。

6.1.2　增量更新环境下尺度变换的特点及要求

（1）增量信息的判断是全局性的。增量信息是变化信息的子集，变化信息不一定都是增量信息。因此，判断是否为增量信息的关键，是其在需更新的小比例尺数据库中是否是被选取的，亦即其在小比例尺数据库中是否存在，存在即为增量信息，否则为在该尺度上不需表达的变化信息。而要判断其在小比例尺图上是否存在，需应用尺度变换中的选取算子。而选取算子的执行，需进行整个图幅区域的整体评判。因此，增量信息的判断是全局性的。

（2）尺度变换操作是局部的。增量更新强调的是变化对象的更新，而未发生变化的对象则不用处理。因此增量更新中制图综合的触发点是变化对象的发现，综合区域则是围绕变化对象的局部空间数据。基于增量更新的尺度变换，需要解决的只是变化信息的综合，以及受变化信息综合而影响的要素的处理，因此，增量更新中的尺度变换是局部的。

（3）局部综合的影响范围是动态变化的。增量更新中的制图综合范围虽然是围绕变化对象的局部数据，但该区域在整个综合过程中并非一成不变，而是随着操作对象的变化而动态扩展。例如，居民地在尺度变化的过程中可能会和邻近居民地合并，那么这个合并操作将会扩大综合范围，而这次合并又可能造成邻近其他对象的位移，甚至造成一系列对象的位移操作。因此，源自变化对象的局部综合随着操作的进行会逐渐扩大其影响范围，这是增量更新尺度变换需要关注的重点。

（4）制图综合中数据的一致性与协调性是很重要的。增量信息的综合有两个主要难点：一是新旧比例尺地图综合模型的不一致，基于增量信息的地图综合需要协调下一级比例尺的综合程度，使得局部地图数据的综合程度与全局地图数据的综合程度保持一致；二是这种综合方式需要处理的是两个比例尺的数据，即待综合的较大比例尺新数据和删除了变化与消失要素的旧小比例尺数据，如何对地图上已有小比例尺数据与待综合大比例尺数据进行综合是其重点。

6.1.3 尺度变换方法和流程的改进途径

1. 尺度变换方法的改进途径

制图综合从本质上来说是信息的化简。当前的综合算法从操作对象数目和关注重点的角度可以分为个体综合算法和结构综合算法。个体综合是指以单个对象或其邻近的个体对象作为操作目标、关注个体特征变化的综合过程，如道路和面状居民地化简属于单个对象的综合操作，面状居民地合并属于单个对象同其邻近的个体对象共同作用的综合过程，这些综合操作关注的重点都是操作对象个体的几何和语义特征，环境和结构特征对其影响处于次要地位。而群综合则与此相反，它是以群对象（点群、路网、建筑物群等）为操作目标，重点关注群对象的轮廓、密度、中心、区域对比等整体结构信息的化简和保持，而个体在综合过程中的变化和表示则处于次要地位，如点群结构化选取、建筑物群的典型化等。

在增量综合环境中，如果不考虑综合流程的不同，单就综合操作而言，当判定某一变化对象需要执行化简或合并等个体综合方法时，其具体的综合手段和步骤同批量综合相同，也就是说，对于个体综合算法，在增量综合环境下完全可以正常使用，不需要额外地改进和优化。

而对于群综合算法，情况就没有这么简单了。当发现群中的部分对象发生变化时，如果仅以这些发生变化的对象为单位进行综合，而忽略与其相关的其他群对象，那么就会造成更新后的群结构与相邻尺度的同名群结构发生偏差，从而造成信息的失真甚至错误，影响更新结果的可用性。因此，在增量综合环境下，需要对群综合算法进行改进，在变化对象发现的基础上，添加对变化对象所在群整体结构发现和提取环节，进而保持多尺度数据的完整性和一致性。

此外，增量级联更新所要求的增量综合同面向某一尺度的批量综合方法还存在另外一个不同点，即前者需要处理多个尺度的数据，而不同比例尺数据其制图综合环境都不相同，这将给尺度变换算法的恰当选择造成很大困难。为解决该问题，本章将采用基于智能增强策略的尺度变换算子自适应选择方法，通过建立算子库、知识库和案例库，基于智能化的信息处理技术，实现综合算法和参数的动态自适应选取和配置。

2. 尺度变换流程的改进途径

批量更新环境下尺度变换流程是按照要素的重要性和邻近关系逐次推进、整体综合的。而对于增量更新环境下的尺度变换而言，需要解决的只是变化信息的综合，以及受变化信息综合而影响的要素的处理，其流程和关注重点在于变化信息及其影响对象。因此，本章还将提出面向增量更新的增量综合流程和增量综合方法。

6.2 尺度变换算子的动态自适应选择

6.2.1 尺度变换算子动态自适应选择的概念架构

多尺度居民地增量级联更新将涉及多个比例尺空间数据的尺度变换操作，由于居民地形态的多样性，同时也由于地图用途和更新区域的不同，同样的尺度变换算子，如居民地化简、合并等，当面对建筑物和面对街区时，其操作方式是不同的，需要不同的算法来完成。因此，如果说对于大规模的固定尺度缩编更新，开发针对特定数据的尺度变换算法是解决问题的关键，而对于增量级联更新，则重点关注面对大跨度、多样化的更新环境和更新数据，如何设定尺度变换算子选择策略和实现算子的动态自适应应用问题。

而要实现综合算子的自主选择，首先必须明确各个综合算子的功能、可适用尺度范围、适用地理特征、算法的功能、算法的优缺点、算法的开发情况等信息，并用计算机可以理解的方式来形式化表达，这就涉及算子库的构建和查询。

其次，算子库建立以后，还要针对具体的综合场景，选择合适的尺度变换算法。即使系统具备算法选择的相关知识，如在多大比例尺范围内，满足什么条件，居民地可以实施合并，和哪个居民地进行合并等。这种根据尺度变换环境和被操作对象自身的几何特征推理出满足条件操作算子的能力，需要在算子库基础上制图综合知识的归纳和合理使用。这涉及制图综合知识的收集、整理和使用问题，即知识库的建设。

构建算子库和知识库以后，可以在规则的指导下选择合适的综合算子种类。例如，点状居民地在进行尺度变换时需要进行结构化选取。然而，只有这些基础设施仍然无法解决算子应用的具体问题，此外，知识库中的规则只能提供原则性的、普适性的信息，无法结合具体的场景确定算法的参数，因此，本节考虑使用案例库来完成这一功能。将成功的尺度变换过程作为案例存入案例库，当尺度变化场景适合、算子功能符合要求时，就可以从案例库中提取相应的算法来执行。

综上所述，动态自适应尺度变换算子选择的基本思想是在算子库和知识库的基础上，通过案例库的辅助来实现算法和参数的自适应选择。

6.2.2 尺度变换算子选择支撑库的构建

1. 尺度变换算子库的构建

当前尺度变换操作主要采用制图综合来实现。多年来，经过国内外科研人员的不懈努力，已经开发了大量的自动制图综合算法。这些算法大多针对特定的数据类型和综合环境，若要进行算法库的构建，首先必须搞清楚这些算法的使用环境、功能和参数等特征，即算法的元数据，然后才能实现算法的自适应选择和使用（钱海忠，2006）。

1）算法元数据的抽取

元数据的抽取按照算法的适用范围、算法的功能、算法的参数、算法的综合评价指标及算法的说明等分类进行抽取，主要内容如表 6.5 所示。

表 6.5　主要算法元数据的类型和说明

算子元数据	说　明
算法的适用范围	用来界定算法能够正常使用的场合和环境。地图用途、比例尺、制图区域特点等都会影响算法的选用，因此，要抽取制图综合算法的元数据，必须要明确目标算法适用的地图类型、制图区域特点和比例尺范围
算法功能	用来说明算法在特定的地图用途、区域特点和目标比例尺区间内，能够完成的自动综合操作。包括算法所属的功能类别，如选取、化简、合并、位移、等级变换等，以及算法面对的操作对象，如点、线、面对象
算法参数	通过对算法影响要素的限定而用以辅助算法完成特定功能，不可或缺的部分
算法基本信息	主要包括算法的研发单位、主要研发人员、研发时间、研发目的、主要研发人员联系方式等。算法基本信息主要让算法使用人员初步了解算法的研发信息、研发目的，如果遇有疑问，可以及时与研发人员取得联系与交流

2）算子库的构建

自动综合算子库将采用现成的关系数据库，将元数据根据比例尺、地图类型和制图区域特点以数据表的形式存储，将综合算子以动态链接库的形式实现，以二进制代码的方式存入算子库中。利用关系数据库的管理系统来进行元数据的管理，具体的算子库结构如图 6.2 所示。

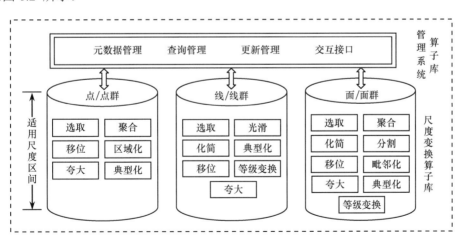

图 6.2　制图综合算子库结构示意图

2. 知识库的构建

1）制图综合知识的概念和分类

如果说算子库是制图综合工具箱的话，制图综合知识库就是灵活使用这些工具的大脑。算子库必须在知识的指导下才能正确地工作。简而言之,制图综合知识是指制图专家根据地图用途、制图区域地理特点和比例尺等条件,通过科学、正确的抽象和概括而形成的能够完成制图综合任务,并且建立反映制图区域地理规律和特点的地图模型的制图方法的统称(钱海忠,2006)。它是序列化的共性与隐性综合规则的集合。制图综合中的知识,其主要来源是制图综合编图规范和制图综合专家的经验积累。制图综合知识的另一种称呼是制图综合约束条件或规则,即把制图综合的各种规则都看作是对制图综合操作的约束。

关于知识的分类,有多种划分方法。一般认为,知识(约束条件)必须满足三个条件:包含于某一特定的空间范围之内;与某一确定部分相关,比如要么与图形外观相关,或者与潜在的拓扑关系、空间或语义结构及其综合相关等;在综合过程中扮演特定的角色。

因此,可以根据知识的覆盖范围和所涉及要素数目,将知识划分为全局型、局部型和单目标知识。例如,图面载负量属于某一比例尺数据的全局型知识;普通地图上密集型居民地要求每100cm²选取110~130个、图上局部最大容量每4cm²取7个等属于局部型知识;而1:100 000地形图上对水系中的常年河要求图上长度大于10mm的必须选取等,属于单目标知识(钱海忠,2006)。

2)制图综合知识元数据的抽取

建立制图综合知识库是一项十分复杂的工程,为了方便管理知识库,本节通过提取制图综合"知识元数据"的方式实现知识的管理。知识元数据是关于如何使用和管理知识库中知识的数据,它能够把各种具体的作业方法或算法、工具组合起来,共同协调工作,解决复杂问题。当前,随着各种知识库的逐渐建成,形式多样的知识分布式存在,结构复杂,如何实现知识库的高度统一管理、共享和服务,是迫切需要解决的问题;此外,制图综合智能化进程中,关键是实现基于制图综合知识的智能推理,这首先需要灵活有效地管理和使用制图综合知识库,而知识库元数据的管理是基础。本节在分析制图综合知识的基础上,定义了如图6.3所示的制图综合知识元数据结构。

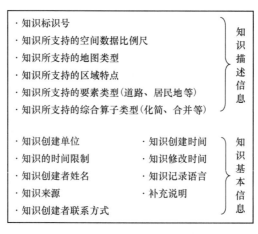

图6.3 制图综合知识的元数据类型

若按图所示，对于规则"在1∶25 000 地形图上，街区的面积小于 12mm² 时必须删除"和"在1∶250 000 地形图上，对于街区外轮廓附近的小居住区，图上距离小于 0.3mm 的，可以并入街区图形"提取的知识和元数据如表 6.6 所示。

表 6.6　知识提取示例表

比例尺	地图类型	区域特点	要素类型	算法类型	执行指标	指标阈值	量化要求	执行操作
1∶25 000	地形图	所有	130204	选取	面积	12mm²	小于	删除
1∶250 000	地形图	所有	130204	合并	距离	0.3mm	小于	合并

3）制图综合知识库的组织

制图综合系统中的知识库包含多方面内容，比如每一个地理要素都有一定的知识相对应，而每个地理要素在不同的综合环境和综合要求中又有不同的知识对应。同时，知识中包含大量的阈值、适应范围、操作对象等信息，如何按照不同的需求快速查询知识库中的知识，直接关系到整个系统的运行效率。因此，从高效、兼容、可用的角度考虑，实行与算法库类似的组织方式对知识库中的内容进行合理的组织，其主体结构如图 6.4 所示，首先按照比例尺、地图类型、区域特点对知识进行分类，然后根据所对应综合算法的不同对知识进行再次划分，最后根据细分的综合场景及算法特点确定指标和阈值。

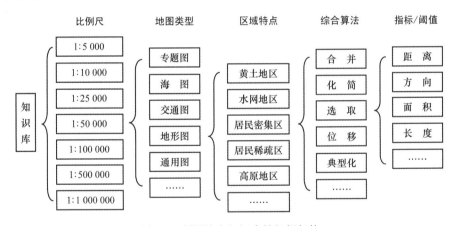

图 6.4　制图综合知识库的组织架构

3. 案例库的构建

1）基于案例推理的概念和流程

基于案例推理（case-based reasoning，CBR）的能力是人类智能的一个主要部分，该方法使用一个已有案例的解决方案来处理新发生的问题。这些解决方法可能是通过知识获取工程从人类专家那里搜集的，也可能是以前基于搜索方法成功或失败的结果。例如，医疗训练不能只依赖解剖学、心理学和疾病的理论模型，很大程度上还要靠病例史和治疗其他患者时积累的经验（Luger，2009）。

同样，基于案例推理也可以为制图综合系统的智能化、自动化提供帮助。如果我们记录下制图专家对各种综合问题的解决方法，让基于案例推理程序根据综合场景选择合适的案例并据此推理，那么知识获取的过程就会大大简化。

基于案例推理程序的运行模式基本相同，当遇到新的问题时，采取如下行动：

（1）对问题进行分解和形式化表达。综合中遇到的问题往往比较复杂，很难通过一个综合算子就能解决，通常是多个算子配合。例如，居民地尺度变换时会根据对象自身的几何特征和空间关系来完成选取、合并、化简及位移等操作，若把复杂问题都交给计算机来解决显然是不现实的，这就需要把复杂问题分解成由单一综合算子组成的简单问题。此外，由于基于案例的系统是通过检索来获取已有成功案例的，还必须把问题的场景、特征通过形式化的语言来描述，以方便对案例的检索。

（2）从案例库中检索出恰当案例。从案例库中查找案例需要根据待解决问题的特征抽象出检索用的关键字，因此，对案例进行合适的描述以及对问题的准确表达是案例检索的关键。

（3）根据综合场景修改检索出的案例以适应应用需求。通常一个成功的案例会推荐一系列从起始状态转变到目标状态的综合操作，然而这些操作并不可能完全契合目标综合场景，这就需要推理程序把问题解决过程转化成适合当前问题的操作。

（4）应用转换后的案例。根据综合场景对案例中出现的制图综合算子赋值并运行案例，若运行过程中出现问题，就在规则允许的范围内对案例进行修改并重新执行。

（5）将案例执行结果以成功或失败记录的形式保存起来以供将来使用。若运行成功，增加该案例的权值和优先值，若失败，则不作改动。

2）案例的组织和建库

用来进行基于案例推理的综合场景和数据结构可能千差万别。因此，案例的组织方式直接影响到案例的查询效率和使用效果。通常情况下，案例被记录为一个关系组，一部分数据记录了要被匹配的特征，余下的数据指向求解步骤。此外，还可以把案例表示为更复杂的结构，如证明树。本节将案例组织为关系组，如图 6.5 所示，案例信息被分为环境信息、功能信息和基本信息三部分。

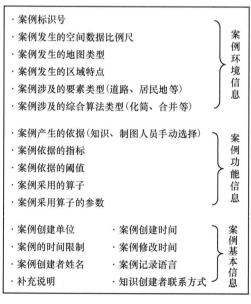

图 6.5　案例的元数据信息

6.2.3 基于智能增强策略的自适应尺度变换算子选择方法

在尺度变化实践中，算子库主要提供工具集，而如何使用这些工具则需要知识库的指导。基于规则的算子选择系统有许多优点：首先，它能够直接从制图专家那里获取直观的算子使用经验；其次，采用知识和控制分离的系统架构，可以循环地进行知识获取和使用。然而，若只是使用基于知识的算子选择方法，也会存在许多局限性，一是基于知识的算子选择系统很难处理残缺的信息和意外的数据；二是在知识的边缘附近，系统的性能会迅速蜕化。而基于案例的算子选择系统的优势在于能够从已经存在的案例库中获取案例，这将很大程度上缓解知识获取的难题。然而，基于案例的系统也存在一定的不足，首先案例的直观性导致了其不能包括更深层的知识，其次由于案例数量繁多、种类复杂，对案例进行索引和选择就成为一大难题。

鉴于以上情况，将基于知识的算子选择系统和基于案例的算子选择系统相结合，产生一种混合式结构，实现两者的优势互补。例如，通过结合，可以先检查案例库，若没有发现相关案例，然后再利用基于知识的算子选择系统进行推理分析。同时，还可以通过知识库中保存的内容对系统给出的案例进行分析。此外，还可以把基于知识推理得到的结果记录为案例供将来使用，这样就可以逐渐提高系统的智能化水平。

因此，本节基于智能增强策略的自适应尺度变换方法的主要思路是：首先，在多尺度数据关联模型中加入 GenerAlgList 项，用来记录该对象从相邻大比例尺数据中产生的过程，如经历选取、合并、化简、位移等操作，对每次操作所用的算法、参数进行记录，形成链表，其中的算法来自于算子库，具体的执行环境、参数设置，算子选择记入案例库，同时，再辅以案例和知识推理机的支持，构成如图 6.6 所示的基于智能增强策略的自适应算法选取架构。

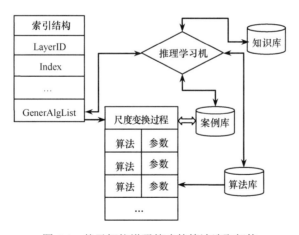

图 6.6　基于智能增强策略的算法选取架构

在具体的尺度变换过程中，算子和参数的自适应选择过程如图 6.7 所示。首先，由更新控制系统进行任务分解，将复杂的尺度变换过程分解为由一个个制图综合算子组成的子任务串，然后，针对具体的子任务，根据该任务的运行场景，提取案例特征，在案例库中进行相关案例搜索，若搜索成功，就提取相似案例，根据该案例的记录选择合适的算子和参数进行操作，并对操作结果进行判断；若判定操作成功，增加该案例的优先级和经验值。若判定操作失败，或是案例库搜索失败，那么就根据任务场景和更新环境从知识库中搜索相关规则，若发现有合适的规则，就利用推理机推理确定所需的算子和参数并进行综合操作，若操作判定成功，就将该操作和综合环境一起存入案例库；若操作判定失败或知识库搜索失败，就只能寻求人工辅助进行算法和参数选择。

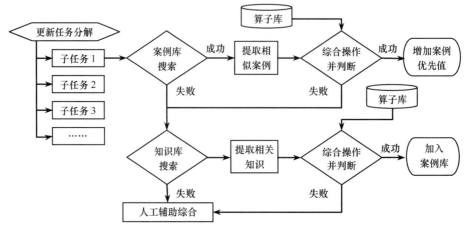

图 6.7　基于智能增强策略的算法选择过程

6.3　影响域渐进扩展的居民地增量综合方法

增量综合是在多尺度数据更新过程中产生并提出的一种尺度变换方法。数据更新时，如果将所有新大比例尺数据全部综合来替换原有的旧小比例尺数据，显然会消耗大量的人力物力。而如果将新旧比例尺数据进行匹配，然后将发现的变化信息插入旧小比例尺地图，同时对变化信息及其影响的部分进行综合，就会省去大量的重复劳动。因此，增量综合的"增量"是相对于常规的批量综合方法而言的，是一种只涉及变化信息及其影响内容的综合方法。当然，增量综合方法也和批量综合方法共用大量的综合算子，但由于其所面对的数据源、综合环境不同，其综合操作过程和关注重点也不一样。

6.3.1　增量综合概念的提出及研究重点

增量综合的概念最早由 Kilpeläinen 和 Sarjakoski 于 1995 年提出，其主要思想是当需要更新的要素插入源数据时，通过对其综合进而将更新信息向更小比例尺的数据传递，同时，通过划定影响区域，避免了与更新要素无关信息的综合操作。他们认为更新要素的插入顺序和综合区域的划分是增量综合的两个关键点（蒋捷和赵仁亮，2008）。

在综合的顺序方面，Kilpeläinen 和 Sarjakoski（1995）认为地图中不同的要素应该按照一定的顺序进行综合。例如，湖泊应该在道路的前面，而道路则要先于居民地。这可以用来对综合进程进行模块化处理。如果一个新的居民地被插入多尺度数据库中，原来已经存在的道路和湖泊就不会受到该居民地的影响，从而不用重新综合。但是，Harrie 和 Hellström（1999）却对此举出了反例。他们指出，制图规则规定：如果通向居民地或其他的地理对象,或是长度大于 500m 的大车路在 1∶50 000 地图上是要表示的。那么,如果一条小于 500m 的悬挂大车路且不通向居民地或地理对象,根据规则是不能在 1∶50 000 地图上表示的。在更新过程中有一个居民地对象插入到该大车路的末端,并且该居民地在 1∶50 000 地图上必须表示,那么这就意味着那条大车路也需要表示。也就是说,因为新居民地的出现,旧的道路数据也需要重新综合。此外,他们还讨论了如果旧道路不重新综合会产生的各种错误。

针对该问题,Dunkars(2004)提出了两阶段综合方法。该方法推迟更新传递直到所有的新对象都被插入旧数据中。然后级联更新被分为两部分,首先将在目标比例尺地图上表示可能性较高(大于 95%的概率)的对象先插入旧数据,第二步处理可能性稍低的数据。在第二步中,处在新数据之间的旧数据被重新综合。然而该方法在数据特别复杂的情况下仍有可能出错。

此外,Skogan(2002)研究了基于规则的增量综合方法,并分析了增量综合同批量综合的区别。Bobzien 等(2005)研究了将变化信息在原尺度数据中重新综合和在小比例尺度图上构建这两种方法的优劣及其适用的综合场景。Harrie(1998)基于 Lamps2 软件平台开发了级联更新系统原型,利用该原型系统对增量综合方法进行了实现和验证。刘一宁等(2011)根据道路的单位影响域范围对新增道路进行选取,并将该方法用于道路增量综合中,但其并未对可能受影响的原有道路数据进行处理。

由以上分析可知,增量综合是完成变化信息插入旧小比例尺数据以完成更新的必需步骤,当前的研究重点在于如何确定插入对象的影响范围和影响对象,不管是插入顺序的确定还是综合区域的划分都是为了该目的。基于此,下面将从变化对象的影响域入手,通过渐进式的扩展变化对象的影响范围,逐步发现变化对象的影响对象,进而实现高效、可控、可用的增量综合。

6.3.2 影响域渐进扩展的居民地增量综合

增量综合中的区域划分和影响域扩展从两个方向来控制和寻找变化对象的影响对象。其中区域划分是宏观上从外向内的约束,而影响域则是从微观领域,以变化对象自身为中心而向外扩展,这样,在综合过程中既不会无限扩大搜索范围,又不会漏掉被影响对象而造成冲突,从而达到效率和可靠性的统一。

1. 基于自然格网的居民地横向综合索引对综合区域的划分

合理的空间划分可以有效地限制因变化对象的出现而搜索的范围,减少不必要的计算,提高增量综合的效率。第 5 章利用自然格网的思想对待更新区域构建了涵盖宏观、中观、微观和群聚类等多个层次的区域划分,本节将利用这种划分,对增量综合提供约束和辅助。对象分区的另外一个好处是可以判定区域内部的居民地类型,是属于市区的密集区域还是城郊及农村的稀疏区域,不同的区域综合方法也不尽相同。

2. 影响域渐进扩展的增量综合模式

影响域渐进扩展的增量综合模式如图 6.8 所示,其主要思路是:首先对待更新要素层建立多级区域划分,其次通过相邻比例尺新旧数据的匹配发现变化对象,根据提前设定的阈值以变化对象为中心设立缓冲区，建立变化对象的影响域，然后计算与变化对象相邻的其他对象是否被影响，如果没有影响对象，就将变化对象自身进行面向目标比例尺的制图综合，将综合后的新对象进行影响域分析，看是否有影响对象，如果没有，那么该变化对象的增量综合完成。而如果有影响对象，根据变化对象与影响对象所在区域的类型，利用知识库、算法库和案例库寻找合适的综合算子，综合后以产生的新对象为中心寻找影响对象，如果有则继续综合并扩展影响域，依此循环，直到没有影响对象，或者达到了制图综合规则的限制（如面积阈值）为止，完成该变化对象的增量综合。

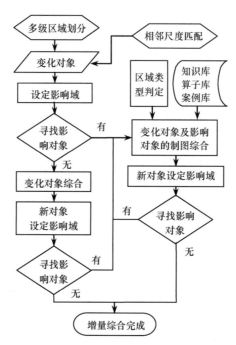

图 6.8　影响域渐进扩展的增量综合流程图

若以伪代码表示以上过程，则影响域渐进扩展的增量综合算法的伪代码如下：

```
IncrementGeneralize ()
{
PartitionRegion (Map1, Map2);
ChangeObject = MapMatch (Map1, Map2);
SetInfluenceArea (ChangeObject);
InfluenceObject=GetInfluenceObject (ChangeObject);
if (InfluenceObject != NULL)
{
NewObject=Generalize (ChangeObject, InfluenceObject);
SetInfluenceArea (NewObject);
InfluenceObject = GetInfluenceObject (NewObject);
}
Else
{
```

```
NewObject = Generalize (ChangeObject);
SetInfluenceArea (NewObject);
InfluenceObject = GetInfluenceObject (NewObject);
}

While (InfluenceObject != NULL)
{
NewObject=Generalize (ChangeObject, InfluenceObject);
SetInfluenceArea (NewObject);
InfluenceObject = GetInfluenceObject (NewObject);
}
Return;
}
```

3. 不同变化对象的增量综合过程

在实际的更新过程中，不同的变化对象所涉及的影响范围、影响目标也不相同。因此，本小节将对新建、修改、删除等更新操作的增量综合过程进行论述。

城市面状居民地根据分布情况，可以分为密集区域和稀疏区域。密集区域是指街区内建筑物毗连成片，或相互之间的距离小于 10m，建筑面积占街区面积的 70%以上的街区。稀疏区域是指建筑面积不足整个街区面积的 70%的街区。这两种区域的综合方法不同，密集区域的综合以合并为主，删除为辅，而稀疏区域的化简，则可以视情况分别采用选取、合并、删除的方法（王家耀，1993）。本节主要用于说明增量综合方法，因此采用较简单的密集区域进行示范。

1）新建对象的增量综合

新建对象是新旧图层叠置后，在旧图层上没有与之轮廓多边形相交的居民地对象，即该对象所在的区域在旧图上原来不是居民地要素（可能是农田、草地等）或无其他地理要素。

下面以图 6.9 所示地图为例对新建对象增量综合过程进行论述，设待更新小比例尺地图为 M_s，更新数据源大比例尺地图为 M_1，增量综合步骤为

（1）将 M_s、M_1 进行匹配，如图 6.9（a）所示，匹配后地图 M_1 中 L_1 对应地图 M_s 中 S_1，L_2、L_3 对应 S_2，L_4 对应 S_3，M_1 中居民地对象 L_5 无对应匹配对象，即新建对象。

（2）文献（Bobzien et al.，2005）认为新建对象的增量更新有两种方案，第一是在大尺度地图上重新综合（re-generalization），第二种是插入待更新小尺度数据中进行综合，文献中称为构建（construction），这两种方案本节都进行了实现，并在后面进行了分析。

（3）将 L_5 插入地图 M_s 中，如图 6.9（c）所示，根据设定的阈值计算其影响域，并通过和邻近对象求交以寻找影响对象。以同样的方法在地图 M_1 上寻找 L_5 的影响对象。

（4）如图 6.9（b）所示，在 M_1 中 L_5 影响居民地对象 L_2、L_3，而 L_2、L_3 在原图上是综合成 S_2 的，根据该区域的综合原则，需要把 L_2、L_3、L_5 进行合并，合并结果如图 6.9（d）中 R_{21} 所示。

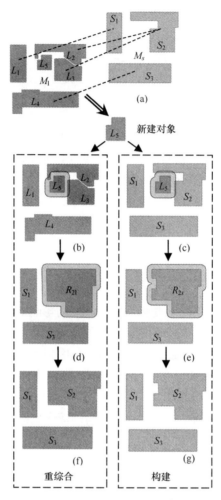

图6.9　新建对象增量综合

（5）在 M_s 中 L_5 影响到对象 S_2，根据该区域的综合原则，需要把 L_5 和 S_2 合并，合并结果如图 6.9（e）中 R_{2s} 所示。

（6）将 R_{21}、R_{2s} 置入地图 M_s 中并画出影响域，寻找影响对象，影响域如图 6.9（d）、图 6.9（e）所示。

（7）由图 6.9（d）、6.9（e）可以看出，综合后的 R_{21}、R_{2s} 在地图 M_s 没有影响对象，将 R_{21}、R_{2s} 按照地图 M_s 的编号规则进行重新命名，如图 6.9（f）、（g）所示。至此，新建对象 L_5 的增量综合完成。

由综合结果看，重综合和构建略有不同，这是因为重综合结果是原始数据经一次综合而生成的，而构建则是一次综合后的结果和变换信息进行的二次综合，而每一次综合都会引入新的误差，最后误差累积难免会造成综合结果的偏差，因此，从减少综合次数的角度来讲，重综合更能保证数据的一致性。

2）修改对象的增量综合

修改对象定义为新旧图层叠置后，在旧图层上有与之轮廓多边形相交且匹配失败的居民地对象。与新建对象增量综合过程类似，修改对象的增量综合过程也采用实例的方式予以论述。如图 6.10 所示，设大比例尺新图为 M_1，小比例尺旧图为 M_s，增量综合过程为

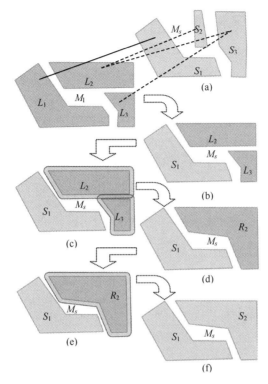

图 6.10　修改对象增量综合示例图

（1）将 M_s、M_1 进行匹配，如图 6.10（a）所示，匹配后地图 M_1 中 L_1 对应地图 M_s 中 S_1（实线连接），L_2 同 S_2、S_3 相交（虚线连接），但匹配失败，L_3 同 S_3 相交（虚线连接），同样匹配失败。说明 M_1 中居民地对象 L_2 相对于 M_s 中 S_2、S_3 为修改对象，而 S_3 又同 L_3 关联，因此，可以认为 L_2、L_3 为 S_2、S_3 的修改对象。

（2）将 S_2、S_3 从地图 M_s 中删除并将 L_2、L_3 插入，结果如图 6.10（b）所示。

（3）分别计算 L_2、L_3 在地图 M_s 中的影响域，如图 6.10（c）所示。可以看出 L_2、L_3 互相影响，说明 L_2、L_3 需要进行制图综合操作。

（4）根据该区域的综合原则，L_2、L_3 需要合并，合并结果如图 6.10（d）中 R_2 所示。

（5）由于 R_2 为新对象，因此需要计算其影响域，看是否和已存在对象发生冲突，其影响域如图 6.10（e）所示，可以看出 R_2 和其他对象没有冲突，因此，最终修改操作的综合结果如图 6.10（f）所示。

3）删除对象的增量综合

在本实验中，删除对象定义为在旧小比例尺中存在但在新大比例尺中不存在的对象，因此，删除对象的综合在城市聚集区只需要在图中删除即可。

第7章 居民地增量信息的拓扑冲突检测与处理

在变化对象沿着关联索引结构进行尺度变换后，所生成的增量信息还不能立即插入目标数据库中，还要进行空间冲突检测处理。其原因在于数据源质量、数据表达模型、数据采集的时间节点等可能的差异，以及尺度变换处理等因素累加，使得更新后的空间数据中会出现许多居民地与其他目标之间的空间冲突。主要表现为拓扑关系不符合相关规定或者与实际存在状态相违背，这些错误拓扑关系的存在大大降低了空间数据的质量和可用性，影响着人们空间认知的可靠性。因此，本章将对空间冲突中的拓扑冲突检测和处理问题进行论述。

7.1 增量更新空间冲突的特点和检测模型

增量更新过程中的空间冲突与数据库建库质量检测、空间数据尺度变换及空间数据融合等应用领域的空间冲突具有许多共性，这使得现有的空间冲突检测思想能在增量更新中的空间冲突的检测与处理中得到应用。但是增量更新中的空间冲突与其他应用领域的空间冲突相比又具有自己鲜明的特点，为此，就需要对增量更新的原理及实施过程进行解读并分析空间冲突产生的原因和特点，据此来构建适合于增量更新空间冲突特点的检测处理模型。

7.1.1 增量更新中空间冲突的成因分析

1. 更新数据源的多样性

在对空间数据进行更新时，为了充分地了解更新区域及周围要素的变化状况，需要收集该区域的各种现势资料，包括影像、航片、纸质地图资料、大比例尺地形图数据、各省的测绘成果、商业公司的资料甚至需要野外补测一些空间数据。这些更新数据的来源既有国外的也有国内的，既有民用的也有军用的，采用的数据模型、坐标参考系甚至要素分类分级的标准都不一样，将这些种类繁多、质量不一、尺度有异，甚至时态不同的多源的空间数据资料融合到一起势必会引起空间目标间的关系不协调，造成空间冲突。

2. 空间数据位置的不确定性

空间数据是对现实世界地物的抽象表达，但空间数据表达的位置相对于现实世界对应实体的真实位置仍有一定的差别，这就是我们说的空间数据位置具有不确定性，它是造成空间冲突的重要原因。造成空间数据位置不确定性的原因可归纳为 4 个方面：一是对变化数据进行野外测量的过程本身存在位置误差；二是对遥感影像、航空相片等栅格数据进行矢量化的过程存在误差；三是空间数据处理过程中会产生新的误差；四是各种来源的更新数据的误差在分析处理中会造成误差的进一步传播。这些不确定性是造成空间关系冲突的一个重要的原因。

3. 变化信息提取的质量问题

空间变化信息判断和提取一般是通过对比新旧两幅数据的差别进行的，但存在数据差别的空间对象包括两类：第一类是由于同名实体表达的差异而形成的差别，由于表达尺度、数据表达误差等原因的存在，一些没有发生变化的空间对象与更新数据源中对应空间对象间也会存在差别；第二类是有实体变化引起的数据表达差异，这类变化是我们需要探测出的。如何对两类变化进行识别和区分影响着空间变化信息提取的正确性，而且对"变"与"不变"的界定存在很大的不确定性，这些原因使得完全正确地识别变化信息变得几乎是不可能的。

当前空间变化信息的提取和发现分为人工和自动化/半自动化两类。在人工提取过程中，除了人们对同名实体差异和地物真实变化引起的差异比较难把握外，人们由于长时间的工作引起的疲劳以及个人的主观情绪等都可能造成变化信息的判断和提取错误。在自动化进行变化检测和提取的方法中，当前的匹配算法还没有一种能够确保匹配结果的正确率达到100%，亦即匹配算法中都可能存在误匹配、漏匹配等错误，有些错误匹配关系能够匹配检查识别出来，但当匹配结果较复杂时，经过人工检查后仍可能存在错误匹配，这样就会造成变化信息提取错误。而错误的变化信息经尺度变换后会将错误进一步传播下去，当把提取的错误信息对旧数据进行更新操作时，就可能引起空间关系的不协调。

空间变化信息的发现和提取是增量动态更新的核心内容，对变化信息的判断和提取错误往往会造成更新错误，进而造成空间冲突。

4. 数据处理过程产生冲突

增量更新过程中空间数据的处理过程主要包括多源更新数据的预处理和增量信息的尺度变换处理，这些处理同样也会产生空间冲突。

由于更新数据源的多样，不同的数据源其采用的数据模型、坐标投影等都是有差异的，若要将更新数据源上的变化数据融入到目标数据库中，需要对更新数据源中的空间数据做数据模型变换、投影变换、参考坐标系变换等大量的数据预处理工作，这些数据预处理操作都会引起空间目标的形态和位置的改变，甚至引起空间目标间空间关系的变化，这些变化往往会导致空间冲突。

增量信息的尺度变换是实现增量更新尤其是多尺度增量级联更新的关键步骤，居民地变化信息尺度变换的手段包括化简、合并、选取、位移、典型化、选取、夸大、毗邻化等多种操作方法，无论何种综合操作都会改变原有空间目标的几何数据，即综合后的空间目标与综合前相比存在一定的差异性，这种差异性表现为形状、大小、位置甚至维度的改变。而且居民地变化信息的尺度变换不仅使用单一的综合操作算子，而且经常同时使用几种综合操作，这会进一步加剧居民地目标形态和位置的改变，同时由于尺度变换，周围的其他空间目标也会改变原有的几何形态和位置，当它们的改变超出一定的范围时，就会造成增量居民地目标与其他空间目标发生空间冲突。

另外，增量信息的尺度变换不同于一般的批量式综合，因为基于增量信息的尺度变换需要协调小比例尺数据的综合程度，估算出小比例尺综合模型的参数，这样才能使经过尺度变换后的增量信息与小比例尺数据中其他空间目标的关系相一致。但是目标数据库的综合程度往往是很难把握的，若对目标数据库综合程度的把握不够准确，很可能造成增量信息经过尺度变换处理后与目标数据库原有的综合程度不一致，两个不同综合程度的空间数据融合到一起后，空间目标间的关系是很难协调的，空间冲突也就在所难免。

5. 要素更新周期的差异

由于空间数据库中各要素类地物的变化速度不同，各类要素的更新周期也不相同，变化快的要素更新周期较短，而变化较慢的要素更新周期会长一些。更新周期的差异使得空间数据库数据为不同时间节点的各类要素的组合，并非对某一时刻客观世界的真实反映，这些不同时刻的要素类融合到数据库时，要素类间很容易产生不合理的空间关系，造成空间冲突。

7.1.2 增量更新中空间冲突的特点与检测模型

1. 增量更新空间冲突的特点

增量更新的显著特点就是只针对发生变化的目标进行更新操作，而未发生变化的不进行任何操作，故增量更新中空间冲突主要表现为增量目标（新增、变化、消失）自身的几何结构冲突、属性冲突以及与周边其他空间对象的空间关系冲突。也就是说，增量更新中空间关系冲突的发生具有可预见性，即只发生在更新目标所在的局部区域。因此，空间冲突检测也应该是基于局部区域的检测。这个特点对提高空间冲突的检测效率具有十分重要的意义，本检测模型也是基于这个特点建立的。

2. 居民地增量更新中空间关系冲突的检测与处理模型

在上文对增量更新冲突发生特点分析的基础上，提出基于局部区域空间的居民地增量更新空间冲突检测模型，如图7.1所示。基本思想就是判断更新居民地目标与其邻近

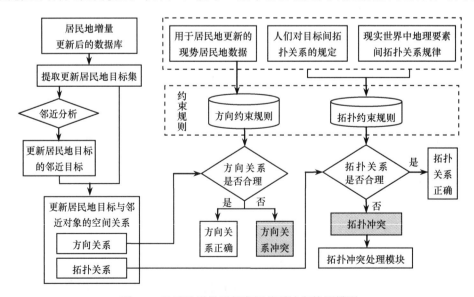

图 7.1　居民地增量更新空间关系冲突检测模型

空间目标的空间关系是否满足相应空间关系约束，涉及增量目标的邻近分析、冲突约束规则的提取与表达、空间关系计算与规则匹配和冲突处理等关键技术。

1）检测范围

由空间数据增量更新中空间冲突的特点可知，空间冲突发生在进行增量更新的局部区域。因此，检测之前需要对更新居民地对象进行邻近分析，然后在邻近分析的基础上识别出更新居民地对象所在的邻近区域，并识别出更新居民地目标的邻近目标。当前GIS中常用的两种邻近分析工具有缓冲区分析和Vonoroi图邻近分析。

2）空间关系约束规则提取与表达

构建冲突检测规则库是进行冲突检测的前提，因此需要将人工冲突检测过程中的判断知识进行总结和组织，即空间关系约束规则的提取。空间关系约束规则获取之后并不能直接用于冲突检测，为了使计算机能够识别获取规则知识，需要将这种知识进行形式化表达或将规则转化为定量指标的形式，以使计算机能够理解。

3）空间关系的计算与表达

空间关系的计算以及对空间关系约束的表达是空间冲突检测的关键。空间关系表达模型太过粗略简单可能造成无法区分冲突与非冲突，空间关系表达模型太过复杂又影响检测的效率。因此，需要选择合适的空间关系计算表达模型，而且要求空间关系的计算结果表达形式要与冲突约束规则的表达形式能够直接交互。

4）冲突的判断

根据更新居民地目标与邻近空间目标的空间关系计算结果，结合对应的空间关系约束规则进行冲突判断，若空间关系计算结果满足冲突判断规则，说明存在空间冲突，将冲突相关的空间目标记录和标示；反之，说明不存在空间冲突。

5）空间冲突的处理

空间冲突的智能化处理是一个难点，因其需要考虑复杂的上下文环境，而且冲突处理往往是一个反复的过程。实现空间冲突的智能化处理需要总结开发多种冲突处理操作工具，然后模拟人工处理的思维，对冲突类型进行识别并对冲突进行度量，根据冲突的类型和度量结果预判断冲突发生的原因，在此基础上调用相应的冲突处理工具。为了保证冲突处理的质量，在冲突处理过程中还需要进行质量控制。

7.2 拓扑冲突规则的定义与形式化表达

7.2.1 拓扑约束的来源

拓扑约束的来源包括以下5个方面：

（1）现实世界中地物间客观存在的拓扑关系规律总结。主要是通过对空间事物间联系的认知研究以及地学知识发现等手段去挖掘和总结事物间的内在联系和拓扑规律，这种规律揭示了不同事物间的拓扑存在状态，反映的是事物间某种不可违背的拓扑规律（如建筑物之间不能压盖、居民地不可能与水域重叠等），是一种普适的规律，这些普适的规律就对数据库中空间目标间拓扑关系构成了一定的约束。

（2）相关规范规定。主要是指相关政府部门基于不同类型的空间数据都制定的相应的规范规定，包括数据库构建实施细则、制图规范、教材等多种形式。从这些规范规定中获取的约束规则具有很强的权威性，也是空间关系约束规则获取的重要来源。

（3）地学领域相关专家经验。专家经验是在长期的数据生产、作业以及研究过程中获取的关于不同地理要素类间空间关系的知识积累，这些知识对空间拓扑约束规则的挖掘具有很好的补充作用。

（4）统计规律分析。不同的研究区域除了具有一些共性的规律外，往往还有一些特殊的规则。对于不同地域所具有的特殊规律，既可以通过专家经验来获取，也可以通过数学统计学的方法对相同地区或相似地区的不同类空间要素间的拓扑关系进行统计分析，来获取这些特有的拓扑规律。

（5）基于不同质量需求和应用目的而制定的规则。除了上述几种拓扑约束规则的来源外，还有一种基于不同的质量要求和应用目的而人为设定的一类约束规则。另外不同质量要求的空间数据库对拓扑约束也不同，质量要求较低的对拓扑约束相对较为宽松，而质量要求高的则对拓扑约束的要求相对就比较严格。基于不同质量要求和应用目的制定相应的拓扑约束规则，对提高检测速率和检测正确率具有重要的影响。

上述拓扑约束规则的来源，无论哪种都是以现实世界的客观存在状态为依据的，可用图 7.2 来表示。

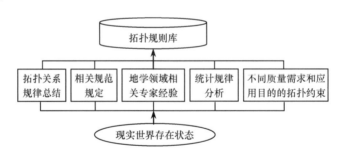

图 7.2　拓扑约束规则的来源

7.2.2　拓扑关系表达模型的建立

拓扑关系表达模型的选择对空间冲突的检测效率和查全率影响很大。表达模型太过简单区分度比较低，就可能造成冲突的误判或漏判，影响冲突的查全率；表达模型太过复杂，计算会很复杂，影响冲突的检测效率，因此合适的拓扑表达模型是实施拓扑冲突检测的基础。用于拓扑冲突检测的拓扑模型需要遵守两个准则：一是拓扑关系能够正确区分拓扑与非拓扑冲突；二是在正确区分冲突的基础上，模型越简单越好，有助于提高检测效率。

目前国内外许多学者已经提出了几十种拓扑表达模型，常见的有 4 交模型、9 交模型、基于 Voronoi 图的 9 交模型（Chen et al., 2001）、基于维度扩展的 9 交模型（Clementini et al., 1993）以及近年来研究比较多的细化表达模型（陈军等，2006；Nedas and Egnhofer，

2007；Deng et al.，2007a；邓敏和马杭英，2008），这些模型区分能力越来越强，但计算越来越复杂。在冲突检测应用中，以上几种拓扑表达模型，4 交模型表达太过粗略，9 交模型无法将发生在居民地边界的冲突和非冲突状况进行区分。如图 7.3（a）和（b）分别表示面状居民地和线状河流的拓扑关系图，而且两图所表达的居民地与河流的 9 交拓扑模型是相同的，但在很多状况下，图 7.3（a）所示的居民地与河流之间的拓扑关系是禁止的，而图 7.3（b）所示的拓扑关系是允许的，这时就会出现无法正确区分线状河流与面状居民地间的拓扑冲突的状况，类似的情况在面状居民地之间的冲突判断时也经常出现。基于 Voronoi 图的 9 交模型与 9 交模型相似，无法正确区分一些拓扑冲突且计算又比较复杂。近年来出现的许多细化表达模型区分能力很强，但是计算亦很复杂，时间代价较高。

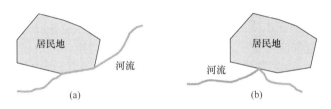

图 7.3　居民地与河流的拓扑关系示意图

与其他拓扑表达模型相比，基于维数扩展的 9 交模型区分度和计算复杂度都比较适中，理论上来讲可以作为居民地更新中拓扑冲突检测的拓扑表达模型。但是该模型中好多区分种类对居民地冲突检测都是没有意义的，这些无意义的区分只会增加冲突检测过程中拓扑关系的判断次数。为了减少无意义的拓扑区分，提高居民地冲突检测的效率，提出了一种简化的基于维数扩展的 9 交模型，表达式为

$$TD^9(A,B)=\left[\ T^9(A,B),\ Dim_{max}\right] \tag{7.1}$$

式中，$T^9(A,B)$ 表示空间目标 A、B 间的 9 交表达模型；Dim_{max} 表示空间目标 A、B 交集的维数，可通过式（7.2）求解，取值为–1、0、1、2，其中–1 表示 A、B 间无交集。

$$Dim_{max}=Max\left[Dim(A^{\circ}\cap\partial B),Dim(A^{\circ}\cap B^{\circ}),Dim(\partial A\cap B^{\circ}),Dim(\partial A\cap\partial B)\right] \tag{7.2}$$

简化后的基于维数扩展的 9 交模型，其区分性能体现在：

（1）对于点状居民地，扩展模型能够区分点与各种空间目标的拓扑关系，显然能够区分点状居民地与其他要素的拓扑冲突。

（2）对于线状居民地（线房），拓扑冲突主要包括点状地物落在线状居民地上、线状地物穿越线状居民地、线状居民地落入其他面状地物内部或部分进入面状地物内部，而以上这些拓扑关系都能够用扩展后的 9 交模型进行区分。

（3）对于面状居民地，冲突主要包括其他要素进入居民地内部、其他要素未进入居民地内部但与居民地边界发生了不合理的相接关系，这种不合理的相接关系可能是点相接不合理，也可能是边相接不合理，因此需要将这两种相接关系区分开来，扩展后的模型显然是能够唯一区分出这几种拓扑关系的。

综上，该模型能够将居民地更新中的拓扑冲突与非冲突正确区分开来，而且该模型与 Clementini 提出的基于维数扩展的 9 交模型相比，有两方面优点：一是模型的计算更

简单；二是模型区分的拓扑关系种类较少，这样能减少冲突检测过程中拓扑关系判断次数。这两个优点能有效提高拓扑冲突的检测速度。

7.2.3 拓扑冲突规则的形式化表达

人们从各个来源获取的拓扑约束往往是使用自然语言表达的，这些约束知识是人们能够理解的，但对于计算机来说，就需要将这些知识转化为计算机能够理解的语言，亦即对这些拓扑约束规则进行形式化表达。

由于产生式规则具有自然、简洁、易于理解、相互独立且便于修改的优点，当前冲突规则的表达多采用该方法。基于产生式规则，Servigne 等（2000）提出了四元组模型 (O_1, R, O_2, S)，刘万增（2009）在考虑方向关系与度量关系的基础上提出了扩展四元组模型 $[O_1, (R^T, R^D, R^M), O_2, S]$。

以上这些表达模型在本质上都是相似的，但这些表达模型并没有考虑规则的使用范围，而每个冲突规则都应该有一定的使用范围，在不同应用环境中相同的两类要素的冲突规则其定义可能不一样，可能会出现规则之间的矛盾，造成规则使用过程中的混乱，因此在规则的表达式中需要考虑规则的使用范围。张新长等（2012）在增量更新的一致性研究中提出约束规则表达的六元组模型 $\{ID, C_1, C_2, TR, AR, Bd, I\}$，就考虑了规则的执行范围，但是该模型并没有明确说明规则执行范围包括哪些参数且规则模型略显复杂，冲突检测效率略低。

基于上述分析，本节在文献（张新长等，2012；Hkima，2008）提出的规则约束模型基础上，考虑居民地拓扑冲突检测的实际需求，提出了式（7.3）所示的五元组表达模型。式中，（Scale，Theme）表示规则的使用范围，其中，Scale 表示比例尺，Theme 表示规则的主题应用环境，如系列比例尺地形图、军用地形图、各种不同的专题数据库等；C_1、C_2 表示两个不同的要素类；TR 为测试条件，本节使用禁止关系作为测试条件，因此 TR 表示 C_1、C_2 两类空间要素禁止的拓扑关系集合；S 表示冲突的语义描述。

$$Spatial\_Conflict\_Rule = \{(Scale, Theme), C_1, TR, C_2, S\} \qquad (7.3)$$

该模型不仅提高了规则的辨识度，避免了规则之间的冲突，而且通用性较强，适用于不同的环境和用途，易于对规则库进行修改和维护。

在具体应用过程中，冲突的判断过程为，首先根据待检测数据的应用环境（Scale，Theme），通过匹配方式查找对应的规则类，当分属于 C_1、C_2 两类要素中的空间目标 Object1、Object2 之间的拓扑关系满足测试条件 TR 时，判定空间目标 Object1、Object2 之间发生了拓扑冲突 S。针对居民地的冲突检测，将 C_1、C_2 中的任意一个参数设定为居民地类即可。

7.2.4 与居民地相关的拓扑冲突约束规则

居民地在数据库中的形态多样，包括点、线、面等各种几何形态，而且居民地与水系、道路等很多要素类关系密切，这也使得居民地与其他要素类发生拓扑冲突的类型繁多。下面是一些常见的与居民地相关的拓扑冲突，为方便表达，冲突规则表达式中使用了一些符号，相关符号的释义见表 7.1。

表 7.1　冲突规则表达中相关符号释义

符号	释义
—	表示条件缺省，所表达的参数不受限制
T^9_{cross}	9 交模型所表达的线状目标穿越面状目标的拓扑关系
T^9_{touch}	9 交模型所表达的两空间目标相接的拓扑关系
$T^9_{coveredby}$	9 交模型所表达的前一个目标被后一个目标包含的拓扑关系
$T^9_{contain}$	9 交模型所表达的前一个目标包含后一个目标的拓扑关系
$T^9_{overlap}$	9 交模型所表达的两面状空间目标部分叠置的拓扑关系
T^9_{equal}	9 交模型所表达的两空间目标完全叠置的拓扑关系

1. 居民地与道路拓扑冲突规则

道路与居民地是两种不同的空间要素，尽管关系很密切但要求道路不得非法进入居民地，若在居民地中间必须有道路需要表达时，需要将居民地进行分割以满足每个居民地内部都不包含道路目标。道路非法进入居民地的拓扑冲突规则表达式为

$$[(Scale，Theme)，settlement，(T^9_{cross}，—)，road，道路进入居民地]$$

2. 居民地与水系拓扑冲突规则

在空间数据表达中水系的形态也是十分丰富的，包含点、线、面等形态，违背二者的空间拓扑规律以及制图中对二者拓扑关系的要求比较多，二者发生拓扑冲突的类型也比较多。表 7.2 中列举了水系与居民地常见的拓扑冲突及冲突检测规则。

表 7.2　居民地与不同形态水系的常见拓扑冲突及其检测规则

居民地几何形态	水系几何形态	拓扑冲突示意图	冲突检测规则
点	点		{（Scale，Theme），settlement（point），（T^9_{equal}，—），water（point），点状居民地与点状水系位置重合}
点	面		{（Scale，Theme），settlement（point），（$T^9_{coveredby}$，—），water（area），居民地入水}
线	线		{（Scale，Theme），settlement（line），（T^9_{cross}，—），water（line），线状河流穿越线房}
线	面		{（Scale，Theme），settlement（line），（$T^9_{coveredby}$，—），water（area），居民地入水}
面	点		{（Scale，Theme），settlement（block），（$T^9_{contain}$，—），water（point），居民地内部包含点状水系}
面	线		{（Scale，Theme），settlement（block），（T^9_{cross}，—），water（line），线状河流穿越街区式居民地}
面	线		{（Scale，Theme），settlement（block），（T^9_{touch}，1），water（line），线状河流与街区式居民地边界出现不合理相接关系}
面	面		{（Scale，Theme），settlement（block），（$T^9_{contain}$，—），water（area），居民地内部包含面状水域}
面	面		{（Scale，Theme），settlement（block），（$T^9_{overlap}$，—），water（area），居民地与面状水域压盖}

注：为了清晰展现二者冲突的状况，表中部分示意图符号作了夸大处理。

3. 居民地与居民地拓扑冲突规则

居民地与居民地目标间常见的拓扑冲突包括两个居民地目标局部区域重叠，点、线房落入街区以及基本比例尺地形图中两面状居民地目标间边相接等，这些拓扑冲突示意图及检测规则如表 7.3 所示。

表 7.3 居民地与居民地目标间常见拓扑冲突及检测规则

居民地	居民地	拓扑冲突示意图	冲突检测规则
街区	点、线房		{（Scale，Theme），settlement（block），（$T^9_{contain}$，—），settlement（point、line），点、线房落入街区}
街区	街区		{（Scale，Theme），settlement（block），（$T^9_{overlap}$，—），settlement（block），街区之间部分叠置}
街区	街区		{（系列比例尺，地形图），settlement（block），（T^9_{touch}，1），settlement（block），两街区之间出现不合理相接关系}

4. 居民地与境界线拓扑冲突规则

每个居民地目标，无论是独立的建筑物还是街区式居民地都应归属于某一行政区，但由于居民地在数据采集、综合等过程中的一些状况，会出现一个居民地目标分属于不同行政区的状况，这在空间数据库中表现为境界线穿越居民地（图 7.4），对于这两类空间要素间的拓扑冲突，其检测规则形式化表达为

{（Scale，Theme），settlement，（T^9_{cross}，—），boundary，境界线穿越居民地}

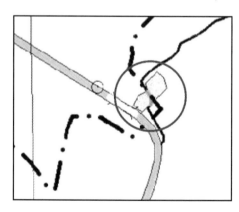

图 7.4　境界线穿越居民地

5. 居民地与植被拓扑冲突规则

空间数据库中含有大量的植被，植被中常常包含一些居民地目标，正常状况下居民地目标不应与植被要素重叠，但在植被要素综合过程中常常会出现居民地被包含在植被当中，或者居民地目标与植被部分重叠（图 7.5）的情况，会导致同一地块既属于植被又属于居民地的冲突。居民地与植被的拓扑冲突检测规则为

{（Scale，Theme），settlement（block），（T^9_{overlap}，—），plants，居民地与植被部分重叠}

{（Scale，Theme），settlement，（$T^9_{\text{coveredby}}$，—），plants，居民地进入植被面}

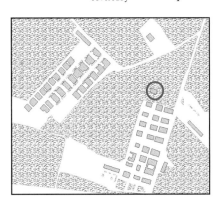

图 7.5　居民地进入植被面

上面只是居民地与其他空间要素常见的拓扑冲突，除此之外，各种应用主题、不同比例尺的数据库中还存在很多其他类型的冲突或自定义冲突，这里不再逐一列出。

7.3　基于格网的增量更新拓扑冲突快速检测方法

拓扑冲突自动检测过程涉及大量的拓扑关系计算，然而由于矢量数据空间拓扑关系计算的复杂性，自动检测的速度较低，这在某种程度上限制了其应用。要提高冲突检测的速度，需要从两方面入手，一是提高拓扑计算的速度，二是减少无意义的拓扑计算。由于提高拓扑计算速度已非常困难，因此只能通过尽量减少一些无意义的拓扑计算来达到提高冲突检测效率的目的，本节提出的基于格网索引的冲突快速检测方法，就是基于此目的。

7.3.1　基本思想

如何探测和表达更新目标的邻近区域，是增量更新冲突检测的重点，也是提高冲突检测速度的关键。当前常用的邻近分析工具有两种，一种是 Voronoi 图，另一种是缓冲区。从冲突检测实际应用的角度而言，这种邻近分析法存在以下不足：

（1）需要对整个检测区域构建 Delaunay 三角网，然后逐个判断与更新目标相邻近的空间目标，这种邻近搜索方式时间代价非常高，对提升检测速度十分不利。

（2）存在一些"伪邻近"目标。如图 7.6 所示，目标 D 为更新的居民地，A、B、C、E、F 为未更新的目标，利用 Delaunay 技术可得到 D 的邻近对象为 A、B、C、E，但是由图可知，E 与 D 相离较远，不存在冲突的可能，本节称 E 这样非真正意义上的邻近目标为"伪邻近"目标。"伪邻近"目标的存在必定增加拓扑计算量，影响冲突检测效率。

（3）Voronoi 图邻近分析技术适合表达离散目标的邻近关系，在表达有相交关系的空间目标间的邻近关系时比较困难。

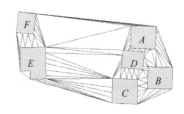

图 7.6　基于 Delaunay 三角网的邻近关系表达

由上节总结出的与居民地相关的拓扑冲突可以看出，这些拓扑冲突都是由于发生了不合理的相交关系，如果两目标相距越远，发生拓扑冲突的可能性就越小，反之则可能性就越大。这种邻近思想与基于欧氏距离的缓冲区邻近分析很相符，可以在更新居民地周围构建缓冲区来查询其邻近空间目标，但是，判断哪些空间目标位于缓冲区内时需要逐个计算检测区域内的每个空间目标与缓冲区的拓扑关系来判断是否为其邻近目标，这也需要很高的时间花销，显然是无法提高检测速度的。

鉴于上述两种邻近分析方法在居民地增量更新拓扑冲突检测实际应用中存在的不足，本节提出一种利用规则格网表达更新目标邻近区域的方法。基本思路是在检测区域建立格网索引，判断更新目标所在的格子集，格子集表示的区域即为更新目标的邻近区域，邻近区域内的空间目标即为更新目标的邻近目标，这样的邻域探测和表达方法既简单又可排除一些与更新目标相距较远的"伪邻近"目标。如图 7.7 所示，若面目标 A_1 为更新目标，其所占的格子集为图中的灰色区域，即目标 A_1 的邻近区域，位于邻近区域内的点目标 P_1、面目标 A_2、线目标 L_2 为目标 A_1 的邻近对象，也就是需要进行冲突检测的候选集。

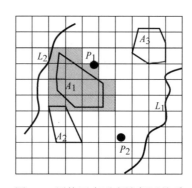

图 7.7　用格网索引表达邻近关系

因此，居民地增量更新拓扑语义冲突检测的基本思路就是：针对增量更新中拓扑冲突只发生在更新目标所在局部区域的特点，利用格网索引的思想表达更新居民地目标的邻近区域，根据更新目标所在的格子集，判断出位于这些格子集内的邻近空间目标，进而排除大量无关空间目标，通过计算更新居民地目标与这些邻近空间目标的拓扑关系是否满足冲突规则来检测更新中的拓扑冲突。

7.3.2　格网索引建立与数据结构表达

本节的格网结构采用规则的正方形格网结构，格子大小的确定方法在下文讨论。根据确定的格子的边长及检测区域的边界范围对检测区域内的各空间目标建立格网索引，具体的建立方法可查看相关教程，这里不再赘述。

在建立格网索引关系后，需要设计合适的索引数据结构来组织和管理以方便使用。本节基于拓扑冲突检测的需求设计了针对性的数据结构，该结构由空间目标对象索引结构和每个格子对应的索引结构组成：

```
{
String  featureclass_code;
  int  ID;
  List  Gridset[ feature_ID];
}
```

此数据结构中有 3 个变量，字符串类型的 featureclass_code 表示要素类的编码；整数型的 ID 表示对应要素类的空间对象的 ID 号；集合型的 Gridset[feature_ID]表示对应要素类中每个空间目标邻近区域对应的格子集合，Gridset[i]表示相应要素类 ID 号为 i 的空间目标对应的格子集。该数据结构能够快速查找数据库中每个空间目标的邻近区域。

格网中每个格子索引的数据结构为

```
{
int  i,  j;
String  featureclass_code;
List  Grid_featureset;
}
```

该数据结构中有 4 个变量，整型变量 i、j 记录的是每个格子所在的行、列号；字符串型的 featureclass_code 表示要素类的编码；集合类型的 Grid_featureset 存储的是位于该格子中的对应要素类的空间目标的集合。该数据结构有助于查找每个格子中对应某类要素的空间目标集，能够提高与更新对象邻近的空间目标的查找速度。

7.3.3　格网大小的确定

格网索引建立的过程中，格子的大小对冲突检测效率具有重要影响，那么怎样确定格子的大小才能使检测效率最高呢？为了弄清楚检测效率与格子大小的关系，本节通过改变格子的大小对一实验数据进行了多组实验来观测检测效率与格子大小的关系，各组实验网格边长 l 与对应检测时间 t 的值如表 7.4 所示，将各组实验结果绘制成散点图并通过 Matlab 软件拟合成曲线，如图 7.8 所示。

表 7.4　格网大小与检测效率的关系

组别	1	2	3	4	5	6	7	8	9	10	11	12	13
边长 l/m	4	5	6	8	10	20	30	40	50	60	70	80	90
时间 t/ms	15 826	11 510	8 865	6 215	5 066	3 558	3 327	3 210	3 194	3 211	3 222	3 247	3 324

组别	14	15	16	17	18	19	20	21	22	23	24	25
边长 l/m	100	150	200	300	400	500	600	800	1 000	1 200	1 500	2 000
时间 t/ms	3 354	3 387	3 519	3 891	4 110	4 500	4 984	5 752	6 662	7 847	9 929	14 514

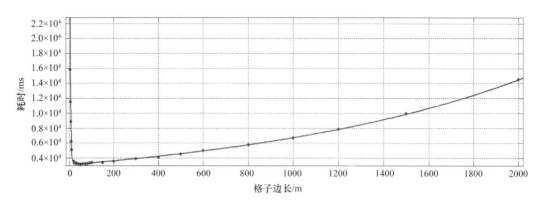

图 7.8　格子大小对检测效率的影响

由实验结果可知：随着格子的变大，检测效率先提高后降低，格子太大或太小都会降低检测效率。这是因为格子太大时，增量对象邻近区域表达宽泛，寻找到的邻近空间对象就越多，需要计算的拓扑关系就越多，效率会越低；格子太小时，尽管增量对象的邻近区域表达比较精确，但建立索引的时间会增加，而且在查询时，会出现大量的重复对象，需要花费很多时间去剔除相同的空间对象，效率也会降低。因此，格子不能太大也不能太小。从实验实例中可知，边长为 4m 时，检测用时 15 826ms，当边长为 2000m 时，检测用时为 14 514ms，而边长为 50m 时检测效率最高，用时为 3194ms。

7.3.4　冲突检测过程

在拓扑语义冲突规则形式化表达和索引关系建立存储的基础上，基于格网索引的居民地增量更新拓扑冲突检测的流程如图 7.9 所示。具体步骤如下：

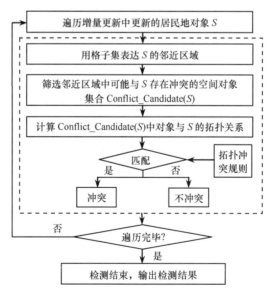

图 7.9　拓扑冲突检测流程图

（1）冲突检测策略采用逐个要素类检测的方法，首先从数据集中读取某个要素类数据作为与更新居民地对象冲突检测的待检测数据。

（2）求出更新对象邻近区域。从居民地增量更新对象集中取出一个更新居民地对象 S，根据构建的索引数据结构查询更新居民地对象 S 对应的格子集 Gridset（S），即为更新居民地对象 S 的邻近区域。

（3）筛选可能存在冲突的邻近对象集。遍历 Gridset（S）中每个格子，查询每个格子包含的当前检测要素类的空间对象集合，做并运算得到的集合为初步筛选集合，剔除候选集中最小外接矩形与 S 的最小外接矩形不相交的空间对象，最终得到与 S 可能存在冲突的空间对象集 Conflict_Candidate（S）。

（4）计算拓扑关系并与冲突规则进行匹配判断和确认冲突。分别计算 S 与 Conflict_Candidate（S）中各空间对象的拓扑关系，并与拓扑冲突规则进行匹配，匹配成功判定存在冲突，否则不存在冲突。

（5）遍历其他增量更新居民地对象，重复步骤（2）～（4），直到所有增量更新居民地对象都遍历完毕。

（6）当前要素类数据检测完成后，读取其他要素类数据，重复步骤（2）～（5），探测更新居民地对象与各个要素类的拓扑冲突。

（7）输出检测结果并可视化表达出冲突的空间对象和具体位置，以便于纠正。

7.3.5 冲突检测实验

拓扑冲突检测实验所用数据为我国中部某市的 1∶2000 基础地理空间数据（图 7.10），包括建筑物、道路边界线、道路中心线、面状河流、桥面、绿地 6 个要素类，其中建筑物进行了增量更新，其他要素未更新。经过变化信息检测与提取，对原始建筑物要素类进行删除、修改和新建等更新操作。为方便冲突检测，将所有进行更新操作的建筑物数据从建筑物要素类中分离出来并创建一个新图层进行存储。

图 7.10　拓扑冲突检测实验数据

1. 冲突检测的过程与步骤

1）拓扑冲突规则的提取与定义

为避免重复规则定义，定义了一个总规则库用于存储常用规则，因此在进行规则定义前可以根据规则的执行范围从总规则库中进行查找，如图 7.11 所示，在提取参数对话框中输入提取参数，得到的选取结果如图 7.12 所示。在规则提取结果窗口下面有 5 个按钮，其功能分别为，“添加”表示添加新的规则定义，“删除”表示删除不需要的规则，“编辑”表示对提取的规则的某个元素进行编辑，“保存”表示将当前修改的规则保存到总的规则库中方便以后使用，“确定”表示提取和定义规则完成。

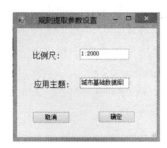

规则提取参数设置
比例尺：
1:2000
应用主题：
城市基础数据库
取消
确定

图 7.11　规则提取参数设置

规则库
比例尺
应用主题
要素类1
要素类2
拓扑9交表达
交维数
测试条件
冲突描述
1:2000
城市基础数据库
更新建筑物数据
河流
overlap
2
禁止
建筑物部分入水
1:2000
城市基础数据库
更新建筑物数据
河流
coveredby
2
禁止
居民地完全落...
1:2000
城市基础数据库
更新建筑物数据
河流
contain
2
禁止
建筑物内部有...
1:2000
城市基础数据库
更新建筑物数据
河流
equal
2
禁止
建筑物与水系...
添加
删除
编辑
保存
确定

图 7.12　规则提取结果

由图 7.12 的规则提取结果可知，当前只是提取到居民地与河流的冲突规则，还需要添加居民地与居民地、居民地与道路边线、居民地与道路中心线、居民地与绿地、居民地与桥面等的冲突规则，可点击“添加”按钮对其他居民地或要素的冲突规则进行定义，其可视化界面如图 7.13 所示，最终得到提取和定义的规则库（图 7.14），其中建筑物与道路中心线的拓扑规则测试条件为“必须”关系（图 7.14 中矩形框中所示）。

拓扑约束规则定义
比例尺：
1:2000
应用主题：
城市基础数据库
要素类1
更新建筑物数据
要素类2
绿地
拓扑9交模型：
coveredby
交维数：
2
测试条件：
禁止
冲突描述：
建筑物落入绿地内部
添加
1:2000 城市基础数据库 更新建筑物数据 绿地 overlap 2
禁止 建筑物与绿地部分重叠
1:2000 城市基础数据库 更新建筑物数据 绿地 coveredby 2
禁止 建筑物落入绿地内部
移除
确定

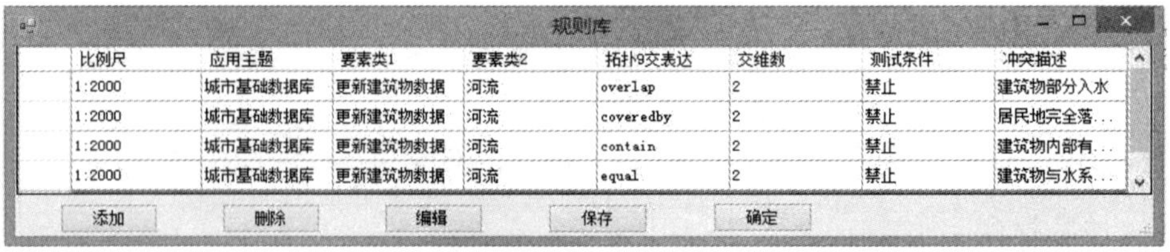

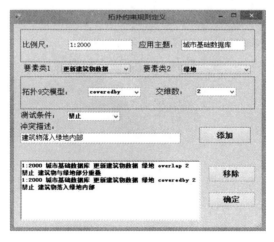

图 7.13　规则定义窗口

2）更新居民地目标邻近空间目标查询

根据本节提出的利用格网索引的方法进行邻近对象查询，首先对所有参与冲突检测的图层数据建立格网索引，设置格子的宽度为 300m，建立的索引关系表如图 7.15 所示，图 7.15（a）图表示"格子→空间目标"索引数据表，图 7.15（b）图表示"空间目标→格子"索引数据表。为方便查找，每个格子的索引号通过 Index=$i\times n+j$ 求得，式中，i 为格子的行号；j 为格子的列号；n 为格网的列数。

图 7.14　规则提取与定义结果

(a) "格子→空间目标"索引数据表

(b) "空间目标→格子"索引数据表

图 7.15　格网索引关系表

其次，通过查找每个更新居民地目标的邻近区域［所在格子集，可通过图 7.15（b）所示的索引关系表得到］；最后，根据更新居民地目标所在的格子索引号在图 7.15（a）所示的索引表中查询某类要素的邻近目标集，邻近目标查询结果如图 7.16 所示。

图 7.16　更新居民地目标邻近对象查询结果

3）更新居民地对象与邻近对象拓扑关系计算与表达

采用本章提出的改进的基于维数扩展的9交拓扑表达模型计算和表达更新居民地对象与每个空间邻近对象的拓扑关系，为了方便表达和记录，将9交拓扑表达用"contain""cross""overlap""coveredby""touch""equal""disjoint"等语义描述表达，更新居民地对象与邻近对象的拓扑关系计算表达结果如图 7.17 所示。

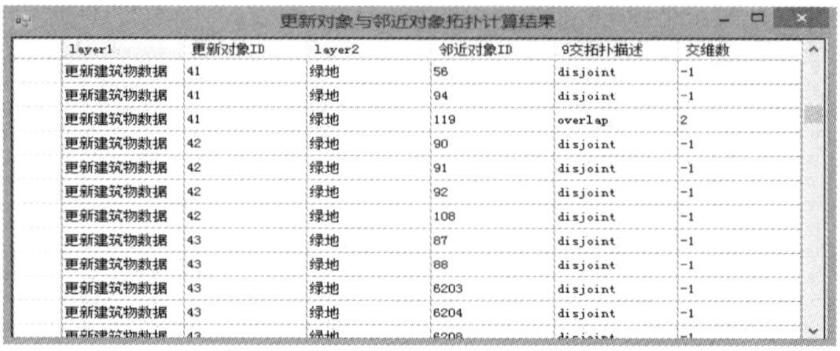

layer1	更新对象ID	layer2	邻近对象ID	9交拓扑描述	交维数
更新建筑物数据	41	绿地	56	disjoint	-1
更新建筑物数据	41	绿地	94	disjoint	-1
更新建筑物数据	41	绿地	119	overlap	2
更新建筑物数据	42	绿地	90	disjoint	-1
更新建筑物数据	42	绿地	91	disjoint	-1
更新建筑物数据	42	绿地	92	disjoint	-1
更新建筑物数据	42	绿地	108	disjoint	-1
更新建筑物数据	43	绿地	87	disjoint	-1
更新建筑物数据	43	绿地	88	disjoint	-1
更新建筑物数据	43	绿地	6203	disjoint	-1
更新建筑物数据	43	绿地	6204	disjoint	-1
更新建筑物数据	43	绿地	6208	disjoint	-1

图 7.17 更新居民地目标邻近对象拓扑关系计算

4）匹配冲突判断

将更新居民地对象与邻近空间目标的拓扑关系计算结果与定义的相应规则匹配进行冲突判断。若测试条件为"禁止"关系时，拓扑关系与某条规则匹配说明存在拓扑冲突，将冲突目标记录下来；若测试条件为"必须"关系，拓扑关系不能与相应的约束规则匹配成功时，说明不能满足必须约束关系，即存在拓扑冲突，需将相关空间目标记录下来存到检测结果表中。最终检测结果如图 7.18 和图 7.19 所示，分别表示更新居民地与各要素类冲突个数统计结果和各个冲突的详细记录。

拓扑冲突检测统计结果

更新建筑物数据与道路中心线：1个
更新建筑物数据与道路边线：76个
更新建筑物数据与建筑物：27个
更新建筑物数据与绿地：47个
更新建筑物数据与河流：19个
更新建筑物数据与桥面：0个

确定

图 7.18 冲突统计

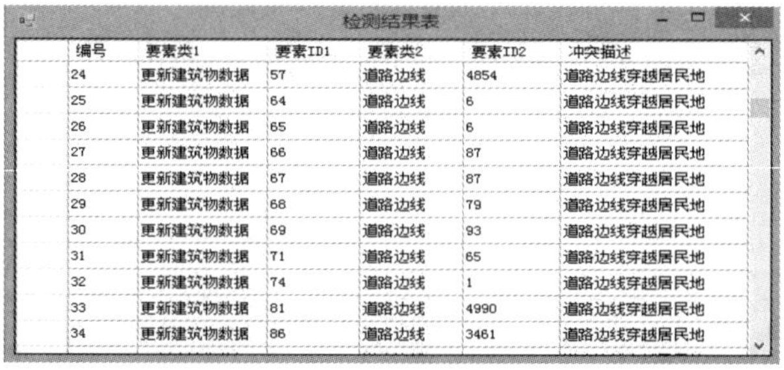

检测结果表

编号	要素类1	要素ID1	要素类2	要素ID2	冲突描述
24	更新建筑物数据	57	道路边线	4854	道路边线穿越居民地
25	更新建筑物数据	64	道路边线	6	道路边线穿越居民地
26	更新建筑物数据	65	道路边线	6	道路边线穿越居民地
27	更新建筑物数据	66	道路边线	87	道路边线穿越居民地
28	更新建筑物数据	67	道路边线	87	道路边线穿越居民地
29	更新建筑物数据	68	道路边线	79	道路边线穿越居民地
30	更新建筑物数据	69	道路边线	93	道路边线穿越居民地
31	更新建筑物数据	71	道路边线	65	道路边线穿越居民地
32	更新建筑物数据	74	道路边线	1	道路边线穿越居民地
33	更新建筑物数据	81	道路边线	4990	道路边线穿越居民地
34	更新建筑物数据	86	道路边线	3461	道路边线穿越居民地

图 7.19 冲突检测结果记录

为方便查看每个冲突发生的位置，在检测结果的记录表中可以直接双击想要查看的冲突记录行，系统的视图区即可定位到冲突处并高亮显示发生冲突的更新建筑物。

2. 居民地冲突检测示例

下面为一些检测到的冲突实例，为方便显示，将更新建筑物填充颜色设置为无色。

1）居民地与道路拓扑冲突

图 7.20、图 7.21 分别表示检测到的更新建筑物与道路中心线拓扑冲突、更新居民地与道路边线拓扑冲突。

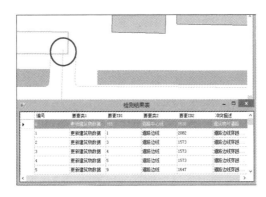

图 7.20　建筑物与道路中心线的冲突

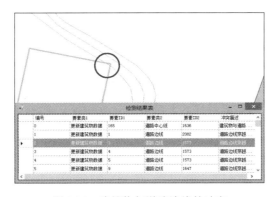

图 7.21　建筑物与道路边线的冲突

2）居民地与绿地拓扑冲突

图 7.22 为检测到的更新建筑物与绿地的拓扑冲突，其中图 7.22（a）为更新建筑物目标与绿地发生了小部分的叠置，这很可能是测量精度误差造成的；图 7.22（b）为更新建筑物目标完全落入绿地内部，图 7.22（b）所示的建筑物与绿地拓扑冲突很可能是两要素更新周期不一致造成的。

3）建筑物与建筑物冲突

图 7.23 为检测到的更新建筑物与其他建筑物之间的拓扑冲突实例，其中图 7.23（a）所示建筑物之间叠置面积较小，这种冲突可能是由于位置不确定性造成的，图 7.23（b）

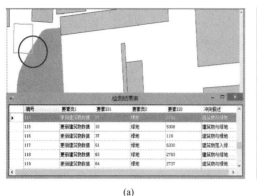
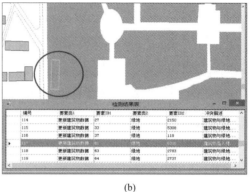

(a)　　　　　　　　　　　　　　　　　(b)

图 7.22　更新建筑物与绿地的拓扑冲突

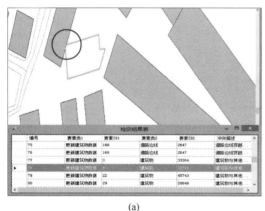

(a)　　　　　　　　　　　　　　　　　(b)

图 7.23　建筑物与建筑物的冲突

所示的发生冲突的两建筑物之间叠置面积很大,更新的建筑物目标几乎把另一个建筑物目标包含在内,这种冲突可能是由于变化信息提取错误造成的,只提取到了新建的建筑物,而遗漏了原有的已消失的建筑物的变化信息的提取和记录。

4)建筑物与水系拓扑冲突

图 7.24 是检测到的更新建筑物与面状水系之间的拓扑冲突实例,其中,图 7.24(a)所示建筑物与面状河流的边界处发生了很小的重叠,这种冲突可能是由于位置精度问题造成的,图 7.24(b)所示发生拓扑冲突的建筑物目标和面状水系目标之间的叠置面积很大,这种冲突很可能是居民地与水系的更新周期不一致造成的,建筑物数据已经更新,而水系目标还没有更新。

将检测的结果与人工检测结果对比发现,检测结果与人工相比没有出现错判的现象,但出现了一个漏判,如图 7.25 圆框中所示,一个更新的建筑物位于两条道路边线之间,属于建筑物与居民地拓扑冲突,但系统出现了漏判,造成漏判的原因主要是道路数据是由离散的边线和道路中心线表达的,这些线并没有形成一个道路整体。要避免这类漏判的出现可对道路数据做预处理,将道路线数据转换为道路面数据,或识别道路边线之间的道路区域,然后再进行相关冲突规则设置并进行检测,即可将这类冲突检测出来。

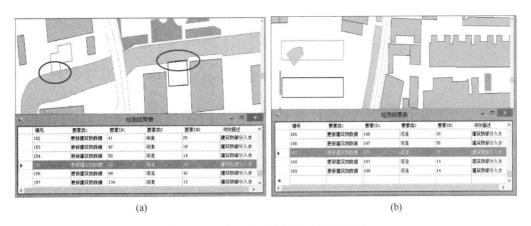

(a)   (b)

图 7.24   更新建筑物与面状水系的冲突

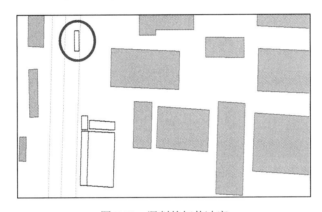

图 7.25   漏判的拓扑冲突

另外，该图所示的冲突也可能是建筑物数据测量错误造成的，需要检查该建筑物位置数据的正确性。

7.3.6   检测效率实验分析

为对算法效率进行验证，本节对基于全局的检测方法和本节提出的方法的检测效率进行实验比较分析，实验数据如图 7.26 所示，为某地区的居民地数据更新数据，其中更新居民地（红色居民地要素）目标 108 个。实验分为两组，第一组实验保持增量居民地对象数量不变，逐渐增加待检测要素类的空间对象数量，检测所用时间如表 7.5 所示；第二组实验保持检测区域各要素类空间对象的数量不变，逐渐增加增量居民地对象的数量，两种方法的实验结果如表 7.6 所示。为了便于观察两种检测方法的检测效率变化状况，将表 7.5 和表 7.6 的统计结果分别用曲线表达，如图 7.27（a）和图 7.27（b）所示。

第一组的实验是为了验证检测区域空间对象的数量对检测效率的影响，实验结果表明：随着检测区域空间对象数量的不断增加，基于全局的方法所用的时间越来越长，而本节提出的方法时间增加十分缓慢，这主要是因为基于全局的方法需要对每个增量对象与检测区域的待检测空间对象进行冲突判断，因此随着检测区域空间对象的增加，检测所用时间必然越来越多，而本方法只需要对位于更新对象邻近区域的增加对象进行冲突判断，尽管检测区域的对象数量增加了，但位于更新对象周围的对象并没有增加多少

图 7.26　检测效率实验数据

表 7.5　检测效率统计结果 1

实验编号	1	2	3	4	5	6	7	8
检测区域数据量/MB	1.09	1.29	1.55	1.70	1.82	1.97	2.05	2.17
时间（本实验）/ms	1 799	2 013	2 304	2 490	2 599	2 787	2 888	3 065
时间（全局）/ms	115 589	135 976	165 500	178 915	192 071	208 848	218 627	231 776

注：增量居民地对象的个数为 108 个。

表 7.6　检测效率统计结果 2

实验编号	1	2	3	4	5	6	7	8
增量对象个数	38	48	58	68	78	88	98	108
时间（本实验）/ms	2 782	2 891	2 982	3 031	3 063	3 107	3 139	3 254
时间（全局）/ms	81 006	102 402	125 157	146 446	167 939	190 100	212 788	231 735

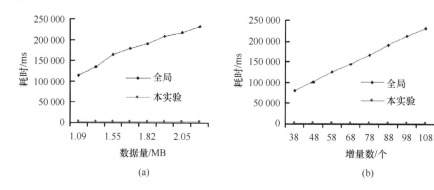

图 7.27　检测效率对比

（有些更新对象周围甚至没有增加），因此需要进行冲突判断的数量也增加得不多，用时也相应增加不少，由此可见，检测区域空间对象的数量对本方法的效率影响较小。第二组实验是为了验证居民地增量对象数量对检测效率的影响，实验结果表明，随着居民地增量对象的增多，两种方法的检测时间都是增加的，本方法每增加 10 个增量对象检测用时平均增加 208ms，基于全局的方法平均增加 21.5s，可见本方法与全局检测的方法相比明显更快，原因在于：每增加一个增量对象，基于全局的方法都需要将该增量对象与检测区域的所有空间对象进行一次冲突判断，而本方法只需要根据建立的格网索引关系，寻找出增量对象的邻近空间对象，然后只需要将增量对象与其邻近对象进行冲突判断即可，避免了大量的拓扑关系计算，检测所用的时间也自然较短。

7.4　更新居民地与其他空间目标间拓扑冲突的处理

拓扑冲突的检测只是对更新数据中发生拓扑冲突的要素及其位置进行了标示，其最终目的是为空间冲突处理服务的。本节主要以居民地增量更新中更新居民地目标与其他目标发生的拓扑冲突为研究对象对拓扑冲突的处理方法进行研究。

在空间数据更新中，冲突处理的原则是保持目标定位精度与相互关系正确这对矛盾的平衡与统一，目的是在许可限制范围内最大限度地保持目标的定位精度，并尽量保持目标的整体特征、相互关系以及分布特征，消除冲突影响并得出可信赖的结果。

7.4.1　冲突处理的基本方法

丰富的冲突处理手段是解决空间冲突的前提条件，目前处理空间冲突的基本方法主要包括位移、局部形状调整、删除、分割、旋转等方法。

（1）位移。保持冲突目标的形状不变，通过移动其中的一个目标或同时移动涉及冲突的多个空间目标来改变目标间的不合理拓扑关系。位移的主要任务是确定位移的方向并计算出位移量。位移是解决空间冲突的主要方法，也是使用最多的方法，但位移并不是没有限制的，一般都根据空间数据库的位置精度设定一个最大位移量，当计算出的位移量超出最大位移量时，就不能仅使用位移来解决冲突了。

（2）局部形状调整。通过改变冲突目标的局部形状而保持其他部分不变的一种冲突处理方法，该方法的好处是保持冲突目标与其他目标间的空间关系不变，避免冲突处理中次生冲突的发生。

（3）删除。通过对发生冲突的个别目标进行删除处理来达到消除空间冲突的目的。这种情况多用于冲突状况比较复杂或目标重复表达的状况，常常删除不太重要的空间目标。

（4）分割。是指将发生冲突的某个目标分割成两部分或多部分来改变空间目标间的不合理关系。分割多用于发生冲突的一个目标穿越另一个目标并将其分为比较大的两部分（图7.28）。

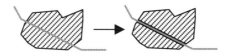

图 7.28　分割处理示意图

（5）旋转。是通过旋转冲突目标的手段来改变冲突关系的操作。这是一种不太常用的冲突处理方法，因为旋转使用的条件判断往往比较复杂，计算机很难模拟，一般在人工处理冲突时通过判断冲突周围的环境使用这种方法，如图7.29所示。

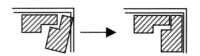

图 7.29　旋转处理示意图

需要说明的是，以上这些空间冲突处理的基本方法并不是单一使用的，在有些时候这些基本方法可以组合起来使用。例如，在有些情况下要求冲突处理是尽量保持地物的原有形态特征，这时常使用位移处理手段，但在最大限度位移都仍有微小的冲突时，就需要结合使用局部形状微调来达到空间冲突处理的目的。

7.4.2　不同类型拓扑冲突的度量与处理

根据更新居民地目标的几何形态以及与更新居民地发生拓扑冲突的空间目标的几何形态，居民地与其他目标的拓扑冲突可分为点点冲突、点线冲突、点面冲突、线点冲突、线线冲突、线面冲突、面点冲突、面线冲突、面面冲突 9 类，其中点面、线线、线面、面点、面线、面面 6 类是比较常见的冲突状况，而且冲突状况复杂多样，下面对这6 类在居民地更新中常见冲突的处理方法进行介绍。

冲突处理时会涉及大量位移操作，然而位移并不是无限制移动的，往往根据数据库的精度和质量状况给定一个最大位移量用来控制位移，这里 D_{max} 表示最大位移量。

1. 点状更新居民地与面状目标的冲突处理

这类冲突常见的有点状居民地落入面状水系、街区、植被等面状地物内，以及点状居民地落在面状地物的边界上。处理方法如下：

（1）若点状居民地落在面状地物的边界，可通过位移的方法进行冲突处理。位移的方向为点状居民地所在边的垂线方向，如图 7.30（a）所示，位移量 d 的计算公式为

$$d = (R + r + D_c) \times (1 / \text{Scale}) \tag{7.4}$$

式中，R 表示点状居民地符号的半径；r 表示居民地边界符号宽度的 1/2；D_c 表示视觉辨析距离（一般为 0.4mm）；Scale 表示空间数据的比例尺。

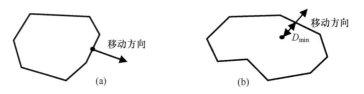

图 7.30　点状居民地与面状目标冲突处理示意图

（2）若点状居民地落在面状地物内部。对于这类冲突需要度量的参数是点状居民地到面状地物边界的最短距离 D_{min}，判断 D_{min} 与最大允许位移量 D_{max} 的大小关系，若 $D_{min} \leqslant D_{max}$，则通过位移的方法处理冲突，位移的方向为点状居民地距离边界距离最短的连线的方向［图 7.30（b）］，位移量的计算公式为

$$d = (D_{min} + R + r + D_c) \times (1 / \text{Scale}) \tag{7.5}$$

式中，各符号表达的含义同上。

2. 线状更新居民地与线状目标的冲突处理

该类冲突处理包括删除和位移两种，删除比较简单，主要介绍位移的实现方法。

对于"一"字形线房，其与线状地物常见的冲突类型如图 7.31 所示。对于图 7.31（a）所示状况，由于无法判断移动方向，由人工处理；对于图 7.31（b）所示状况，需要度量的参数为线房两端点到相交线段的最小距离 D_{min}，距离最小的端点到相交线段的垂线方向为移动方向，移动距离 d 计算参照式（7.5），式中，R、r 分别表示线房符号及线状地物符号宽度的 1/2，其他符号含义同上。

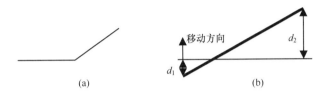

图 7.31　"一"字形线房与线状地物常见冲突

对于"折线"形线房，常见的冲突类型如图 7.32 所示，对于图 7.32（a）所示的线房的某条线段与线状地物的某条线段部分重叠，移动方向如图中所示，位移量参考式（7.4）计算；对于图 7.32（b）中所示的线房与线状地物相交的状况，则首先需要计算出位于相交线段左侧的线房节点到相交线段的最大距离 d_{Lmax}，以及右侧节点距离相交线段的最大距离 d_{Rmax}，再求出 d_{Lmax} 和 d_{Rmax} 两者的最小值，设为 D_{min}，其对应的节点为 P，位移方向为 P 到相交线段的垂线方向，位移量参考式（7.5）计算；对于图 7.32（c）所示的状况，可转换为图 7.31（b）所示状况并采用其处理方法进行处理。

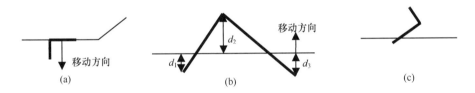

图 7.32　"折线"形线房与线状地物常见冲突

3. 线状更新居民地与面状目标的冲突处理

这类冲突主要包括线状居民地部分落入面状目标内和线状居民地被包含在面状目标内。如图 7.33（a）的只有一个节点落入面状地物内部的状况，可通过类似于点状地物位于面状地物内部的状况进行位移，位移的方向及位移量计算与其相似。对于图 7.33（b）中所示状况，处理方法为删除或位移，具体通过下列方式确定。

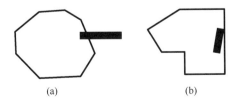

图 7.33　线状居民地与面状地物常见冲突类型

设线状居民地上所有节点到面状目标某条边 i 的距离的最大值为 d_i，$D_{\min}$ 表示线状居民地到面状目标各个边界的距离最大值 d_i 中的最小值，即

$$D_{\min} = \mathrm{Min}(d_1, d_2, \cdots, d_n) \tag{7.6}$$

设线状居民地到面状地物边界的距离阈值为 $d_{阈值}$，其值根据空间数据的误差精度确定，其目的是为了判断线状居民地与面状地物间的冲突是否由位置精度误差造成。若 $D_{\min} \leqslant d_{阈值}$，说明可能是由于目标的位置精度误差造成的，可通过位移的方式进行冲突处理，位移的方向为 $D_{\min}$ 表示的点到相应边的垂线方向，位移量通过式（7.5）计算，式中，R、r 分别表示线状居民地符号的宽度的一半和面状要素边线符号宽度的一半。若 $D_{\min} > d_{阈值}$，说明造成冲突的原因可能是重复表达或位置表达发生重大错误造成的，可进行删除处理。若要求不能进行删除处理，可把该冲突标示交由人工处理。

4. 面状更新居民地与点状目标的冲突处理

面状居民地与点状地物目标的空间冲突主要表现为更新面状居民地内部含有点状水系、点房等点状空间目标。这类冲突的处理常采用位移和删除，先要度量点状地物到面状居民地边界的最小距离 $D_{\min}$，根据 $D_{\min}$ 与位移最大值 $D_{\max}$ 的大小作如下判断：

（1）若 $D_{\min} \leqslant D_{\max}$，利用位移的方法进行冲突处理，移动的方向为面状居民地边界距离点状地物距离最小的点到指向点状地物的方向，移动距离 d 参考式（7.5）计算，式中，R、r 表示点状地物符号的半径及面状居民地边界宽度的 1/2。

（2）若 $D_{\min} \geqslant D_{\max}$，如果点状地物可删除的话，则删除点状地物；若点状地物不可删除（如测量控制点），则交由人工处理。

5. 面状更新居民地与线状目标的冲突处理

该种类型的拓扑冲突表现形式复杂多样，常见的冲突如图 7.34 所示，其处理方法为

（1）对于图 7.34（a）所示的面状居民地与线状地物边相切的状况，利用位移的方法进行冲突处理，位移方向为重合边的垂线方向，位移量 d 按式（7.4）计算，式中，R 为居民地边线符号宽度的 1/2；r 为线状地物符号宽度的 1/2。

（2）对于图 7.34（b）所示的线状地物一端进入居民地内部，则需要度量线状要素落入居民地内部的长度 l，当 l 较小时（不大于给定的阈值 $l_{阈值}$），可认为造成这种状况的原因是由于几何位置不确定性造成的，可通过删除位于居民地内部的小段线状地物，也可通过位移居民地来消除冲突；当 l 较大时（大于给定的阈值 $l_{阈值}$），则可标示出来交由人工处理。

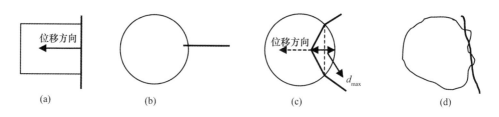

图 7.34　面状居民地与线状要素拓扑冲突典型类型

（3）对于图 7.34（c）所示的线状地物将面状居民地分为两部分的冲突，其处理方

法包括分割、局部调整、位移三种手段。需要度量的参数为被线状要素分成的两部分的面积值的较小者，设为 S，根据 S 值进行操作处理方法的判断。

情况 1：若 S 值较大（大于设定的阈值 $S_{分割}$），则这种冲突很可能是由于综合错误造成线状要素从居民地中间穿过，处理时可采用分割方法将原居民地进行分割处理。

情况 2：若 S 值较小（小于一定的阈值，设为 $S_{容差}$，$S_{容差}$ 与 $S_{分割}$ 的值可不一样），此种冲突可能是由于位置的不确定性造成的，可利用局部调整和位移的方式来解决，使用何种方式根据具体情况预先设定优先顺序。若使用局部调整，可直接将面积较小的部分删除；若进行位移，需要确定位移的方向和位移量，具体确定方法如下：

位移方向的确定：连接线状要素与面状居民地边界的两个交点［图 7.34（c）中的虚线］，垂直于该连线并指向面积较大部分的方向即为位移方向［图 7.34（c）中的虚线箭头所指的方向］。

位移量的确定：需要求出位于面积较小一侧的居民地边界在移动方向上与位于居民地内部的线要素的最大距离［图 7.34（c）中双箭头标示的距离］，设为 $d_{\max}$，在此基础上通过式（7.7）求出居民地的位移量 d，式中各符号含义与本节前文相同。

$$d = (d_{\max} + R + r + D_c) \times (1/\text{Scale}) \tag{7.7}$$

情况 3：若 S 的值介于 $S_{容差}$ 与 $S_{分割}$ 之间，冲突发生的原因很难判断，其处理方法不易确定，这种状况可进行标示并交由人工处理。

（4）对于图 7.34（d）所示的线状居民地与面状居民地边界多次相交的复杂状况，可将其分为如 7.34（c）所示的若干简单线面冲突，若每个简单线面冲突都能满足智能化处理的条件，则利用上面冲突处理的方法进行处理；若其中有一处冲突不能满足智能化冲突处理的条件，则对该冲突进行标示并交由人工处理。

6. 面状更新居民地与面状目标的冲突处理

面状居民地与其他面状目标的拓扑冲突常见的类型如图 7.35 所示，各种冲突处理策略为：

（1）对于图 7.35（a）所示的面状居民地被包含在其他面目标内部的状况，若该面目标也是居民地，则可能是由于增量信息提取错误造成的表达重复，可直接删除。若是其他要素，可度量面状居民地到与其冲突的面状目标边界的最小距离 $\text{dist}_{\min}$，求法如下：

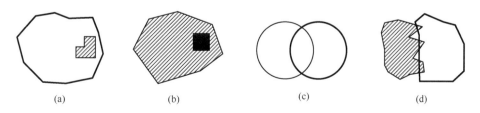

(a)　　　　　(b)　　　　　(c)　　　　　(d)

图 7.35　面状更新居民地与其他面状目标常见拓扑冲突类型

设 P_1、P_2、$\cdots$、P_n 为面状居民地的顶点，它们到与其冲突的面状目标边界的最小距离分别为 $d(P_1)$、$d(P_2)$、$\cdots$、$d(P_n)$，则 $\text{dist}_{\min}$ 可通过式（7.8）进行求解。

$$\text{dist}_{\min} = \min\left[d(P_1),\ d(P_2),\ \cdots,\ d(P_n)\right] \tag{7.8}$$

若 $dist_{min}$ 的值比较大（大于预先设定的阈值），说明居民地距离面状目标的边界比较远，可做删除处理，也可以将面状地物与居民地重叠部分"挖空"；若 $dist_{min}$ 的值比较小，说明居民地距离面状目标的边界比较近，这时可以通过位移的方式来解决冲突，位移方向和位移量的确定方法如下：

位移方向确定：设 $d(P_1)$、$d(P_2)$、$\cdots$、$d(P_n)$ 中值最小的两个在面状目标边界上对应的点分别为 Pt_1 和 Pt_2，则位移的方向为 Pt_1 和 Pt_2 连线的垂线方向（图7.36）。

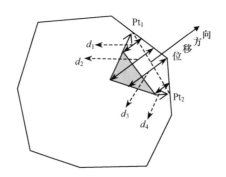

图7.36　居民地包含于其他面状目标的位移

位移量确定：首先计算出位移方向向量上居民地距离面状目标边界的最大距离，设为 $dist_{max}$（图7.36中的 d_2），则位移量按式（7.9）计算，式中各符号的含义同本节前述公式。

$$d = (dist_{max} + R + r + D_c) \times (1/Scale) \tag{7.9}$$

（2）对于图7.35（b）所示状况，若居民地内部包含的也为居民地，将包含的居民地做删除处理；若包含的是其他要素，冲突可能是由于更新周期不同引起的，可将内部包含的面状目标删除；当然，冲突也可能是位置错误引起的，可通过位移的方式解决，位移的方向和位移量的确定与图7.35（a）类似。

（3）对于图7.35（c）、（d）所示的面状居民地与其他面状空间目标局部发生叠置的冲突，可把与居民地冲突的面状目标当成线状目标，这样就将面状居民地与面状目标的冲突转换成如图7.34（c）、（d）所示的面状居民地与线状居民地间的空间冲突，其处理方法按照图7.34（c）、（d）的冲突处理方法进行处理。

7.4.3　冲突处理步骤

由于冲突状况千差万别，冲突处理并没有一个客观的规则标准，使得空间冲突的处理非常复杂，完全实现计算机的自动化处理对只能进行规则判断的计算机来说显得十分困难。因此本节空间冲突的处理仍离不开人机交互的方式，对于典型的容易进行处理方法判断的冲突使用计算机进行处理，而对复杂的冲突则采用人工处理的方法。冲突处理过程如图7.37所示，大致可分为三个步骤：

（1）确定产生冲突的目标。

（2）分析冲突的类型。若是无法自动处理的冲突类型，需要将这类冲突进行标示交由步骤（3）进行人工处理；若是可以自动处理，则依据其类型对冲突进行不同指标的度量，根据冲突的度量指标和处理的优先顺序选择相应的冲突处理方法。

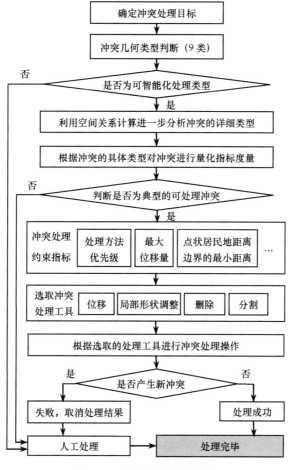

图 7.37　空间冲突处理过程

（3）对冲突处理结果进行检查，判断冲突是否解决以及是否产生了新的冲突，若产生新的冲突，则将该冲突反馈给作业员进行人工处理。

7.4.4　相关实验

空间冲突处理是个复杂的过程，本节采用的冲突处理策略是对于典型的、常见的能够清楚地判断如何处理的冲突进行识别并处理，对于复杂的、不常见的无法明确如何处理的冲突进行识别交由人工处理。具体的处理过程如下：

1. 处理参数设置

图 7.38 为冲突处理参数设置界面，主要根据检测到的冲突的具体状况设置更新建筑物与各个要素间冲突的处理类型、处理方法、编辑图层等参数。以建筑物与绿地拓扑冲突处理参数设置为例，由前面的检测结果可知建筑物与绿地拓扑冲突包括如图 7.39 所示的 4 种状况，其中图 7.39（b）由于拓扑关系复杂而且这个类型的冲突较少，因此对这类冲突不进行自动处理；图 7.39（c）、（d）所示的冲突类型可判断为更新周期不一致引起的，前者的处理方法为将绿地与居民地重叠区域擦除，后者的处理方法是删除居民地内的绿地；由于图 7.39（a）所示的只有一处叠置的冲突数量最多，这类冲突需要度量

二者之间的重叠面积，若重叠面积小于一定阈值（本实例中设置为 5m²），冲突可能是由于数据精度问题引起的，由于建筑物一般不能形变和分割，所以采用位移的方式处理。

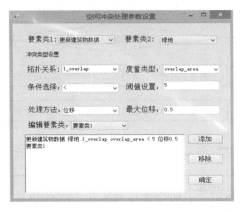

图 7.38　冲突处理参数设置

综上对居民地与绿地冲突的实际状况分析设定的处理状况分为三种：①冲突为图 7.39（a）所示类型，需要度量二者之间的重叠面积，若小于阈值 5m²，进行位移处理；②冲突为图 7.39（c）所示类型，进行擦除操作，将绿地中与建筑物重叠的部分擦除；③冲突为图 7.39（d）所示类型，进行删除操作，将绿地目标删除。

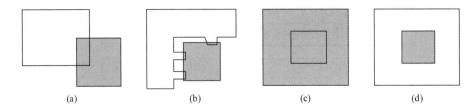

| (a) | (b) | (c) | (d) |

图 7.39　居民地与绿地冲突类型

2. 冲突处理与检核

根据上面设置的处理参数对检测到的冲突进行冲突处理，并对处理结果进行检核，图 7.40 为冲突处理与检核结果表。

编号	要素类1	要素ID1	要素类2	要素ID2	处理状态	未处理说明
98	更新建筑物数据	74	绿地	2157	位移处理	处理成功
99	更新建筑物数据	75	绿地	1281	擦除处理	处理成功
100	更新建筑物数据	76	绿地	1281	位移处理	处理成功
101	更新建筑物数据	77	绿地	1289	位移处理	处理成功
102	更新建筑物数据	78	绿地	1293	位移处理	处理成功
103	更新建筑物数据	80	绿地	2915	位移处理	处理成功
104	更新建筑物数据	105	绿地	225	擦除处理	处理成功
105	更新建筑物数据	106	绿地	238	位移处理	处理成功
106	更新建筑物数据	112	绿地	3327	未处理	位移超限
107	更新建筑物数据	116	绿地	2318	未处理	非设置的处理
108	更新建筑物数据	122	绿地	2130	未处理	位移超限
109	更新建筑物数据	124	绿地	2130	未处理	位移超限
110	更新建筑物数据	130	绿地	595	擦除处理	处理成功
111	更新建筑物数据	133	绿地	1210	位移处理	处理失败
112	更新建筑物数据	155	绿地	6485	位移处理	处理成功
113	更新建筑物数据	156	绿地	3177	删除处理	处理成功

图 7.40　冲突处理结果表

冲突处理的结果分为三类：

（1）处理成功。是指一些符合设定的处理要求并且处理后没有出现新的冲突的处理操作，图 7.41 为处理成功的一些实例。

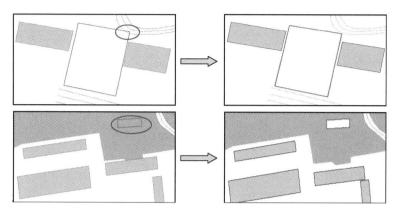

图 7.41 冲突处理成功实例

（2）处理失败。是指符合设定的冲突处理要求，但经过冲突处理后又与其他目标发生了次生冲突的处理，图 7.42 为处理失败的一些实例。

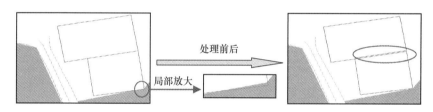

图 7.42 冲突处理失败实例

（3）未处理类。是指一些不符合预先设定的处理要求的冲突类别。图 7.43 为未处理的实例，其中，图 7.43（a）是因叠置面积大于设定的阈值而没有处理，图 7.43（b）是由于计算的位移量大于设定的最大位移量而没有处理。

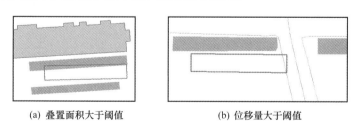

(a) 叠置面积大于阈值　　　　　　　(b) 位移量大于阈值

图 7.43 冲突未处理实例

表 7.7 是本实例的冲突处理结果统计，从表中可以看出，符合冲突处理要求的 153 个冲突中成功处理 149 个，处理失败 4 个，未处理的冲突中有 14 个为非设定的冲突类型，3 个为进行位移操作时计算的位移量超出了事先设定的阈值。本实例的总体处理成功率为 87.6%，大大减少了人工处理的工作量。

表 7.7　处理结果统计表

处理结果	处理		未处理	
	成功	失败	非设定处理类型	位移超限
冲突数量	149	4	14	3

3. 处理结果反馈和人工辅助处理

通过上面的处理，完成了 87.6%的冲突处理，剩余的少数处理失败的和未处理的冲突通过要素编辑工具进行人工判断处理。图 7.44 为图 7.42 处理失败的冲突人工处理的结果。

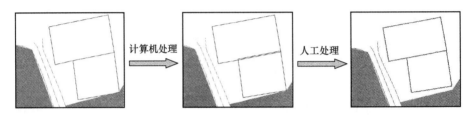

图 7.44　人工辅助处理

第8章 居民地增量信息的方向冲突检测与处理

空间数据更新过程中除了会产生拓扑冲突外，还常常会产生方向关系冲突，这种冲突的存在同样影响着空间数据的质量和使用价值，需要将这些错误的方向关系检测出来。由于认知的局限性，方向关系冲突的检测要比拓扑冲突检测更加困难，本章主要针对居民地增量更新过程中面状居民地之间以及面状居民地与其他面状要素之间的方向冲突，研究基于方向相似性度量的居民地方向冲突检测方法。

8.1 空间数据库中的方向冲突

8.1.1 方向关系

空间方向是人们在认识和改造客观世界过程中逐渐形成的一种空间认知概念，是我们在日常生活中经常使用的空间位置描述概念（闫浩文，2003）。空间方向是指在一定的参考体系下，从一个空间目标到另一个空间目标的指向描述（邓敏等，2013）。空间方向的定义包含三个必需的要素。

（1）参考框架：这是方向关系描述的基础，基于不同的描述框架得到的方向描述结果会不同。Retz-Schmidt（1988）将参考框架分为三种类型：内部参考框架、观测参考框架和外部参考框架。

（2）参考目标：指的是在方向描述中指向发出的空间目标。

（3）源目标：指的是在方向描述中被指向的空间目标。

方向关系是指任意两个空间目标互为参考目标和源目标的相互指向关系，研究的是空间对象间的秩序关系（Skiadopoulaos and koubarakis，2001；杜世宏等，2007）。空间方向关系作为 GIS 中的一种基本空间关系，在空间分析查询、空间推理、空间认知和城市规划中都得到广泛的应用。

8.1.2 方向冲突

空间数据库是对客观世界的抽象表达，其表达的空间目标之间的方向关系应能正确反映现实世界中对应地物间的方位关系，指导人们正确进行空间认知活动，但是由于空间数据采集、处理以及尺度变换等诸多原因，表达在空间数据库中的空间目标之间的方位关系出现与客观世界对应方向关系不一致的状况，即空间方向冲突。

本节对方向冲突的定义为：设 A，B 分别表示空间数据库中的两空间目标，DIR（A，B）表示 A、B 间的方向约束，若 A、B 之间的方向关系 Dir（A，B）违反了二者之间的 DIR（A，B），则称空间目标 A、B 之间存在方向冲突。

空间目标 A、B 间的方向约束 DIR（A，B）是由 A、B 在客观世界中对应的空间地物间的方向关系决定的，一般用一个集合表示，集合里的元素表示 A、B 之间允许的方向关系，因此可通过判断 A、B 之间的方向关系 $\mathrm{Dir}（A，B）$ 是否属于方向关系约束集合 $\mathrm{DIR}（A，B）$ 中的元素来进行方向冲突判断。

8.1.3　方向冲突检测的难点

与拓扑冲突检测相比，方向冲突的检测比拓扑冲突检测要困难很多。难点主要表现在以下三个方面：

（1）人们对方向认知的模糊性。人们在日常生活中经常使用的"东""西""南""北""前""后""左""右"等方向描述概念，都能够使人们理解所表达的方位，但人们对方向的认知仍然具有模糊性，因为人们并不能明确地对这些方向描述概念加以区分，其概念描述之间的边界具有模糊性，这种"只可意会不可言传"的描述在人的交流中并没有障碍，但计算机却无法理解。因此人们对方向认知的模糊性，使得在计算机区分和理解方向关系上存在诸多困难。

（2）冲突判断尺度的难把握性。空间方向关系冲突是指空间数据库中两空间目标间的方向关系与客观世界中对应的空间目标间的方向关系不一致的状况，由于空间数据表达误差以及各种数据处理的存在，数据库中空间目标之间的方向关系都会与客观世界中对应空间目标之间的方向关系存在一定的差异，因此严格来讲数据库中任意两个空间目标之间都存在方向冲突。但是有些差异是微不足道的，并不影响我们对数据的使用和认知，对于这样的方向不一致我们不应当作方向冲突，而对于方向偏差比较大的、影响人们认知的方向关系才被判定为方向冲突。但是究竟方向不一致的程度多大时才可判定为方向冲突？这个判定尺度如何确定是十分难把握的。

（3）方向关系表达模型的局限性。方向关系的表达是计算机进行方向识别的基础，近年来国内外许多专家学者提出了很多方向关系表达模型，这些模型极大改善了计算机对方向关系的有效表达和应用。但是通过对现有资料的研究发现，方向关系的表达受到空间目标间的距离、可视区域、空间目标大小、空间目标形态以及所处环境的影响，现有模型表达的方向关系都存在一定的局限性，这种局限性限制了计算机对方向冲突判断的正确性和判断效率。

8.2　方向关系的表达模型

空间方向关系的表达是空间方向冲突检测的基础。目前，国内外许多学者和专家已经提出了许多方向关系表达模型，这些模型各有优缺点，在对同一对空间目标之间的方向关系进行描述时，不同的方向关系描述模型由于对方向区域的划分或映射关系不同，得到的描述结果可能不同，当然基于这样不同的方向描述结果所做的方向相似性计算或空间推理的结果也可能不同，而空间方向关系冲突检测又比较依赖于方向关系的推理和相似性计算，这就导致不同的方向关系描述模型得到的冲突检测结果可能不一样。另外，不同的方向关系表达模型计算的复杂度不同，有些模型表达方法简单、计算效率较高，而有些模型表达方式复杂、计算效率很低，所示基于不同表达模型进行方向冲突检测的效率也会不同。因此，选择合适的方向关系表达模型对于方向冲突的检测具有重要意义。

8.2.1 典型方向关系表达模型比较分析

目前，国内外的学者已经提出了很多方向关系表达模型，如锥形模型（Haar，1976）、2D-String 模型、方向关系矩阵模型（Goyal，2000）、矩形模型、方向组模型（Yan et al.，2006）、统计模型（Deng and Li，2008）等，这些模型有定性表达的也有定量表达的，各有优缺点，表 8.1 列出了 5 种典型方向关系表达模型的优缺点分析。

表 8.1　方向关系模型的比较分析

方向模型	优点	缺点
锥形模型	计算方法简单，在查询中得到较好应用	未考虑参考目标形状和大小对方向描述的影响；当两空间目标缠绕、相交时，方向判断易出现偏差
统计模型	表达方法精确，充分考虑了形状、距离和目标大小对方向认知的影响	计算方法复杂，应用困难
方向 Voronoi 图模型	充分考虑了目标形状对方向关系的影响，方向描述精确度较高	计算方法复杂，应用困难
方向关系矩阵模型	考虑了源目标形状、大小对方向关系的影响，既能定量也能定性描述方向关系，支持空间推理和相似性计算	对两空间目标之间的距离不敏感
矩形模型	模型实现较为容易	对参考目标和源目标形状不敏感；对方向描述比较近似，区分的方向个数较少

由表 8.1 可以发现：锥形模型将参考目标作为点来表示，虽计算表达简单，但方向判断容易出现误差；矩形模型因对方向关系描述过于近似，目前已很少使用；方向关系统计模型和方向 Voronoi 图模型虽然对方向描述比较精确，但计算方法复杂，应用十分困难。因此，锥形模型、矩形模型、方向 Voronoi 图模型和统计模型都不适合作为方向冲突检测的方向关系表达模型。与以上模型相比，将方向关系矩阵模型作为空间方向冲突的方向关系表达模型具有以下优点：

（1）表达的方向关系与人的认知基本一致，考虑了参考目标的形状和大小对方向关系的影响。

（2）既能对方向关系进行定性描述又能进行定量描述，能够较好地支持空间推理和方向相似性计算，有利于方向冲突的检测。

（3）计算方法简单，且以 3×3 矩阵的形式进行表达，方便计算机存储，并能够很好地支持数学运算，十分有利于方向关系变化的定量计算。

（4）现有针对方向一致性检测的研究绝大部分使用的都是方向关系矩阵模型，有利于进行检测方法的比较和评价。

综上，本节选择矩阵模型作为居民地增量更新过程中方向冲突检测的方向关系表达模型。

8.2.2 方向关系矩阵模型及其扩展

方向关系矩阵模型是 Goyal（2000）提出的，其基本思想是根据参考目标的 MBR（最小外接矩形）的 4 条边向外延伸将参考目标所在的平面空间划分为 9 个空间区域，这 9 个空间区域分别表示 9 个基本方向片，分别命名为东（E）、西（W）、南（S）、北（N）、东南（SE）、西南（SW）、东北（NE）、西北（NW）以及"同一"（O），如图 8.1

所示。方向关系矩阵模型用一个 3×3 的矩阵表达源目标相对于参考目标的方向关系，方向关系矩阵中每个元素的值由源目标与对应方向片的交值确定。方向关系矩阵分为粗糙方向关系矩阵和详细方向关系矩阵。

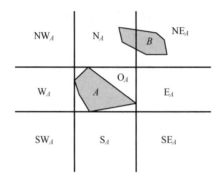

图 8.1　方向关系矩阵模型

粗糙方向关系矩阵的表达式如式（8.1）所示，它只是表示了源目标所在的方向片，粗糙方向关系矩阵常用于空间推理。表达式中各元素取值为 0 或 1，分别表示源目标是否在对应的方向片上。

$$\mathbf{Dir}(A,\ B)=\begin{bmatrix} \mathrm{NW}_A \cap B & \mathrm{N}_A \cap B & \mathrm{NE}_A \cap B \\ \mathrm{W}_A \cap B & \mathrm{O}_A \cap B & \mathrm{E}_A \cap B \\ \mathrm{SW}_A \cap B & \mathrm{S}_A \cap B & \mathrm{SE}_A \cap B \end{bmatrix} \tag{8.1}$$

粗糙方向关系矩阵只定性表达了源目标相对参考目标所在的方向区域，并不能描述源目标位于各个方向片中的大小，为了更加详细地描述两空间目标之间的方向关系，Goyal 在粗糙模型的基础上提出了方向关系矩阵的细化模型，表达式为

$$\mathbf{Dir}(A,\ B)=\begin{bmatrix} \dfrac{\mathrm{S}(\mathrm{NW}_A \cap B)}{\mathrm{S}(B)} & \dfrac{\mathrm{S}(\mathrm{N}_A \cap B)}{\mathrm{S}(B)} & \dfrac{\mathrm{S}(\mathrm{NE}_A \cap B)}{\mathrm{S}(B)} \\ \dfrac{\mathrm{S}(\mathrm{W}_A \cap B)}{\mathrm{S}(B)} & \dfrac{\mathrm{S}(\mathrm{O}_A \cap B)}{\mathrm{S}(B)} & \dfrac{\mathrm{S}(\mathrm{E}_A \cap B)}{\mathrm{S}(B)} \\ \dfrac{\mathrm{S}(\mathrm{SW}_A \cap B)}{\mathrm{S}(B)} & \dfrac{\mathrm{S}(\mathrm{S}_A \cap B)}{\mathrm{S}(B)} & \dfrac{\mathrm{S}(\mathrm{SE}_A \cap B)}{\mathrm{S}(B)} \end{bmatrix} \tag{8.2}$$

矩阵中的每个值为源目标在各个方向片中的面积与源目标面积的比值，取值范围为 [0,1]。详细方向关系矩阵能够定量化地对空间目标之间的方向关系进行描述，适合于方向关系的量化计算。

方向关系矩阵是针对单个对象设计的，并不能直接应用于由多个面目标组成的面群目标间的方位关系计算（王中辉和闫浩文，2013）。然而，居民地由大比例尺更新小比例尺过程中，会经过尺度变换的过程，尺度变换后，小比例尺中 1∶1 的方向关系，在相邻较大比例尺中对应的可能是多对多的方向关系。如图 8.2 所示，图 8.2（a）为 1∶10 000 的数据，图 8.2（b）为对应的 1∶25 000 数据，图 8.2（b）中空间对象 A 与 B 的方向关系在图 8.2（a）中对应的是面群 $\{A_1,\ A_2,\ A_3\}$ 与空间对象 B_1 的方位关系，A 与 C

的方向关系对应的是面群$\{A_1, A_2, A_3\}$与面群$\{C_1, C_2\}$的方向关系。为了判断更新后小比例尺的居民地数据与用于更新的源数据（现势大比例尺数据）相比是否发生了方向冲突，需要计算有面群参与的复杂方向关系，这就需要将方向关系矩阵进行拓展，使其能够计算有面群参与的复杂面（群）间的方向关系。为方便表达，下面将只有一个面对象组成的面目标称为简单面目标，由多个简单面对象组成的面目标称为面群目标。

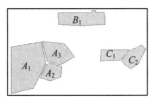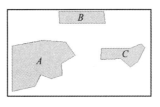

(a) 1：10 000 数据　　　　　　　　(b) 1：25 000 数据

图 8.2　不同尺度空间数据中的对应关系

根据面群的角色（参考目标或源目标）不同，有面群组成的复杂面与面目标间的方向关系分为三类：面群目标相对于简单面目标间的方向关系 [图 8.3（a）]、简单面相对于面群目标间的方向关系 [图 8.3（b）] 和面群相对于面群间的方向关系 [图 8.3（c）]。

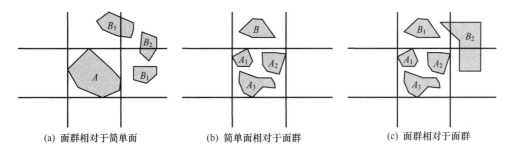

(a) 面群相对于简单面　　　　(b) 简单面相对于面群　　　　(c) 面群相对于面群

图 8.3　有面群参与的面目标间方向关系描述

1. 面群相对于简单面目标的方向关系矩阵

设源目标 B 是由简单面对象 B_1、B_2、…、B_n 组成的面群，表示为 $B=\{B_1, B_2, \cdots, B_n\}$，参考对象 A 为简单面目标。源目标 B 相对于参考目标 A 的方向关系矩阵计算方法为

（1）根据简单面目标之间方向关系矩阵计算方法利用式（8.1）或式（8.2）分别计算出组成面群 B 的每个简单面目标 B_i（$i=1, 2, \cdots, n$）相对于参考面目标 A 的粗糙方向关系矩阵或详细方向关系矩阵 $\mathbf{Dir}(A, B_i)$。

（2）计算面群 B 相对于简单面目标 A 的方向关系矩阵 $\mathbf{Dir}(A, B)$。

详细方向关系矩阵 $\mathbf{Dir}(A, B)$ 利用 B_i 相对于 B 的方向关系矩阵 $\mathbf{Dir}(A, B_i)$ 的加权和求得，计算公式如式（8.3）所示，其中 $\mathbf{Dir}(A, B_i)$ 表示 B_i 相对于 A 的详细方向关系矩阵，λ_i 表示子对象 B_i 的面积与面群 B 的面积的比值，计算公式如式（8.4）所示。

$$\mathbf{Dir}(A, B)=\sum_{i=0}^{n} \lambda_i \times \mathbf{Dir}(A, B_i) \tag{8.3}$$

$$\lambda_i=\frac{\text{area}(B_i)}{\text{area}(B)} \tag{8.4}$$

粗糙方向关系矩阵 **Dir**（A，B）按

$$\mathbf{Dir}(A, B)=\bigcup_{i=1}^{n} \mathrm{Dir}(A, B_i) \tag{8.5}$$

计算，式中，**Dir**（A，B_i）表示 B_i 相对于 A 的粗糙方向关系矩阵；"∪"表示逻辑并运算，粗糙方向关系矩阵之间的并计算原则为，若两矩阵对应位置的元素至少有一个为 1，并运算后得到的新矩阵该位置的元素仍为 1；若两矩阵对应位置的元素都为 0，并运算后得到的新矩阵该位置的元素为 0。

2. 简单面目标相对于面群的方向关系矩阵

设参考目标面群 A 由简单面目标 A_1、A_2、$\cdots$、A_n 组成，用集合的形式表示为 $A=\{A_1, A_2, \cdots, A_n\}$，源目标 B 为简单面目标，B 相对于 A 的方向关系矩阵的求解原理如下：首先，根据面群 A 在两坐标轴上的投影极值求出目标 A 的 MBR（A）；然后根据 MBR（A）4 条边界的延长线将空间划分为相同的 9 个方向区域，如图 8.3（b）所示；最后，根据源目标 B 与各个方向区域的交状况并结合具体的应用利用式（8.1）或式（8.2）求出简单面目标 B 相对于面群 A 的粗糙方向关系矩阵或详细关系矩阵 **Dir**（A，B）。

3. 面群相对于面群的方向关系矩阵

设参考目标 A 是由简单面目标 A_1、A_2、$\cdots$、A_m 组成的面群，源目标 B 是由简单面目标 B_1、B_2、$\cdots$、B_n 组成的面群，A、B 用集合的形式分别表示为 $A=\{A_1, A_2, \cdots, A_m\}$、$B=\{B_1, B_2, \cdots, B_n\}$，$B$ 相对于 A 的方向关系矩阵求法如下：

（1）根据简单面相对于面群的计算方法计算出构成源目标 B 的简单面目标 B_i 相对于面群 A 的粗糙方向关系矩阵或详细方向关系矩阵 **Dir**（A，B_i），其中 $i=0, 1, \cdots, n$。

（2）根据（1）中求出的 B_i 相对于 A 的方向关系矩阵 **Dir**（A，B_i），利用式（8.3）或式（8.5）求出面群 B 相对于面群 A 的详细方向关系矩阵或粗糙方向关系矩阵 **Dir**（A，B）。

8.3 改进的面状目标间方向相似性计算模型

方向相似性计算是对方向差异性的定量度量，除了能够在方向冲突检测中应用外，在数据多尺度表达、地图综合质量定量评价等方面都具有很好的应用。本节针对 Goyal（2000）提出的传统方向相似性计算模型存在相似性值与人对方向差异认知不一致、计算模型复杂等问题，提出一种改进的面目标间方向关系相似性计算模型。

与传统方向相似性计算模型一样，本节也是基于详细方向关系矩阵进行相似性计算的。为了表达的简洁性，下文将只有一个非零元素的方向关系矩阵称为单元素方向关系矩阵，包含两个或两个以上非零元素的方向关系矩阵称为多元素方向关系矩阵。

8.3.1 基本方向片概念间距离的改进

为了对方向间差异进行定量表示，Goyal（2000）提出了"方向距离"的概念。方向距离越大，表示方向间的差异越大，方向距离越小，方向间的差异性就越小，它是进行方向相似性度量的基础。

为了计算两个方向关系间的距离，Goyal（2000）构建了 9 个基本方向片间的概念邻域图（图 8.4），该邻域图中每个节点表示一个方向概念，任意两个在水平或垂直方向上相邻的两个方向概念用一条边连接，每条边的长度用 1 表示。在构建方向概念邻域图的基础上，Goyal 将两个方向概念之间的方向距离定义为从一个方向概念到另一个方向概念经过的最短路径。基于这样的定义，推出了 9 个基本方向片中任意两个方向片间的方向距离，如表 8.2 所示。在 Goyal 的定义中，两相同方向概念间的方向距离为 0，NW 与 SE、NE 与 SW 间的方向距离最大都为 4。

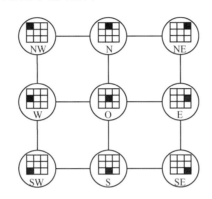

图 8.4　基本方向片间 4 邻方向概念邻域图

表 8.2　基本方向之间的方向距离

Dist	N	NE	E	SE	S	SW	W	NW	O
N	0	1	2	3	2	3	2	1	1
NE	1	0	1	2	3	4	3	2	2
E	2	1	0	1	2	3	2	3	1
SE	3	2	1	0	1	2	3	4	2
S	2	3	2	1	0	1	2	3	1
SW	3	4	3	2	1	0	1	2	2
W	2	3	2	3	2	1	0	1	1
NW	1	2	3	4	3	2	1	0	2
O	1	2	1	2	1	2	1	2	0

资料来源：Goyal，2000。

根据 Goyal 对方向概念距离的定义，"东"与"西"间的方向距离等于"东"与"南"的方向距离（同为 2），小于"东"与"西南"的方向距离 3，然而这种大小关系反映的方向差异与人们的认知习惯存在着明显的不一致。造成这种不一致的根源在于 Goyal 对"东"与"西"间的方向距离定义与人对方向差异的认知不一致。按照人对方向差异的认知习惯，当一个目标绕参考目标旋转 180º 时，方向变化最大，此时方向最不相似，方向距离也应最大，即两个相反的方向概念之间的距离最大。因此"东"与"西"、"南"与"北"等方向概念间的方向距离应定义为最大值 4。

基于上述分析，改进后的 9 个基本方向概念间的距离如表 8.3 所示，加粗数字表示改进的方向距离。改进后的各方向概念间的距离反映的差异大小更符合人们对方向差异的认知习惯。

表 8.3 改进的基本方向间的方向距离

Dist	N	NE	E	SE	S	SW	W	NW	O
N	0	1	2	3	4	3	2	1	1
NE	1	0	1	2	3	4	3	2	2
E	2	1	0	1	2	3	4	3	1
SE	3	2	1	0	1	2	3	4	2
S	4	3	2	1	0	1	2	3	1
SW	3	4	3	2	1	0	1	2	2
W	2	3	4	3	2	1	0	1	1
NW	1	2	3	4	3	2	1	0	2
O	1	2	1	2	1	2	1	2	0

8.3.2 基于最小元素法求解的方向相似性计算方法

Goyal（2000）基于方向关系矩阵模型提出了方向相似性值的计算公式。设 $\mathbf{Dir}(A, B)$、$\mathbf{Dir}(A^*, B^*)$ 表示两个方向关系矩阵，则方向相似性的计算公式为

$$\text{Simlarity}\left[\mathbf{Dir}(A,B),\ \mathbf{Dir}(A^*,B^*)\right] = 1 - \frac{d\left[\mathbf{Dir}(A,B),\ \mathbf{Dir}(A^*,B^*)\right]}{d_{\max}} \tag{8.6}$$

式中，$d\left[\mathbf{Dir}(A, B),\ \mathbf{Dir}(A^*, B^*)\right]$ 表示方向关系矩阵之间的距离；$d_{\max}$ 表示两方向关系矩阵之间的最大距离，可以证明其值为 4。

由式（8.6）可知，要计算两方向关系矩阵之间的相似值，就需求出两方向关系矩阵之间的方向距离。8.3.1 节已经给出了单要素方向关系矩阵之间的方向距离，而单要素与多要素方向关系矩阵之间的方向距离，可以通过求加权和得到，具体求法为

设 $\boldsymbol{D}_0$ 表示多元素方向关系矩阵，非零元素值分别为 λ_1、λ_2、…、λ_n，这些非零元素所对应的方向片分别为 A_1、A_2、…、A_n，其中 $2 \leqslant n \leqslant 9$；$\boldsymbol{D}_1$ 表示单元素方向关系矩阵，表示的方向片为 B，则多元素方向关系矩阵 $\boldsymbol{D}_0$ 与单元素方向关系矩阵 $\boldsymbol{D}_1$ 之间的方向距离为

$$d\left(\boldsymbol{D}_0,\ \boldsymbol{D}_1\right) = \sum_{i=0}^{n} \lambda_i \cdot \text{Dist}(A_i, B) \tag{8.7}$$

式中，$\text{Dist}(A_i, B)$ 表示方向片 A_i 与方向片 B 之间的概念距离，通过表 8.3 可查到。

多要素方向关系矩阵之间的方向距离却比较难求，Goyal 将两方向关系矩阵的最小转换代价定义为两方向关系矩阵所表达方向的方向距离，并将问题转化成交通运输最小代价的求解问题，然后以"西北角"算法为基础进行多次迭代优化的方法对最小代价进行求解，该方法需要进行多次迭代，运算过程复杂且时间代价较大。此后，郭庆胜和丁虹（2004）提出了基于栅格数据的方向相似性计算方法，但该方法需要将矢量数据转换成栅格形式；安晓亚（2011）基于两方向关系矩阵转换移动的方格数最少的原则对两方向关系矩阵进行了相似性度量。但这些模型仍然存在计算复杂、可执行性较差的问题，限制了方向相似性计算模型的应用。

为此，本节提出一种最小元素法对转换代价进行求解。设 D_0、D_1 表示两多元素方向关系矩阵，基于最小元素法的方向距离计算步骤如下：

（1）通过 $\Delta^{01} = D_0 - D_1$ 求出两方向关系矩阵的矩阵差 Δ^{01}，根据矩阵差 Δ^{01} 构建如图 8.5 所示的方向关系矩阵转换问题表。s_1、s_2、$\cdots$、s_n 表示矩阵差 Δ^{01} 的正元素值，W_i（$1 \le i \le n$）为 s_i 对应的方向片；d_1、d_2、$\cdots$、d_m 表示矩阵差 Δ^{01} 的负元素值，M_j（$1 \le j \le m$）为 d_j 对应的方向片；C_{ij} 为方向片 W_i 与方向片 M_j 之间的概念距离（表 8.3）；x_{ij}（初始值为 0）为需要求出的方向片 W_i 向方向片 M_j 转移的数值量；m、n 表示矩阵差 Δ^{01} 中正、负元素的个数，其取值范围都为[1,9]，且满足 $4 \le m+n \le 9$。

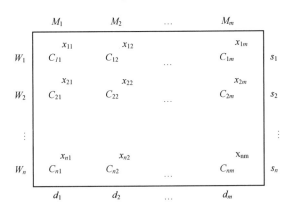

图 8.5　方向关系矩阵转换问题表

（2）从构建的方向关系矩阵转换问题表中寻找方向概念距离最小的 C_{ij}，设最小的元素为 C_{pq}，比较 s_p 和 d_q 的大小关系：

若 $s_p > d_q$，则 x_{pq} 的值更新为 d_q，并划去第 q 列，同时将 d_q 值更新为 0，将 s_p 的值更新为 $s_p = s_p - d_q$；

若 $s_p = d_q$，则 x_{pq} 的值更新为 s_p，并划去第 p 行和第 q 列，并将 s_p、d_q 的值都更新为 0；

若 $s_p < d_q$，则 x_{pq} 的值更新为 s_p，并划去第 p 行，同时将 d_q 值更新为 $d_q = d_q - s_p$，将 s_p 的值更新为 0。

（3）除去划去的行或列，对于未划去的行和列构成的转换问题表重复步骤（2），直至转换完毕，此时的 x_{ij} 的值即为转换代价最小的各个方向片之间的移动量，最后将两方向关系矩阵 D_0、D_1 的方向距离通过式（8.8）求得即可。

$$d(D_0, D_1) = \sum_{i=1}^{n} \sum_{j=1}^{m} C_{ij} \cdot x_{ij} \qquad (8.8)$$

上面的算法描述比较抽象，下面以两多元素方向关系矩阵 D_0、D_1 间的方向距离求解为例进行说明。

$$D_0 = \begin{bmatrix} 0 & 0.84 & 0.1 \\ 0 & 0.06 & 0 \\ 0 & 0 & 0 \end{bmatrix} \quad D_1 = \begin{bmatrix} 0 & 0 & 0 \\ 0 & 0.21 & 0.01 \\ 0 & 0.72 & 0.06 \end{bmatrix}$$

首先，求出 D_0、D_1 两方向关系矩阵的矩阵差 Δ^{01}，并根据求出的 Δ^{01} 构建方向关系矩阵转换问题表，如图 8.6（a）所示。

$$\Delta^{01} = \begin{bmatrix} 0 & 0.84 & 0.1 \\ 0 & -0.15 & -0.01 \\ 0 & -0.72 & -0.06 \end{bmatrix}$$

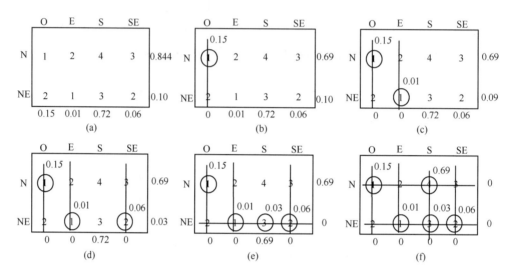

图 8.6　最小元素算法的求解过程

其次，从构建的转换问题表［图 8.6（a）］中寻找 C_{ij} 值最小的元素为 C_{11}，比较 d_1 和 s_1 发现 $d_1 < s_1$，则 $x_{11} = d_1 = 0.15$，更新 $s_1 = 0.84 - 0.15 = 0.69$，同时划去第 1 列，如图 8.6（b）所示；从图 8.6（b）中剩余的 C_{ij} 元素中寻找值最小的元素为 C_{22}，比较 d_2 和 s_2 发现 $d_2 < s_2$，则 $x_{22} = d_2 = 0.01$，更新 $s_2 = 0.1 - 0.01 = 0.09$，同时划去第 2 列，如图 8.6（c）所示；从图 8.6（c）中剩余的 C_{ij} 元素中寻找值最小的元素为 C_{24}，比较 d_4 和 s_2 发现 $d_4 < s_2$，则 $x_{24} = d_4 = 0.06$，更新 $s_2 = 0.09 - 0.06 = 0.03$，同时划去第 4 列，如图 8.6（d）所示；从图 8.6（d）中剩余的 C_{ij} 元素中寻找值最小的元素为 C_{23}，比较 d_3 和 s_2 发现 $d_3 > s_2$，则 $x_{23} = s_4 = 0.03$，更新 $d_3 = 0.72 - 0.03 = 0.69$，同时划去第 2 行，如图 8.6（e）所示；最后就剩下 C_{13} 一个元素，将 s_1 或 d_3 的值 0.69 赋给 x_{13} 即可，同时划去第 1 行和第 3 列，转换完毕。

最终求得的各个 x_{ij} 的值为 $x_{11} = 0.15$，$x_{13} = 0.69$，$x_{22} = 0.01$，$x_{23} = 0.03$，$x_{24} = 0.06$，通过式（8.8）求得 D_0、D_1 两方向关系矩阵之间的距离为 3.13。再通过式（8.6）求得 D_0、D_1 间方向相似性值为 0.22。

基于最小元素的方向相似性计算方法能够满足 Goyal 优化算法的迭代终止条件，且求得的转换代价与其转换代价相同，即得到的方向距离是一样的，并没有损失计算结果的精度，但是本算法不需要通过多次迭代，算法更为简单，也比较容易实现。

8.3.3　方向相似性认知实验

为验证方法的科学性，本节对该改进模型进行了认知实验，以验证其计算结果与人对方向差异的认知是否一致。

本认知实验分为两组数据，如图 8.7（a）、（b）所示。第一组数据中编号为"0"的图和第二组数据中编号为"0"的图分别为两组数据的参考场景，但是第一组数据中的参考场景中源对象（浅色面状对象）位于参考对象（深色面状对象）的西北方向，第二组数据中的参考场景中源对象（浅色面状对象）位于参考对象（深色面状对象）的正北方向。每组数据中的 1~17 图是参考场景中源对象绕参考对象顺时针旋转到不同位置的场景。分别利用 Goyal 和本节提出的方向相似性计算模型计算每个场景与对应参考场景的方向相似性值，用 S_0 和 S_1 分别表示 Goyal 模型和本节模型计算的方向相似值，计算结果如图 8.7 所示。

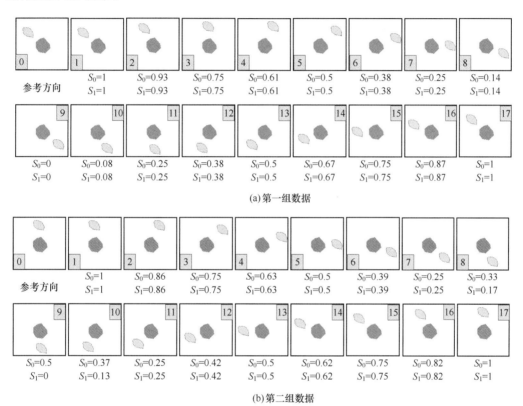

图 8.7　认知实验场景及其相似性计算结果

为了更清楚地表达两种计算模型反映的方向相似性的变化规律，将计算结果以曲线的形式可视化表达出来，如图 8.8（a）～（d）所示，横坐标表示场景编号，纵坐标表示对应场景与参考场景的方向相似性值。图 8.8（a）、（b）分别表示第一组实验两种计算模型反映的方向相似性变化情况，可以看出两种模型计算的结果反映的相似性变化规律都是相似性"先变小后变大"；图 8.8（c）、（d）分别表示第二组实验两种模型反映的方向相似性变化情况，但两种模型反映的方向相似性差异变化规律却不尽相同：Goyal 模型［图 8.8（c）］反映的相似性变化规律为"先变小后变大、再变小又变大"，本节提出的模型［图 8.8（d）］反映的变化规律为"先变小后变大"，更符合人类的空间认知。

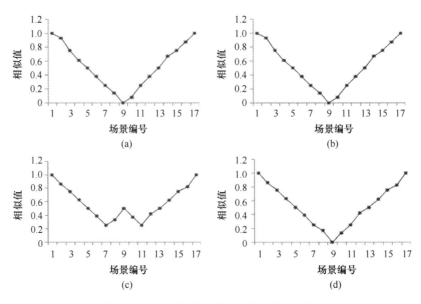

图 8.8　方向相似性计算结果的可视化表达

　　根据认知心理学试验方法的要求，本节以问卷调查的形式对 50 名具有不同生活背景的成年人进行了调查研究。问卷要求被调查者对各曲线反映的方向相似性变化规律选择"完全同意""同意""不同意"中的一个，统计结果如表 8.4 所示，其中 T 表示选择"完全同意"的人数，G 表示选择"同意"的人数，N 表示选择"不同意"的人数，认同率是 $T+G$ 的值与调查总人数的比值。

表 8.4　调查问卷实验统计结果

实验	T	G	N	认同率
a	24	26	1	98%
b	24	26	1	98%
c	1	5	44	12%
d	19	29	3	94%

　　通过表 8.4 的统计结果可以看出：对于图 8.7（a）中方向相似性的变化规律，两计算模型的计算结果与人的认知都相一致，但对于图 8.7（b）中方向相似性的变化规律，Goyal 模型的认同率较低，而本节改进模型的计算结果反映的变化规律的认同率高达94%。

8.4　居民地增量更新方向冲突检测

8.4.1　基于方向相似性计算的方向冲突检测模型

　　方向相似性表达了两个方向关系间的接近程度，两方向关系间的相似性值越大表示二者越接近，相似性值越小表示两方向关系差异越大。发生方向冲突的两方向关系方向差异越大，其间的方向相似性也越低，正是基于它们之间这种联系，反过来就可以通过计算方向的相似性来判断方向关系是否冲突，当方向相似性较低时判定发生方向冲突，当方向相似性较高时认为没有发生方向冲突。

方向相似性与方向冲突的关系可通过图 8.9 进行表示，Sim 表示两方向关系的相似性，当 Sim=1 时表示二者方向关系相同，Sim=0 时表示二者方向关系相反，阈值 ε 表示人们对方向偏差的最大容忍度或根据应用需求规定的最低相似值。当两方向关系的相似性小于阈值时判定为方向冲突，当大于阈值时认为没有发生冲突。该图清晰说明了方向相似性与方向冲突二者之间的辩证关系，也体现利用方向相似性进行方向冲突检测的基本思想。

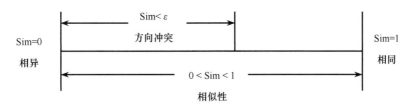

图 8.9 方向相似性与方向冲突的关系

综上所述，基于方向相似性计算的方向冲突检测的总体思路就是对更新后的居民地数据中居民地目标之间的方向关系与对应源数据（用于更新的现势性较好的大比例尺数据）中对应居民地目标之间的方向关系进行相似性计算和评价，若方向相似性值满足要求则认为没发生方向冲突，若不满足要求，则判定发生了方向冲突。为方便论述，下面将更新后的小比例尺数据称为更新数据，将用于更新的大比例尺现势数据称为更新数据源。

1. 冲突检测的范围

在进行方向冲突检测前，首先需确定更新后居民地数据中哪些居民地对象间的方向关系是需要评价的，即确定检测的范围。增量更新的显著特点就是只对发生变化的居民地目标进行增加、删除、修改等更新操作，并不改变没有发生变化的居民地对象，因此没有发生变化的居民地对象之间的方向关系也没有发生变化，也就不用对其进行检测，只需要检测更新居民地对象与其他居民地对象之间的方向关系是否与源数据中对应的方向关系发生了方向冲突。但是也不可能将每个更新居民地对象与数据集中的其他所有居民地对象间的方向关系都进行冲突检测，这样会大量增加方向关系的计算和方向关系间相似性的计算，严重影响评价的效率。事实上，只有邻近居民地对象之间的方向关系才是有意义的，因为这些方向关系是空间分析、空间推理以及空间决策过程中经常用到的。因此，方向冲突检测的范围是更新居民地对象和与其邻近的其他居民地对象之间的方向关系。

如何对更新居民地目标的邻近对象进行探测呢？在第 7 章对拓扑关系冲突的检测中，从提高检测速度的角度提出了利用格网索引进行邻近对象探测的方法，但该方法并不适合方向冲突的检测，因为在格网表达的邻近区域中可能没有居民地目标，这样就无法找到与更新目标相邻近的居民地，而方向关系的判断必须是基于两个空间目标进行的，进而使方向冲突检测无法进行。如图 8.10 所示，设目标 A 表示更新的居民地目标，

B、C 表示未更新的居民地目标，利用格网索引的方法进行邻近目标探测时发现在邻近区域（灰色区域）内没有邻近居民地对象，这样就无法判断更新居民地与其他居民地目标的方向关系。因此，在进行方向冲突检测时对邻近居民地目标的探测使用 Vonoroi 图邻近分析进行探测，为提高探测效率，本节使用居民地目标的质心代替居民地目标进行 Delaunay 三角网构建，一般认为构建的 Delaunay 三角形边所连接的两个质心点所代表的两个居民地目标为邻近目标，这样与通过构建居民地目标的 Vonoroi 图进行邻近分析相比不仅提高了速度，而且获得的邻近目标结果基本相同。

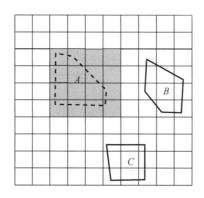

图 8.10　利用格网索引表达邻近关系

下面以一个简单的实例对更新居民地对象的邻近对象的探测方法进行说明。如图 8.11 所示为增量更新后的居民地数据，为方便表达，分别对各个居民地进行标号，图中包括 15 个居民地，其中，1~14 为未更新的居民地，15 号居民地为更新的居民地目标，通过各个居民地的质心构建 Delaunay 三角网，与更新居民地质心相连接的居民地即为邻近目标，因此 15 号居民地的邻近目标为 8、9、10、11、14 号居民地，由此针对该更新数据来说，需要进行反向冲突检测的方向关系包括 15 号居民地与 8、9、10、11、14 号居民地间的 5 对方向关系。

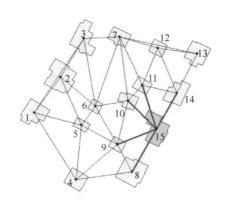

图 8.11　利用 Delaunay 三角网探测邻近关系

2. 同名实体间关联关系的建立

在方向冲突的判断过程中，核心是计算更新数据中居民地对象间的方向关系与源数据中对应方向关系的相似性。为了使检测过程能不间断地进行下去直至完成，就需要事先告诉计算机更新数据中的居民地目标在源数据中对应的是哪个目标，即建立更新数据集与源数据集同名实体的关联关系，这也是进行方向一致性评价的前提。

更新的数据中往往含有上千个居民地目标，是不是需要为更新数据中的所有居民地目标与更新数据源中的居民地对象建立关联关系呢？其实是没有必要的。由上文对冲突检测范围的分析可知，更新数据中参与方向冲突检测的居民地只涉及更新的居民地目标及其邻近目标，其他居民地并不参与冲突检测的过程。因此，只需要对更新数据中参与方向冲突检测的居民地建立关联关系，即在源数据中寻找更新数据集中更新居民地目标及其邻近目标的居民地同名对象。

关联关系建立的关键是对更新数据集和源数据集中同名对象的发现和确认。同名实体的发现主要通过匹配算法来实现，目前已经开发出了多种匹配算法，部分算法是针对相邻比例尺同名实体匹配的（郝燕玲等，2008；童小华等，2007a；章丽萍等，2008），本节采用章丽萍等（2008）提供的算法进行匹配，由于所有匹配算法还不能完全正确地实现同名实体的匹配，还需要对匹配结果进行检查和纠正，将检查合格后的同名实体建立关联关系并存储起来。对于关联关系采用二维表的形式对更新数据集和源数据集中同名对象间的关联关系进行存储。

综上分析，本节用于方向冲突的关联关系建立的过程如图 8.12 所示。

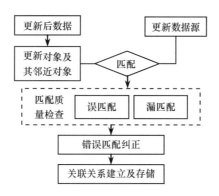

图 8.12　关联关系的建立过程

3. 冲突检测的过程

在关联关系建立的基础上，基于方向相似性计算的方向冲突检测流程如图 8.13 所示，具体检测算法步骤如下：

（1）探测更新居民地对象集。以更新后的居民地数据为基础，探测出所有的更新居民地对象，并将其放到一个集合中进行存储，形成更新居民地对象集 UpdataSet。

（2）探测更新居民地对象的邻近对象集。从更新居民地对象集 UpdataSet 中取出一个更新对象，命名为 A，通过邻近分析寻找更新对象 A 的邻近对象，并将 A 的所有邻近对象存储在一个集合中，即更新对象 A 的邻近对象集，命名为 Set（A）。

（3）从更新对象 A 的邻近对象集 Set（A）中取出一个邻近对象，命名为 B，并通过关联关系表查找更新后数据中的居民地对象 A、B 在更新源数据中的对应对象 $A*$、$B*$。

（4）计算方向关系。利用方向关系矩阵模型计算 A、B 间的方向关系和 $A*$、$B*$ 间的方向关系。由于方向关系矩阵具有不可反性，因此在计算方向关系时需要计算正反两次方向关系，这里规定 B 相对于 A 的方向关系 Dir（A，B）为正方向关系，A 相对于 B 的方向关系 Dir（B，A）为反方向关系，A^*、B^* 间的正反方向关系类似。

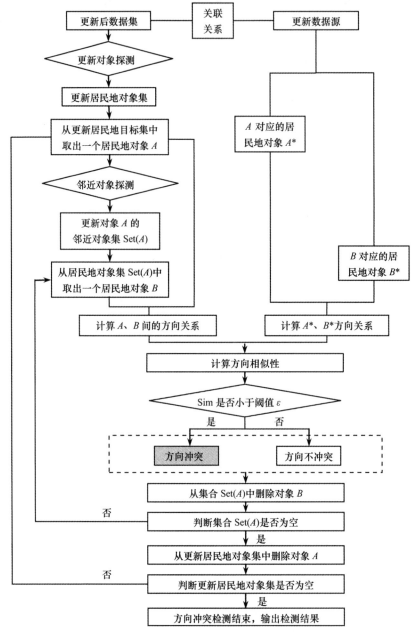

图 8.13　方向冲突检测流程图

（5）计算方向相似性。利用本节提出的改进方向关系相似性计算模型计算 A、B 间的方向关系与 A^*、B^* 间的方向关系的相似性，同样地需要计算它们之间的正方向相似性 Sim［Dir（A，B），Dir（A^*，B^*）］和反方向相似性 Sim［Dir（B，A），Dir（B^*，A^*）］。

（6）判断 A、B 间方向关系是否冲突。根据计算的 A、B 间方向关系与更新源数据中对应的 A^*、B^*间的方向关系的相似性值与设定阈值 ε 之间的大小关系进行冲突判断，若 Sim $[$Dir (A, B), Dir $(A^*, B^*)]$ 和 Sim $[$Dir (B, A), Dir $(B^*, A^*)]$ 两个正反方向相似性值都不小于设定的阈值 ε，则判定 A、B 间的方向关系没有冲突；否则，判定 A、B 间的方向关系冲突。

（7）从集合 Set (A) 中删除对象 B，然后判断 Set (A) 是否为空，若非空，则重复步骤（3）～（7）；若为空，则转入步骤（8）。

（8）从更新居民地对象集 UpdataSet 删除对象 A，然后判断集合 UpdataSet 是否为空，若非空，则重复步骤（2）～（8）；若为空，则检测结束。

在对更新数据进行方向一致性评价的过程中，阈值的设定是一个关键问题，它对更新数据的评价结果具有重要影响。阈值要根据更新数据的用途和精度要求进行设定，对于用于空间推理、空间决策以及对数据精度要求较高的军事用途来说，阈值设定会比较高，而对于一般的生活用途来说，对精度要求不是太高，阈值设定得可以低一些。另外，对于一些没有特殊精度要求的更新数据，也可以从人对方向一致性差异认知的角度设定阈值，具体可通过认知实验寻找人们对方向差异性的容忍范围，并以此容忍范围为基础确定方向一致性检测的阈值。

8.4.2 比较与分析

空间方向关系冲突的检测主要分为两类，一类是基于距离的方向冲突检测，即通过度量两方向关系间的距离值并与预先设定的阈值进行比较来判断方向冲突，本节基于方向相似性度量的方向冲突检测就属于这类检测方法；另一类是基于空间推理的方向冲突检测方法，其基本思想是根据更新数据源空间目标间的方向关系推理出更新后数据中对应目标间的可能方向关系集合，通过判断更新数据集中空间目标间的实际方向关系是否为推理出的可能方向关系来判断方向是否冲突。该类方法以文献（Du et al., 2010）提出的基于空间推理的方向冲突检测方法为例进行说明。图 8.14（a）为更新后的较小比例尺数据，图 8.14（b）为对应的较大比例尺更新数据源。更新源数据中，目标 B 相对于目标 A 的方向关系为 $R(A, B) = (N, NW, W)$，根据 $R(A, B)$ 推理出更新的小尺度数据中 B 相对于 A 的可能方向关系为 TR=$\{(N, NW, W), (N, NW, W, O)\}$，再计算更新后数据中 B 相对于 A 的实际方向关系 $R(A^*, B^*) = (N_A, NW_A, W_A)$，可以看出更新后 B 相对于 A 的方向关系属于基于更新数据源推理出的方向关系的一种，因此判定没有发生方向冲突。

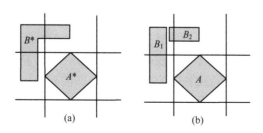

图 8.14　基于空间推理的方向冲突检测

与空间推理的方法相比，本节提出的基于方向相似性度量的方法能够避免一些明显的检测错误。如图 8.15 所示，（a）图为更新数据源，空间目标 $B=\{B_1, B_2\}$ 相对于空间目标 A 的方向关系为（N，NW，W），根据其推理出更新的小比例尺数据中 B 相对于 A 的可能方向关系为 TR={（N，NW，W），（N，NW，W，O）}，通过计算，图 8.15（b）中更新后目标 B 相对于目标 A 的实际方向关系（NW，W）并不属于推理出的可能方向关系，判定为空间冲突，而由人工判断可知它们的方向关系并没有冲突，因此就出现了误判的现象。除了误判，基于空间推理的方法还容易出现漏判的现象，如图 8.15（c）、（d）所示，（c）为更新数据源，目标 B 相对于目标 A 的方向关系为（N，NW），推理出更新后的大比例尺数据对应目标间的可能方向关系为{（N，NW）}，计算更新后的数据［图 8.15（d）］中目标 B 相对于目标 A 的方向关系为（N，NW），属于推理出的可能的方向关系，因此判定为方向一致，即没有发生方向冲突，可是通过人工对比图 8.15（c）、（d）发现，更新后数据中 B 相对 A 的方向关系与更新数据源中对应的方向关系并不一致，可判断发生了方向冲突，这就出现了方向冲突的漏判现象。本节提出的基于方向相似性度量的检测方法充分考虑了目标对象位于各个方向片中的面积大小，并且计算出的两方向关系的相似性能够较为准确地度量方向关系的差异大小，避免了基于空间推理的检测方法因判定尺度不一造成的漏判和误判现象。

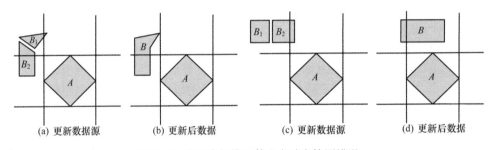

图 8.15　基于空间推理的方向冲突检测错误

基于空间推理的方法与本节的方法相比也具有自己的优点：首先，基于空间推理的检测方法是通过推理来判断方向冲突的，不需要设置阈值，避免了阈值设置的困难；其次，由于基于推理的检测方法计算方向关系使用的是简单方向关系矩阵模型，冲突判断的过程只需要与设定好的规则进行对比即可，与本节基于详细方向关系矩阵进行相似性计算的检测方法相比在检测速度上也更有优势。

8.4.3　相关实验

图 8.16 为方向检测的实验数据，其中图 8.16（a）为新 1∶25 000 的局部居民地数据，图 8.16（b）为对应区域的 1∶50 000 居民地数据，其中新增目标 23 个，变化目标 16 个。为便于观测，将新增的和变化的居民地用不同的颜色表示。

1. 基于相似性度量的居民地增量更新检测方法

根据本章前述内容，方向冲突检测大致可分为 4 步：

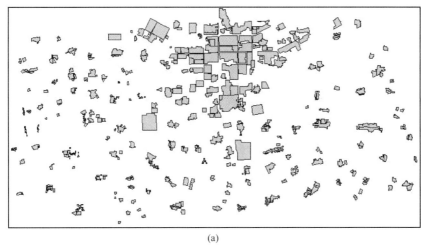

(a)

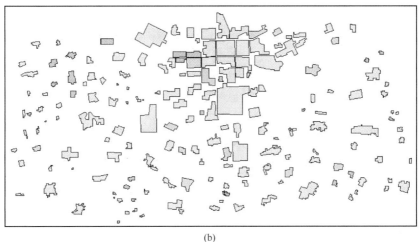

(b)

图 8.16　方向冲突检测数据

1）确定检测范围

由上文可知，方向相似性检测方法是通过构建居民地质心的 Delaunay 三角网然后根据其邻近关系确定的，具体包括两个步骤：首先，构建更新后居民地数据各个居民地目标质心的 Delaunay 三角网；其次，根据构建的 Delaunay 三角网搜索与更新居民地目标相邻近的居民地对象，更新居民地对象与邻近居民地对象的方向关系即为需要检测的方向关系。图 8.17 为检测范围结果图，图中通过粗红直线段相连的两个居民地目标的方向关系为需要检测的，统计图中共包含 193 对居民地对象之间的方向关系需要检测。

2）构建更新居民地数据和更新数据源中对应目标的关联关系

为减少计算量，本实验只对参与方向关系检测的居民地目标建立与大比例尺更新数据源的关联关系。关联关系的构建是通过对两个数据层之间的同名实体进行匹配实现的，图 8.18 为匹配结果图，匹配之后通过对两匹配目标的面积和形状相似性进行判断对匹配结果进行检核，快速发现和纠正错误的匹配，错误匹配关系纠正后的对应关系即为两数据间的关联关系，图 8.19 为最终得到的关联关系表，前两列为检测方向关系的两个对象，后两列为源数据中的关联对象。

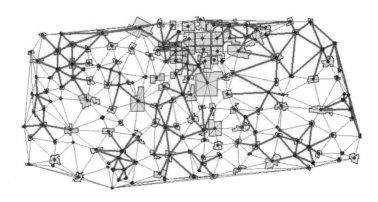

图 8.17　方向冲突检测范围

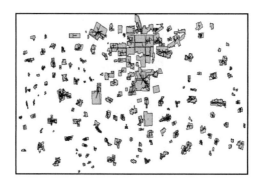

图 8.18　关联关系匹配图

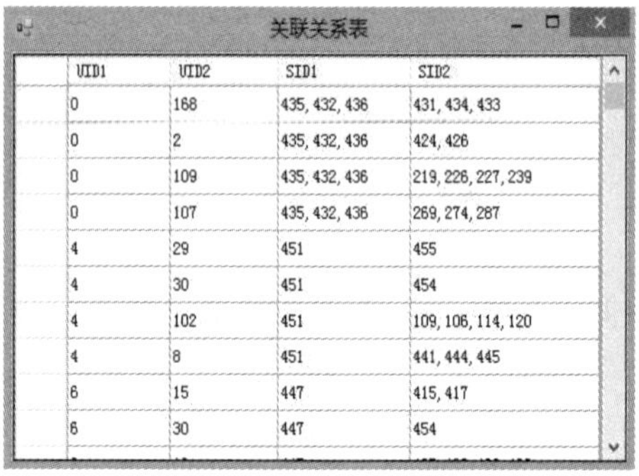

VID1	VID2	SID1	SID2
0	168	435, 432, 436	431, 434, 433
0	2	435, 432, 436	424, 426
0	109	435, 432, 436	219, 226, 227, 239
0	107	435, 432, 436	269, 274, 287
4	29	451	455
4	30	451	454
4	102	451	109, 106, 114, 120
4	8	451	441, 444, 445
6	15	447	415, 417
6	30	447	454

图 8.19　关联关系表

3）方向关系相似性计算

在完成对检测范围的确定和关联关系构建之后，利用本节改进的方向关系计算方法计算各 1∶50 000 更新数据中需要检测的方向关系与 1∶25 000 更新数据源中对应方向关系的相似性，由于方向关系矩阵模型具有不可反性，所以需要将两居民地对象分别作为参考对象和目标对象进行正反两次方向相似性计算，相似性计算结果如图 8.20 所示。

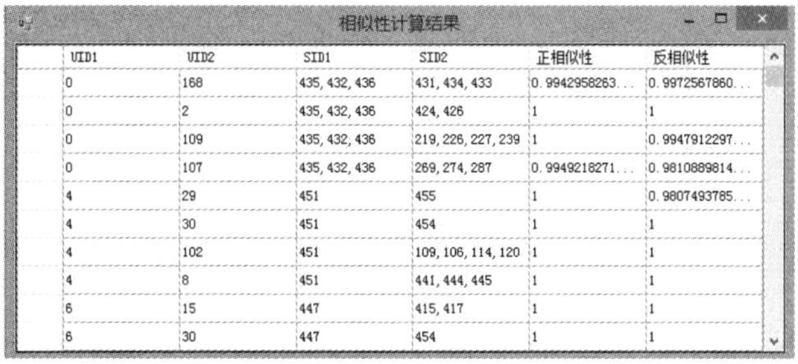

VID1	VID2	SID1	SID2	正相似性	反相似性
0	168	435, 432, 436	431, 434, 433	0.9942958263...	0.9972567860...
0	2	435, 432, 436	424, 426	1	1
0	109	435, 432, 436	219, 226, 227, 239	1	0.9947912297...
0	107	435, 432, 436	269, 274, 287	0.9949218271...	0.9810889814...
4	29	451	455	1	0.9807493785...
4	30	451	454	1	1
4	102	451	109, 106, 114, 120	1	1
4	8	451	441, 444, 445	1	1
6	15	447	415, 417	1	1
6	30	447	454	1	1

图 8.20　方向关系相似性计算结果

4）方向关系冲突检测

根据各方向关系相似性的计算结果,设定检测阈值为 0.85 对各个方向关系进行方向冲突检测,最终检测结果如图 8.21 所示,图中红色线段相连的两个居民地目标方向关系与更新数据源中对应的方向关系不一致,即在更新过程中发生了方向冲突,共检测到方向关系冲突 13 个。

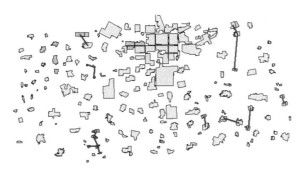

图 8.21　基于相似性度量的方向冲突检测结果

2. 基于空间推理的方向关系检测

本节使用空间推理的方法对同一实验数据进行了方向冲突检测,根据更新数据源中的方向关系按一定的逻辑推理出更新后对应目标间的可能方向关系,若更新后的实际方向关系符合推理出的某种可能方向关系,说明该对目标间方向正确,否则,该对目标间方向关系冲突。该方法是一种定性空间推理,采用粗糙方向关系矩阵模型。图 8.22 为利用该方法进行方向关系冲突检测的结果,共检测到方向关系冲突 15 个。

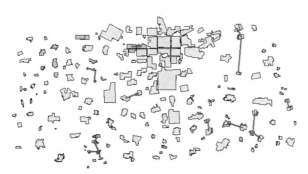

图 8.22　基于空间推理的方向冲突检测结果

为了对两种检测方法的检测效果进行对比分析，我们对两组检测结果进行了人工检核，由于人们对方向关系的模糊性和认知的差异性，我们将检测结果分为完全正确、错误检测、漏检测和不确定 4 种，其中"不确定"是指某些方向关系冲突不够明显，不同的人可能有不同的认知判断结果，表 8.5 为两种检测结果的对比。

表 **8.5** 两种检测算法结果对比统计表

检测算法	完全正确	错误检测	漏检测	不确定
本节算法	12	0	0	1
推理算法	11	2	1	1

3. 检测结果分析

图 8.23 是基于推理检测方法的一个错误检测实例，图 8.23（a）为更新后新增的两个居民地对象，图 8.23（b）为对应的更新数据源中的居民地对象，从图中可以看出两者之间的方向关系并没有不一致。利用规则推理方法得到的 149 号对象相对于 150 号对象的可能方向关系集合为{{W，SW}}，由于数据综合，更新后 149 号对象相对于 150 号对象的实际方向关系是{W}，不是推理出的某个方向关系，判定为冲突，而利用相似性度量可知二者方向相似性值为 0.995，是高度相似的，因此二者方向关系不冲突。

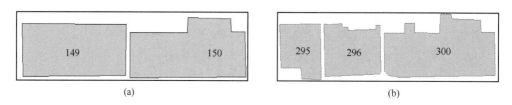

图 8.23 基于空间推理的错误检测实例

图 8.24 是基于推理检测方法的一个漏检测实例，图 8.24（a）为更新后的数据，179号居民地对象为新增对象，图 8.24（b）为对应的源数据。更新后 179 号居民地相对于104 号居民地方向关系为{{NW，N}}，与源数据中对应方向关系一致，利用推理方法判

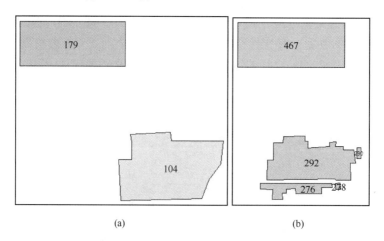

图 8.24 基于空间推理的漏检测实例

断为不冲突,但是虽说二者方向关系定性描述一致,更新后179号居民地大部分位于104号居民地的"NW"方向片,只有一小部分位于"N"方向片,而在对应的源数据中目标对象则大部分位于"N"方向片,少部分位于"NW"方向片,人工判断为冲突。利用方向相似性度量方向关系相似性值为0.81,小于设定的阈值,判断为冲突。

另外,在人工检查过程中有些方向关系变化不是太明显,判断结果不确定,如图8.25为本检测实例中一人工检测中存在争议的方向关系,两种检测方法都判断更新后两目标间的方向关系与源数据中不一致,但由于人们对方向差异性认知的差别,对于变化不大的方向关系判断会有一定的差别。二者之间的方向相似性值为0.84,与检测阈值相邻近。对于这些方向关系的判断可根据数据精度要求来设定适当的阈值,精度要求较高的数据可适当提高设定阈值,对于精度要求较低的数据可适当降低设定阈值,而基于推理的检测方法推理的规则是不可改变的,无论精度要求高低检测结果都一样。

图 8.25 不确定方向关系实例

通过上面实验对比分析可知:本节基于相似性度量的方向冲突检测方法能够减少错误检测和漏检测的状况,改善检测的效果。另外相似性度量的方法能够根据数据精度要求适当调整设定阈值以达到人们期望的检测结果。本方法的难点在于阈值的设定难以把握,而基于规则推理的方法则不需要设定阈值。

第 9 章　居民地增量更新中的几何匹配质量检核与评估

空间数据的正确性与一致性是数据价值的体现，也是其能够得以使用的基础。数据更新过程中的质量也是如此。增量级联更新是一项融合了多种操作的数据变换流程，主要包括以匹配为基础的变化信息发现和以制图综合为核心的变化信息尺度变换，由于更新过程复杂、人机交互频繁，难免引入新的误差甚至造成错误。因此，如何对更新后的数据进行质量检核评估，发现问题并引导系统进行改正，是一个必须面对的问题。因此，本章将从居民地增量更新过程中的几何匹配和尺度变换角度入手，对更新质量检核与评估问题展开研究。

9.1　居民地几何匹配质量评估策略

质量是某一事物满足特定使用要求的特性，同理，居民地匹配质量是其匹配结果满足后续更新要求的特性。参考矢量数据质量评估方法，居民地几何匹配结果质量评估也从质量元素、度量方法、评估策略等角度展开研究。

9.1.1　匹配质量元素及度量方法

目前对于空间数据匹配结果的质量元素并没有系统化、深入的研究，也无统一标准。因此，可参考地理信息质量元素国际标准和数字地图国家标准，结合匹配质量问题自身的特点，确定全面科学的空间数据匹配结果质量元素及子元素。

空间数据质量元素的定义一般包括数学精度、属性精度、完整性、逻辑一致性、时间精度 5 个元素。因此，在设定匹配结果质量元素时也应考虑这 5 个方面。综合以上因素，本节为空间数据匹配结果质量定义了 3 个质量元素和 10 个质量子元素，如表 9.1 所示。

表 9.1　空间数据匹配结果质量元素

质量元素	质量子元素	描述
几何精度	形状	同名对象形状相似性值大于要求值
	位置	同名对象位置差异与限值的比率
	面积	同名对象面积差异与限值的比率
	方向	同名对象方向差异与限值的比率
属性精度	数据分层	数据分层是否符合要求
	数据分类	分类错误率与限值的接近程度
	属性项	属性项定义是否符合要求
	属性代码	属性代码是否相同
拓扑一致性	拓扑关系	匹配同名对象拓扑关系的一致性
	拓扑冲突	修改、新增对象与原有对象无冲突

1. 几何精度的度量

这是空间数据匹配的基本要求，也是检查匹配正确性的最重要依据。匹配结果的几何精度与矢量数据的数据精度内涵不同，主要表示匹配完成后建立匹配关系的居民地对象之间几何信息包括形状、位置、面积、方向等的一致性。

几何信息的相似性度量是空间数据匹配的主要依据，同样也是匹配质量评估的重要手段。几何精度的度量主要是对同名对象几个重要的几何精度指标——形状、位置、面积、方向之间的相似性或差异性进行度量，以此为依据找出匹配错误，完成对匹配结果的质量评估。

由于适合居民地对象的形状相似性度量方法还不成熟，加之形状相似性度量不受位移、缩放、旋转等因素的影响，度量结果具有较强的独立性。本节将形状作为几何精度度量的优先指标，利用形状相似性度量值检测匹配错误，形状质量子元素的度量使用"相似/不相似"的标准。

其他几何质量元素则使用计算差异值的方法进行度量，如表 9.2 所示。

表 9.2　几何精度度量模型

质量元素	质量子元素	质量度量
几何精度	形状	相似/不相似
	位置	位置差异值
	面积	面积差异值
	方向	方向差异值

2. 属性精度的度量

空间数据匹配后通常由现势性或精度高的数据替代原始数据，因此属性精度主要包括地理要素分类分级、属性代码、属性项的一致性等。

属性精度的度量有时能够在质量评估中发挥巨大作用。例如，两幅地图数据中都有属性信息是"子房水库"的水库，那么这两个水库匹配正确的可能性就非常大了。但是，空间数据匹配一般不依靠属性信息的相似性度量，原因在于进行匹配的数据源属性信息差异较大，给匹配带来分类差异、描述差异、命名差异、量纲差异、分段差异等诸多障碍（王育红和陈军，2004）。这些障碍使得匹配通常依靠居民地对象的几何相似性，而在匹配之后的数据更新中，属性信息标准的统一仍然是一项主要的工作。加之，多尺度匹配中涉及居民地对象的合并，其属性信息也会随之改变，评估时精度度量更加困难（翟仁健，2011）。因此，这里暂不将属性精度质量元素作为匹配结果质量评估度量的元素。

3. 拓扑一致性的度量

匹配结果的拓扑一致性，与矢量数据质量元素中的逻辑一致性类似，主要包括同名对象在本数据中与其他同名对象拓扑关系的一致性、匹配后的修改对象和新增对象与数据中其他同名对象的无冲突等方面。拓扑一致性度量采用本书第 7 章的方法进行。

结合以上分析，本节选择几何精度度量作为匹配结果质量评估的唯一标准，并以此建立居民地几何匹配质量评估模型。

9.1.2 质量评估策略

本节选择几何精度度量作为匹配结果质量评估的标准，并以此建立居民地几何匹配质量评估策略与模型。图 9.1 为居民地几何匹配质量评估策略。

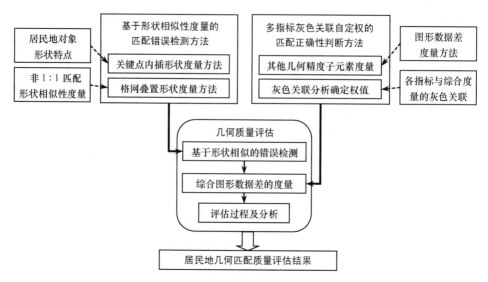

图 9.1 居民地几何匹配质量评估策略

形状作为空间面对象重要的几何特征，具有比其他特征如位置、大小、方向等更明显的识别作用，也是居民地匹配的重要依据。在人们空间认知的过程中，首先注意到的是物体的颜色、形状、纹理及其周围的环境。尺度相同或相近的空间数据中，同名居民地对象在形状上通常较为相似，度量居民地对象之间形状的相似性进行匹配是一种较为有效的方法。因此，本节将形状最重要的几何精度质量子元素，进行优先度量，并依据已匹配同名对象间形状相似性的大小检测匹配错误。针对居民地匹配中 1∶1 和非 1∶1 的匹配情况，分别提出关键点内插和格网叠置分析的形状相似性度量方法，并统一两种度量方法的评判标准，对被评估同名对象匹配的正确性进行判断，得到"形状不相似"的错误匹配对象组合和"形状相似"的对象组合。

位置、面积、方向三种几何精度子元素的度量一般采用计算同名对象间几何差异值与其限制的接近程度来完成，故采用第 2 章中图形数据差的概念，使用位置数据差、面积数据差及方向数据差分别表示三种质量子元素的度量结果，再通过加权平均的方式获得综合图形数据差作为几何匹配质量评估依据。因此，先利用灰色关联分析确定各质量子元素，即各项图形数据差指标的权值，获取被评估同名对象间综合图形数据差度量值，以此作为上一步匹配错误检测所得"形状相似"对象组合匹配关系正确性的最终判断标准。

通过对以上两步评判结果的总结，得到最终的居民地几何匹配质量评估结果。

9.2 基于形状相似性度量的匹配错误检测方法

形状是居民地最基本的几何特征之一，具有明显的识别作用，也是居民地匹配的重要依据。虽然居民地的形状通常比较规则，具有一些共同规律，但正因为如此，即使位置、大小等几何特征十分相似，形状不相似的居民地对象显然不可能成为同名对象。因此，国内外学者针对形状相似性在匹配中的应用展开了广泛的研究（郝燕玲等，2008；Sklansky，1972；Xie et al.，2008；王涛等，2002；郭庆胜等，2005；刘宏申和秦峰，2005；王斌等，2008；付仲良和逯跃峰，2013；安晓亚等，2011）。

现有匹配方法虽然能够较好地对自然地理对象之间的形状相似性予以度量，但计算较为复杂且对居民地对象简单的形状特点反映并不充分，如正五边形与正六边形居民地形状相似性度量值很高，但显然在现实世界中，它们并不为同名对象。

分析其原因，主要是面状居民地对象与一般面状自然对象具有较大的区别，具有明显的特殊性。空间数据中，居民地整体上呈规则的群状分布，错落有致。居民地的形状十分规则，通常由直线、拐点组成，且拐点处夹角多为直角，整体形状多呈矩形。而自然物体如湖泊、植被等，多为不规则多边形，边界常为曲线组成，边界节点较多且少有直角拐点。

传统的形状描述子可以较为准确地反映复杂自然曲线的面状自然对象的形状，却难以清晰度量出面状居民地对象之间形状的差异。因此，需要提出新的适合居民地形状相似性计算的度量方法，应用于居民地匹配及质量评估之中。

9.2.1 关键点内插形状相似性度量的检测方法

为了能快速、准确地度量出 1∶1 匹配时居民地之间形状的相似性，本节提出关键点内插的居民地形状相似性度量方法，其基本思路为，不使用描述方法对居民地形状进行描述，而是从居民地轮廓边界的节点和线段入手，通过确定边界的关键点将两居民地边界分为对应的 4 个分段，经对应边界节点的分段相互内插，得到两对象边界一一对应的边界节点和线段，最后利用多个度量指标逐次度量边界上对应线段的差异性值，从而获得最终形状相似性值。

1. 关键点内插的节点内插方法

形状相似性度量一般需要对空间对象的边界轮廓利用轮廓描述函数或描述子进行描述，再计算相似性。而轮廓描述的前提就是将对象边界进行有效的分段，形成等间隔或按照一定规律间隔的若干小线段，方便描述函数使用和相似性度量。传统形状描述中的边界节点分段方法通常采用各段等长度取边界点的方法，包括固定长度取点和固定点数取点两种方式。固定长度取点是在居民地对象边界上按照预先设定的长度沿边界取点。固定长度取点可能造成不同边长对象取点及分段数量不同，无法逐一度量其相似性，且取点可能会跳过原有的一些边界折线重要拐点等节点，因而会造成关键形状信息。固定点数取点是在不同对象按照相同的数量分别在各自边界上等间隔取点，这种取点方法也面临丢失边界拐点等问题，且两种取点方式都具有较大的计算量。

因此，良好的形状相似性度量边界取点方法既要保证边界重要节点不丢失，又要尽可能减少计算量。据此本节以为，不增加新的节点，仅利用参与形状相似性度量的两个对象的边界节点相互内插，就可以解决上述问题。

1）节点直接相互内插

两对象边界节点相互内插，可减少分段数，且能正确反映居民地间的形状相似性，获得相同线段数且对应线段占本对象边界长度比例一致的内插结果。下面以 1∶2000 和 1∶5000 数据中居民地对象 A、B 为例，说明边界节点相互内插方法的具体步骤。

（1）居民地对象主方向水平化。由于面状居民地形状整体多呈规则的矩形，存在整体延伸的主方向。将需度量的两个居民地的主方向调整至一致，对于内插起始点的选取及节点内插的正确性有着重要作用。故本方法对被度量的居民地进行主方向的水平化处理，使其主方向趋于一致。

选取面状居民地对象的最小化最小外接矩形（smallest minimum bounding rectangle，SMBR）的主轴方向为主方向，以中心点为圆心将主方向旋转至与坐标横轴平行的水平方向，使居民地对象水平化。

（2）选择内插起始点。选择水平化后的居民地对象边界左下角节点作为起始首节点，将所有边界节点按顺指针方向重新排序。

（3）相互内插边界点。将对象 B 边界上的中间节点集 $\{O^B\}$，依照该节点 O_i^B 到起始点所经边界长度 l_i^B 与对象 B 边界总长度 L^B 的比例 R_i^B（$R_i^B = l_i^B/L^B$），内插入对象 A 的边界中，形成内插点集

$$\{O^{A'}\} = \{O_i^{A'} \mid R_i^{A'} = R_i^B, O_i^{A'} \in \{O^B\}, 1 \leqslant i \leqslant N^B\} \tag{9.1}$$

式中，N^B 为对象 B 中间节点的数目。

同理，将对象 A 边界上原有的中间节点集 $\{O^A\}$ 内插入对象 B 的边界中。这样两对象边界上就存在着数量相同、长度与各自对象边长比例相同的线段。内插结果如图 9.2 所示。

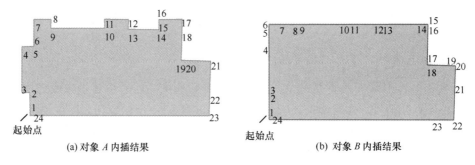

(a) 对象 A 内插结果　　　　　　　(b) 对象 B 内插结果

图9.2　等比例内插方法内插结果

由图 9.2 可知，这种内插方法可以极大地减少运算量，且能够较为准确地内插出对应的线段和边界节点。但该方法也存在一定的问题：一是起始点选择不够精准，如居民地 A、B 的起始节点 1 位置并非精确一致；二是当对象"上、下、左、右"边界的节点、曲折分布不均匀时，如 A 边界节点和曲折较多，造成内插后节点、线段对应不够准确的情况。

2）利用关键点内插的节点相互内插

鉴于上述问题，需要对该方法进行改进，增加内插关键点对边界节点内插控制的环节，再相互内插节点。具体步骤如下：

（1）居民地主方向水平化。本步骤与上文步骤相同。

（2）确定 4 个关键点。如图 9.3（a）所示，取水平化后居民地对象的最小外接矩形，将其对角线由交点分为 4 条线段，按照左下、左上、右上、右下顺时针的顺序分别编为 1 号、2 号、3 号、4 号。分别取 4 条对角线段（不含对角线段内端点）与居民地对象边界的交点，内插入边界中作为关键点。图 9.3（a）中对角线段与对象边界均只有一个交点，则取该点为关键点，内插入边界；若某一对角线段与对象边界有两个以上交点［图 9.3（b）］，则取与对角线段外端点（最小外接矩形顶点）距离最近的交点作为关键点，内插入边界；若某一对角线段与对象边界没有交点［图 9.3（c）］，不再内插新点，而取居民地边界原有节点中与对角线段外端点距离最近的节点作为关键点。将获取的 4 个关键点按照对应的对角线段编号分别编为 1 号、2 号、3 号、4 号，而后内插入居民地对象边界中。

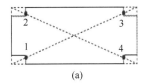 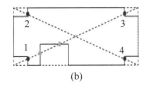 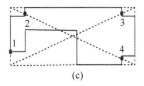

图 9.3　关键点内插

将关键点 k_1 作为起始首节点，顺时针对居民地对象边界节点重新排序，这样 4 个关键点在边界节点中的顺序也依次排列了。

（3）关键点分段节点相互内插。如图 9.4 所示，经过步骤（2），居民地对象边界也被 4 个关键点 k_1 k_2 k_3 k_4（节点 1、7、19、24）分为 $k_1 \sim k_2$、$k_2 \sim k_3$、$k_3 \sim k_4$、$k_4 \sim k_1$（1～7、7～19、19～24、24～1）4 个分段。将对象 B 边界{$k_1 \sim k_2$、$k_2 \sim k_3$、$k_3 \sim k_4$、$k_4 \sim k_1$}4 分段中对应的 4 组节点集{O_j^B}，依据节点 O_{ji}^B 与分段起始点 k_j 所经过的分段折线长度占该分段的比例 $R_{ji}^B(R_{ji}^B = l_{ji}^B / L_j^B)$，逐个内插入对象 A 的对应分段中，形成该分段的内插点集

$$\{O_j^{A'}\} = \{O_{ji}^{A'} \mid R_{ji}^{A'} = R_{ji}^B, O_{ji}^{A'} \in \{O_j^B\}, 1 \leqslant i \leqslant N_j^B, 1 \leqslant j \leqslant 4\} \qquad (9.2)$$

式中，N^B 为对象 B 中 j 分段的中间节点数目。

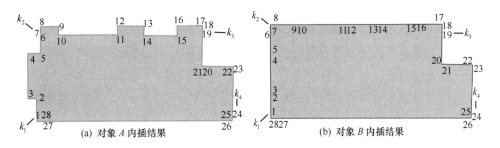

图 9.4　利用关键点内插的接点内插结果

同理，将对象 A 边界 j 分段上原有的中间节点集 $\{O_j^A\}$ 内插入对象 B 边界的对应分段中。

经过以上 3 步，参与形状相似性度量的两个对象 A、B 边界具有同样的节点数和线段数。4 个关键点的控制使得两个对象边界起始点、节点和线段对应精确度有较大提高，便于真实、准确地度量对象之间的边界线段差异性及整体形状相似性。

2. 形状相似性度量

1）分段计算

关键点和节点内插后，参与度量的两个居民地轮廓边界具有了准确对应的节点与线段，下一步需对两居民地边界逐条线段进行差异性度量，再为每条线段赋予相应权值，从而得到居民地间整体形状差异性及相似性值。传统边界描述方法通常将边界划分为等长的弧段 l_i，这样每条弧段就拥有相同的权值。本节中每条线段 l_i 在分段 L_j 的长度比与对应对象边界线段相同，但与所处分段 L_j 其他线段不同，由于线段的长度在形状差异性度量中的作用一般成正比，故将线段 i 在所处分段 j 的权值 ω_i^j 设置为

$$\omega_i^j = \frac{l_i}{L_j} , \quad (i = 1, 2, \cdots, n; j = 1, 2, 3, 4) \tag{9.3}$$

式中，l_i 为线段长度；L_j 为线段所在分段长度；n 为对象边界线段个数。

该内插方法将对象边界依据 SMBR 分割成 4 个长短不一的分段，且进行形状相似性度量的两个对象对应分段与整个边界的长度比也可能不相同，为避免按长度比例赋权使对应分段在两个对象中的权值差异，将 SMBR 长宽边对应的长短分段所赋权值 ω^j 之比，设为被度量两对象 SMBR 长宽比的平均值，这样每个线段在本对象边界中的权值 ω_i 为

$$\begin{cases} \dfrac{\omega^{2,4}}{\omega^{1,3}} = \left(\dfrac{l_{s1}}{w_{s1}} + \dfrac{l_{s2}}{w_{s2}} \right) \times \dfrac{1}{2} \\ \omega^{1,3} + \omega^{2,4} = \dfrac{1}{2} \end{cases} \Rightarrow \begin{cases} \omega^{1,3} - \left[\left(\dfrac{w_{s1}}{l_{s1} + w_{s1}} + \dfrac{w_{s2}}{l_{s2} + w_{s2}} \right) \times \dfrac{1}{2} \right] \times \dfrac{1}{2} \\ \omega^{2,4} = \left[\left(\dfrac{l_{s1}}{l_{s1} + w_{s1}} + \dfrac{l_{s2}}{l_{s2} + w_{s2}} \right) \times \dfrac{1}{2} \right] \times \dfrac{1}{2} \end{cases}$$
$$\omega_i = \omega_i^j \times \omega^j = \frac{l_i}{L_j} \times \omega^j , \quad i = 1, 2, \cdots, n; j = 1, 2, 3, 4 \tag{9.4}$$

式中，l、w 分别为 SMBR 的长和宽；$\omega^{2,4}$，$\omega^{1,3}$ 分别为长短分段的权值；l_{s1}，w_{s1}，l_{s2}，w_{s2} 分别为被度量两对象 SMBR 长、宽的长度；l_i 为线段长度；L_j 为线段所在分段长度。这种赋权方式可减少小毛刺对度量结果的影响。

为满足形状相似性度量的紧致性，即同时顾及对象间整体和局部特征的相似性，本节选取边界线段转角、三角面积、内角、半径 4 个度量指标（图 9.5），并给出其差异性计算方法，获得整体的形状差异性，从而得到最终形状相似性值。4 个度量指标计算方法如下：

（1）转角。是指边界线段 $p_i p_{i+1}$ 与上一线段 $p_{i-1} p_i$ 之间的夹角 θ，用于描述居民地对象边界的局部特征。转角差异值即两对象对应线段转角之间的差异，故转角差异函数为

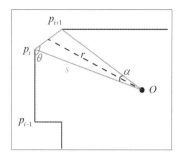

图 9.5　分段转角描述方法

$$f_\theta(l_i) = |\theta'_i \times \omega_i|, \quad \theta'_i = |\theta_1 - \theta_2|/\pi \tag{9.5}$$

式中，θ'_i 为两对象相应线段转角差归一化值；π 为转角差归一化参数。

（2）三角面积。是指边界线段端点 p_i，p_{i+1} 与对象中心 O 组成三角形面积 S，主要用来描述居民地对象整体形状特征。三角面积差异值即两对象对应线段三角面积之间的差异。居民地对象间三角面积差异函数为

$$f_S(l_i) = |S'_i \times \omega_i|, \quad S'_i = |s_1 - s_2|/S \tag{9.6}$$

式中，S'_i 为两对象相应线段三角面积差归一化值；S 为归一化参数，取值为居民地对象凸包面积的 1/2。

（3）内角。是指边界线段端点 p_i，p_{i+1} 与对象中心 O 的夹角，用以描述居民地对象边界的局部特征。内角差异值即两对象对应线段内角之间的差异，差异函数为

$$f_\alpha(l_i) = |\alpha'_i \times \omega_i|, \quad \alpha'_i = |\alpha_1 - \alpha_2|/\pi \tag{9.7}$$

式中，α'_i 为内角差归一化值；π 为转角差归一化参数。

（4）半径。为边界线段 $p_i p_{i+1}$ 与对象中心 O 的平均距离，主要描述居民地对象的整体形状特征。差异值函数为

$$f_r(l_i) = |r'_i \times \omega_i|, \quad r'_i = |\frac{r_1}{d_1} - \frac{r_2}{d_2}| \tag{9.8}$$

式中，r'_i 为两对象对应边界线段半径差的归一化值，归一化参数 d 为该对象的直径，即最小外接圆的直径。

4 种指标进行集成得到形状综合差异函数

$$f(l_i) = \omega_\theta \times f_\theta(l_i) + \omega_S \times f_S(l_i) + \omega_\alpha \times f_\alpha(l_i) + \omega_r \times f_r(l_i) \tag{9.9}$$

各指标的权值依据具体应用数据特点而定。

2）形状相似性度量流程

依据关键点内插和形状逐段差异度量方法，面状居民地形状相似性计算流程为

（1）SMBR 长宽比初步检测。由空间认知规律可知，当两面对象的 SMBR 长宽比例差异过大时，两对象形状相似的可能性极低。因此在计算居民地形状相似性之初，首先计算其 SMBR 长宽比差异

$$d_{lw} = |\frac{l_1 - w_1}{l_1} - \frac{l_2 - w_2}{l_2}| \tag{9.10}$$

式中，l、w 分别为 SMBR 的长和宽。在需处理数据量较大时，可以将长宽比差异 d_{lw} 小于一定阈值 δ_{lw} 的待比较对象对做水平化处理，对于 d_{lw} 过大的对象之间就无须再进行下一步的形状相似性度量，直接将其相似性值设为 0，以提高处理效率；而数据计算量较小时，可以不进行 SMBR 长宽比差异比较，直接进行形状相似性度量。

（2）节点分段内插。当两对象的 SMBR 长宽相近时，水平化处理后可能产生两对象方向不一致的情况，从而使得节点内插后的形状比较不再具有意义。因此，在依据上文所述方法，内插最小外接矩形对角线交点作为关键点后，不再只实施对象 A 关键节点间分段{1~2、2~3、3~4、4~1}与对象 B 分段{1~2、2~3、3~4、4~1}分别对应的节点内插方式，而采用{1~2、2~3、3~4、4~1}对应{1~2、2~3、3~4、4~1}、{1~2、2~3、3~4、4~1}对应{2~3、3~4、4~1、1~2}、{1~2、2~3、3~4、4~1}对应{3~4、4~1、1~2、2~3}、{1~2、2~3、3~4、4~1}对应{4~1、1~2、2~3、3~4}4 种分段对应方式进行节点内插。

（3）形状差异性计算函数。经过内插，依据 4 种内插结果分别进行形状整体差异值度量，公式为

$$D_{\text{shape}} = \sqrt{\sum_{i=0}^{C}[f_1(l_i) - f_2(l_i)]^2} \tag{9.11}$$

由此得到 4 个形状差异值，取其中最小值作为最终的形状差异值，可消除步骤（1）中所述的水平化后方向不一致的情况。则居民地对象间形状相似性可表示为

$$S_{\text{shape\_keypoint}} = 1 - \min\{D_{\text{shape1}}, D_{\text{shape2}}, D_{\text{shape3}}, D_{\text{shape4}}\} \tag{9.12}$$

（4）计算结果分析。在实际应用中，形状相似性度量各指标的作用与地位不是一成不变，需要根据空间居民地数据的尺度、空间结构特征、个体特点加以调整，以达到最好的度量效果。因此，在形状相似性计算中，需选取局部有代表性的面状居民地对象进行实验，分析选择各指标合适的权值，应用于该区域的形状相似性度量。

3）实验与分析

本方法采用的实验数据为我国西北某城市两幅不同来源的同比例尺居民地数据，如图 9.6（a）、（b）所示。由于两幅数据用途不同，造成两数据采集精度、轮廓特征都有所差别。为更加清晰地显示居民地对象间形状相似性度量的匹配错误检测作用，首先使用基于叠置和距离的匹配方法对两幅数据进行单向匹配，匹配结果如图 9.6（c）所示，其中，蓝色点表示居民地对象的质心，红色连线将同名对象的质心连接，表示对象间的匹配关系；数字 1~19 表示同名对象组合编号，然后使用本方法再计算这些同名对象之间关键点内插的形状相似性度量结果。

经过匹配之后，将同名对象间的 SMBR 长宽比进行比较，排除差异较大的同名对象组合，不再计算其形状相似性值。该数据中同名对象间 SMBR 长宽比较为接近，数据量较小，可直接度量 4 个指标的形状差异性，结果如图 9.7 及表 9.3 所示。

由结果可以看出，4 个指标度量值都能体现出对象间的形状差异性，且在该组数据情况下度量有效性近似相同。几组重叠度较高，但形状具有一定区别的同名对象的形状差异程度在匹配结果中都可以清晰体现。当在式（9.9）中赋予 4 个指标相同的权值时，依据式（9.11）、式（9.12）计算得到形状相似值（表 9.3）。

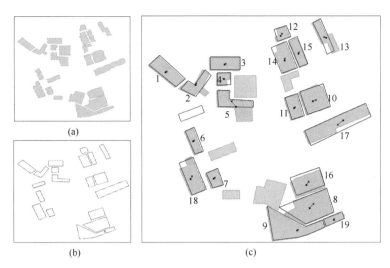

图 9.6 实验数据及匹配结果

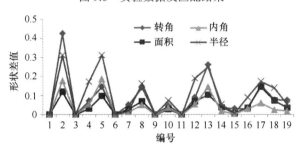

图 9.7 同名对象各指标形状差异性值

表 9.3 同名对象各指标形状差异性值

编号	数据 A 对象	数据 B 对象	形状差异性				形状相似性
			转角	三角面积	内角	半径	
1	a_1	b_1	0.0000	0.0002	0.0001	0.0003	0.9998
2	a_2	b_{19}	0.4247	0.1200	0.1770	0.3109	0.7417
3	a_3	b_5	0.0000	0.0001	0.0001	0.0001	0.9999
4	a_4	b_6	0.0726	0.0322	0.0537	0.1728	0.9096
5	a_6	b_7	0.1460	0.0990	0.1866	0.3112	0.8142
6	a_8	b_3	0.0000	0.0003	0.0001	0.0005	0.9997
7	a_9	b_4	0.0521	0.0292	0.0144	0.0216	0.9706
8	a_{12}	b_9	0.1424	0.0708	0.0515	0.1629	0.8930
9	a_{13}	b_8	0.0000	0.0004	0.0006	0.0011	0.9994
10	a_{14}	b_{14}	0.0468	0.0280	0.0358	0.0756	0.9533
11	a_{15}	b_{13}	0.0000	0.0001	0.0001	0.0002	0.9999
12	a_{17}	b_{17}	0.0903	0.0699	0.0545	0.1908	0.8985
13	a_{18}	b_{18}	0.2613	0.1056	0.1439	0.2499	0.8097
14	a_{19}	b_{15}	0.0385	0.0387	0.0173	0.0547	0.9626
15	a_{20}	b_{16}	0.0319	0.0067	0.0046	0.0073	0.9873
16	a_{21}	b_{10}	0.0288	0.0375	0.0305	0.0908	0.9530
17	a_{22}	b_{12}	0.1534	0.1461	0.0607	0.1743	0.8663
18	a_{23}	b_{20}	0.0791	0.0746	0.0255	0.1401	0.9291
19	a_{24}	b_{11}	0.0764	0.0374	0.0190	0.0553	0.9529

分析本实验的数据及其形状相似性度量结果，形状相似性阈值 ω_S =0.85 时，可以获取原匹配结果中的匹配错误——编号为 2，5，13 的对象组合（见表 9.3 阴影部分），这三组对象虽然位置相近，重叠程度较高，但它们的形状具有较大的差异，不应作为同名对象。由此可以看出，关键内插居民地对象形状相似性度量方法可以较好地检测出对象间的匹配错误，从而有利于提高数据匹配的正确性和适用性。

本节方法仅能解决居民地对象 1∶1 匹配时的形状相似性度量及检测问题。

9.2.2 格网叠置分析形状相似性度量的检测方法

多尺度面状居民地匹配中，经常会遇到非 1∶1 匹配的情况，包括 1∶n 甚至 m∶n，传统的轮廓描述方法并不能很好地解决这些问题。因此，本节提出一种基于格网叠置分析的形状相似性度量方法：将非 1∶1 对应情况中同一数据源的对象或对象群作为一个整体，与另一数据源的对应对象（群）进行形状相似度计算预处理，消除旋转、平移、缩放的影响；而后利用规则格网进行划分，并对比两对象（群）在格网中的整体与边界的叠置情况；最终得到对象（群）之间的形状相似性值，以解决居民地几何匹配质量评估中非 1∶1 情况的形状相似性度量及匹配错误检测问题。

1. 非 1∶1 匹配中的形状度量方法

格网叠置分析方法的理论与实用依据，在于对面状居民地对象几何匹配质量评估中形状相似性度量特点的分析。当匹配中出现非 1∶1 情况时，匹配关系正确性的判断可以有很多依据，如位置、面积、对象方向等，这些依据指标计算方法较多，而形状在评估中有着独特且重要的作用，但非 1∶1 情况的计算方法并不完善，也很少作为匹配关系正确性判断的依据，究其原因主要有以下两个方面：

（1）居民地群边界轮廓的提取问题。居民地匹配中非 1∶1 情况的产生原因有很多，一般由制图综合产生。要对比居民地个体与居民地群之间（或居民地群之间）的形状相似性，通常需要获取居民地群的边界轮廓，这需要制图综合中的面对象合并技术的支持。居民地个体之间的合并不同于一般多边形或自然地理对象的合并，具有一些独有的特点，如合并后的居民地边界要保持轮廓矩形直角化的形状特点，合并需顾及原居民地的凹凸分布、错位等情况，合并后的处理要考虑"外形相似性"等。面合并自身就是制图综合中的一个难点问题，需要满足形状相似性度量的需要，并最大限度地保持形状特征，这些都给居民地群边界轮廓的提取带来很大障碍。

（2）形状相似性度量问题。居民地合并不仅自身难度较大，还给之后的形状相似性度量带来很多问题，如合并中的形状轮廓特征的保持（图 9.8）。

图 9.8 中较大比例尺地图中居民地群 A 与较小比例尺地图中居民地 B 为已匹配的同名对象，传统的形状相似性度量需提取居民地群 A 的轮廓边界，居民地 A'（虚线边界）与居民地 A''（虚线边界）均为合并后获得的对象，但是当合并方法不同、合并后直角化处理的矩形形状因子不同以及制图综合尺度不同时，提取的边界也存在差异，给接下来形状相似性度量的精确性带来障碍。

又如，合并中会产生非简单多边形。如图 9.9 所示，较大比例尺地图中居民地群 C 合并为居民地 C'（斜线填充）时，产生了有"洞"的非简单多边形，使用传统形状描述

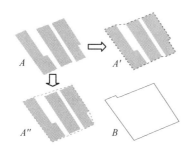
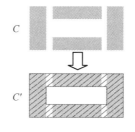

图 9.8　合并的形状特征保持　　　　图 9.9　合并产生非简单多边形

及相似性度量方法存在较大的困难。

因此，需要给出一种能避免上述问题的非 1∶1 形状相似性度量方法。由图 9.8 和图 9.9 不难发现，当将居民地群 A 与居民地 B（或群 C 与 C′）重叠时，其内部区域和边界的重叠程度都很好。因此也可以推断出：同名对象（群）的形状相似性使得它们在消除方向、位置、面积差异后具有很高的重叠程度。

本节就此入手，引入格网划分的方法，变相地获得形状相似性值，整个格网叠置分析形状相似性计算流程如图 9.10 所示。

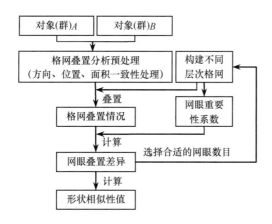

图 9.10　格网叠置分析形状相似性计算流程

（1）将不同数据来源居民地对象（群）予以方向、位置、大小差异消除处理后，使其尽可能拥有最大的重叠度；

（2）建立不同细致程度的规则格网并赋予每个网眼相应的重要性系数，依据各层次格网分别对重叠处理后的居民地（群）进行划分，获取对象（群）内部区域及边界的与各个格网的叠置情况；

（3）根据居民地对象（群）在同一格网网眼的叠置情况及该网眼的重要性系数，获取它们在每个网眼的叠置差异，并由此计算得到居民地对象个体与群之间的形状相似性值。

2. 格网叠置分析形状相似性计算

1）格网叠置分析预处理

本方法由于主要解决不同尺度数据匹配结果的形状相似性计算，为解决居民地对象在制图综合过程中由化简、位移、合并等操作带来的影响，在构建格网并进行叠置分析之前，需要对居民地对象（群）进行一致性预处理，消除它们之间的方向、位置、大小的差异，使其重叠程度达到最高，为接下来的格网叠置分析提供良好数据基础。

（1）方向一致性处理。与9.2.1节相同，仍使用SMBR主轴方向描述居民地方向。如图9.11所示：居民地群A和居民地B为两幅分别来自于1∶10 000和1∶25 000地图中的居民地街区对象；利用居民地群A的SMBR主轴方向表示其主方向α，居民地B的SMBR主轴方向表示其主方向β。本节将进行格网叠置分析形状相似性度量的居民地对象（群）的组合，称为"居民地对象目标组"。

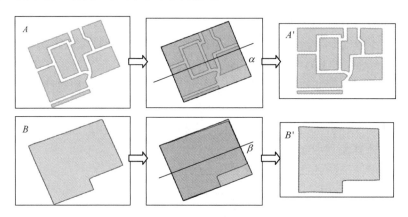

图9.11　居民地对象（群）方向一致性处理

获取居民地对象（群）的主方向后，需对其进行方向一致性处理。因格网叠置分析中，格网划分产生的是沿X轴Y轴方向的正方形网眼，为了使构建的格网网眼能够得到充分利用，本方法仍采用与关键点内插方法中相同的水平化处理方法实现居民地对象（群）的方向一致性处理。利用该方法获得处理后的居民地群A'和居民地B'，此时它们的主方向完全重合。

而当居民地对象（群）SMBR长边和短边长度较为接近，即趋于正方形时，上述方向一致性处理方法可能造成方向90°或180°误差。因此，需要在方向一致性处理后再将其中一组对象（群）沿设定方向旋转90°、180°、270°，在格网叠置分析预处理后比较这4种方向一致性处理后的重叠程度，选择其中重叠度最大的方向一致性处理方式。

（2）位置一致性处理。度量居民地对象之间位置差异的方法有很多，如对应边界最大最小距离、边界线Hausdorff距离、对应顶点平均距离、重心距离、质心距离等，最常见的方法是用居民地对象中心点代表该对象，以点的距离代替面的距离。本节使用居民地对象目标组的SMBR中心点作为位置一致性处理的依据，将居民地群A'依据群A'和对象B'的SMBR中心点向量$\overrightarrow{p'_A p'_B}$移动，这样处理后群$A'$和对象$B'$的重叠情况良好，如图9.12（c）、（d）所示。相比较而言，采用质心位置差异向量，会因实体群中的空隙分布，有可能对一致性处理的精确性造成影响［图9.12（a）、（b）］。

（3）大小一致性处理。同名对象的大小在理论上应该是十分相近的，如图9.12（d）中位置一致性处理后的群A'和对象B'的大小是十分接近的，但也有略微的差异，表现在群A'的外围轮廓边界与对象B'的边界位置有所差别，因此需要进一步进行大小一致性处理。在人们普遍认识中，"大小"和"面积"一般表达的是相同或相近的意思，但在本节处理的多尺度匹配中非 1∶1 情况中，群 A' 内部存在街区空隙（如低等级道路），使得群 A' 总面积与对象 B' 面积不同，所以并不能使用面积统一的方法完成大小一致性处理。如图 9.13（a）所示，面积统一处理后群 A' 和对象 B' 的重叠程度较差。故此处使用对象（群）的 SMBR 长边的比例作为大小缩放比例，经处理使得群 A' 与对象 B' 的 SMBR 长边长度相同，其内部区域和外围边界的重叠情况都很好，如图 9.13（b）所示。

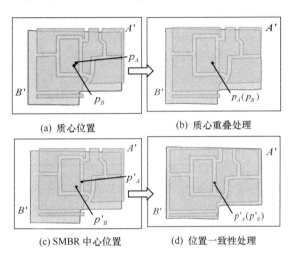

(a) 质心位置　　　　　　　　(b) 质心重叠处理

(c) SMBR 中心位置　　　　　　(d) 位置一致性处理

图 9.12　居民地对象位置一致性处理

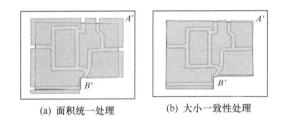

(a) 面积统一处理　　　　　　(b) 大小一致性处理

图 9.13　居民地对象（对象群）大小一致性处理

经过以上方向、位置、面积三个方面的一致性处理，在保持群 A 总面积与对象 B 几何形状特征的同时，使其重叠程度达到最高，为下一步格网构建及格网叠置分析提供了良好的数据基础。

2）构建格网

格网叠置分析预处理完成后，得到了重叠程度很高的对象（群），下一步就需要依据预处理后的数据构建规则格网。格网索引技术是空间数据库管理中一项关键技术，其基本思想为在整体研究区域范围内使用横纵线划分大小相同或不同的格网，记录下每一个格网网眼内包含的空间对象，以此建立起索引机制，当用户查询所需目标空间对象时，先计算出其所在格网，再从格网中搜寻该对象。该技术可以有效地提高空间数据库的查询效率，便于数据管理。

本节将格网索引中格网划分思想引入面状居民地形状相似性度量中，不对整个居民地数据源建立格网，而只使用合适尺寸的细小网眼对被度量的对象（群）划分规则格网，比较对象（群）与格网网眼的重叠情况获取其形状相似性值。因此，其中的关键在于构建合适的格网并给出恰当的计算方法。

对被度量居民地对象目标组构建格网不同于格网索引中的格网，其主要目的在于正确反映其中每个对象（群）的整体和细节形状特征以及它们之间的区别。因此选择合适的格网数目（GridNum）$m \times n$，既尽可能详细地反映形状特征，又能减少冗余提高计算效率是十分重要的。下面仍以图 9.11 中居民地群 A 与对象 B 为例，探讨格网构建方法。

（1）格网构建范围的选择。居民地对象目标组外接矩形范围通常不是规则的正方形，横竖方向选择相同的格网网眼数目 GridNum（$m=n$），可能产生较多的格网冗余［图 9.14（a）］，会降低构建格网以及后续叠置分析的效率。因此，构建格网需考虑被度量居民地对象目标组经预处理后形成对象（群）组的实际范围，选择一种恰好可以将整个居民地对象（群）包含在内的范围构建格网，如图 9.14（b），将原有的 20×20 格网改进为 20×18。

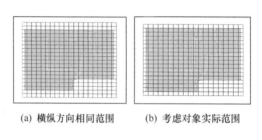

(a) 横纵方向相同范围　　　(b) 考虑对象实际范围

图 9.14　构建居民地对象目标组格网范围

（2）格网网眼数目及大小的确定。为使格网范围能够包含所有被度量居民地对象且构建方法简单，本节构建格网中心点为居民地对象目标组的 SMBR 中心点的规则格网，横、纵方向格网数目 m、n 设置为偶数，格网中心点上下或左右具有相同的格网数目。

本节的规则格网构建方法需保证格网构建的科学性，避免出现预处理后的对象（群）外围轮廓边界正好位于格网边缘上等有可能降低形状相似性度量可信度的现象。在构建格网之前首先要确定格网网眼的数目 GridNum。本节选择的规则格网范围有可能造成格网横纵方向网眼数目不同（$m \neq n$）的情况，故只设定预处理后的横轴（SMBR 主轴）方向的格网数目 m，m 值过大时计算量较大，较小时会降低度量精度，故 m 值需结合实验数据的特点经过实验确定。格网网眼大小为

$$\text{Size}_{\text{mesh}} = \frac{\dfrac{L_X}{m-k} - \dfrac{L_X}{m}}{2.0} \tag{9.13}$$

式中，L_X 为居民地对象目标组的 SMBR 长边长度；k 为网眼大小扩张系数，取值范围（0，m），通常取 1 或 2，这样既能保证设定格网数目 m 可以将被度量的居民地对象目标组对象全部包含在格网范围之内，又尽可能地减少格网冗余。而当 $\text{Size}_{\text{mesh}}$ 直接设置为 L_X/m 时，格网边缘可能与被度量居民地对象的外围边界重合。

纵轴方向的格网网眼数目 n 的设置方法为

$$n = \left[\operatorname{int}\left(\dfrac{\dfrac{L_Y}{2.0}}{\operatorname{Size}_{\mathrm{mesh}}} \right) + 1 \right] \times 2 \tag{9.14}$$

式中，L_Y 为居民地对象目标组的 SMBR 短边长度。式（9.14）可以将纵向格网将居民地对象目标组所有对象全部包含在格网范围之内，且减少格网冗余。

图 9.14（b）中的格网即依据以上格网数目及大小确定方法构建，可以看出该格网能够将居民地对象目标组中的所有对象都包含在内，格网最外层的网眼与居民地对象也有重叠，格网网眼利用率很高。利用该格网构建方法并设定合适的格网数目 m 可以较为准确地反映居民地对象目标组中个体和群的几何特征，为后续形状相似性的度量建立计算框架和基础。

3）形状相似性计算

在对居民地对象目标组进行预处理并构建格网之后，需建立合适的计算模型来度量形状的相似性。本方法计算形状相似性需解决以下 4 个方面的问题。

（1）居民地对象与网眼的重叠判断。居民地对象（群）与格网网眼的重叠分为对象内部区域与网眼的重叠和对象边界与网眼的重叠。对象内部区域与网眼的重叠判断主要依据两者重叠面积与网眼面积的比率 R_{polygon}，其计算公式为

$$R_{\mathrm{polygon}} = \operatorname{Area}^{p}_{\mathrm{overlap}} / \operatorname{Area}_{\mathrm{mesh}} \tag{9.15}$$

式中，$\operatorname{Area}^{p}_{\mathrm{overlap}}$ 表示对象内部区域与网眼重叠部分的面积；$\operatorname{Area}_{\mathrm{mesh}}$ 表示格网网眼的面积。当 R_{polygon} 大于一定的阈值时，可以认为该网眼为居民地内部区域网眼。鉴于形状相似性度量需反映局部细节的差异，本节构建格网的网眼密度通常较大，网眼也较小，将 R_{polygon} 设置为 0.45，可以较为合理地体现它们之间的重叠情况。

对象边界与网眼的重叠判断引入格网索引匹配中缓冲区思想，当对象边界的缓冲区与网眼的重叠程度较高时，判断该网眼为居民地对象边界网眼。判断依据为对象边界与网眼重叠面积与网眼面积的比率

$$R_{\mathrm{boundary}} = \operatorname{Area}^{b}_{\mathrm{overlap}} / \operatorname{Area}_{\mathrm{mesh}} \tag{9.16}$$

式中，$\operatorname{Area}^{b}_{\mathrm{overlap}}$ 为对象边界缓冲区与网眼重叠部分的面积。当 R_{boumdary} 大于设定阈值时，可以认为该网眼即为居民地边界网眼。R_{boumdary} 值的设定不仅与格网密度有关，也与边界缓冲区的宽度有关，经实验本节将边界缓冲区单侧宽度设为格网网眼大小的 0.3 倍（$0.3\operatorname{Sig}_{\mathrm{mesh}}$），$R_{\mathrm{boumdary}}$ 设置为 0.45，在网眼数目 m 较大时能够准确反映对象边界与网眼的重叠情况。

（2）网眼重要性系数的确定。由图 9.14（b）中居民地对象目标组所有对象在格网中的分布情况可以看出，网眼有些位于对象（群）边界内部，有些位于边界，剩余的则变为冗余网眼，与任何对象均没有重叠。居民地对象目标组内部区域的网眼在体现对象（群）之间形状差异性及相似性方面显然没有边界网眼的重要性强，故对格网网眼设置不同的重要性系数有利于形状差异性及相似性的度量。本节使用格网范围内侧递减的重要性系数 $\operatorname{Sig}_{\mathrm{mesh}}$ 设置方法赋给格网中的网眼不同的重要性系

数，计算公式为

$$\mathrm{Sig}_{\mathrm{mesh}} = k \times [1 - \mathrm{Num}_{\mathrm{min}}/(n/2)] + b \tag{9.17}$$

式中，$\mathrm{Num}_{\mathrm{min}}$ 为网眼与格网边界所隔的最近网眼数；n 为纵轴方向的网眼数目；k，b 为重要性系数的调整参数。为方便计算，本节将 k，b 的值均设为 1，这样最外层网眼的 $\mathrm{Sig}_{\mathrm{mesh}}$ 为 2，依次递减至最内层网眼值为 1。

图 9.15 将图 9.14（b）中格网网眼的重要性系数 $\mathrm{Sig}_{\mathrm{mesh}}$ 表现出来，网眼的颜色越深重要性系数越高，反之越低。格网最外层一圈网眼的重要性最高，颜色最深，而图中中心矩形方框包含的 8 个网眼距离边界最远，重要性最低，颜色也最浅。

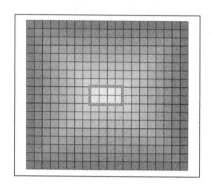

图 9.15　格网网眼重要性系数设置

（3）相似性计算方法。居民地对象目标组的形状相似性值是通过计算居民地对象（群）之间内部区域网眼及边界网眼的差异性获得的。仍以图 9.11 中的居民地对象群 A 与对象 B 为例，用式（9.18）：

$$
\begin{aligned}
d_{\mathrm{polygon}} &= \frac{\left\lceil \sum \mathrm{Sig}_{\mathrm{polygon}}^{A} - \sum \mathrm{Sig}_{\mathrm{polygon}}^{B} \right\rceil}{\max\left(\sum \mathrm{Sig}_{\mathrm{polygon}}^{A}, \sum \mathrm{Sig}_{\mathrm{polygon}}^{B}\right)} \\
d_{\mathrm{boundary}} &= \frac{\left| \sum \mathrm{Sig}_{\mathrm{boundary}}^{A} - \sum \mathrm{Sig}_{\mathrm{boundary}}^{B} \right|}{\min\left(\sum \mathrm{Sig}_{\mathrm{boundary}}^{A}, \sum \mathrm{Sig}_{\mathrm{boundary}}^{B}\right)} \\
S_{\mathrm{shape\_grid}} &= 1 - d_{\mathrm{polygon}} \cdot d_{\mathrm{boundary}}
\end{aligned}
\tag{9.18}
$$

计算形状的相似性，其中，$\sum \mathrm{Sig}_{\mathrm{polygon}}$、$\sum \mathrm{Sig}_{\mathrm{boundary}}$ 分别表示对象群 A 或对象 B 内部区域网眼和边界网眼重要性系数的总和。对象群 A 或对象 B 基于格网叠置分析的形状相似性值由内部区域网眼及边界网眼差异性乘积求得。

（4）格网网眼数目 m 的设定。根据本节中相似性度量原理可知，横轴方向网眼数目 m 越大，对于对象（群）的形状描述越为细致，相似性度量越准确；但是 m 的值越大，计算效率越低。因此，选择合适的网眼数目是十分重要的。本节使用抽样实验的方法，在相似性度量的不同数据源中随机抽取一些居民地对象（群）进行实验，分析不同网眼数目的相似性度量结果，确定适合的网眼数目。还以图 9.11 中群 A 与对象 B 为例进行实验，选择不同的网眼数目，分析各自的形状相似性值，选取一个相似性值度量准确且效率相对较高的网眼数目。m 取值为[4，50]时，群 A 与对象 B 的形状相似性值如图 9.16 所示。

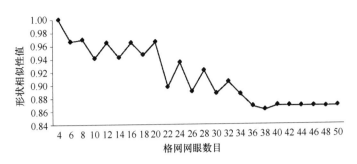

图 9.16　格网网眼数目与相似性值的关系

由图 9.16 不难发现，当 m 取值较小时形状相似性值较高，随着 m 值的增大，相似性值随之减小，并在某一数目（$m=36$）后趋于稳定。此时的形状相似性值（0.87 左右）即为对象群（对象）的形状相似性值，而当相似性值趋于稳定时的格网网眼数目就可以认为是合适的。

当进行较大数据量的居民地对象群（对象）形状相似性度量时，需要选择一定数量的居民地对象目标组，进行如上的网眼数目与相似性值关系分析，选择合适的网眼数目，再进行全部数据的形状相似性度量。

3. 实验与分析

实验数据采用同一城市的 1∶10 000 和 1∶25 000 地图数据 A 和 B，如图 9.17（a）、（b）所示。由图可知，当两数据进行匹配时，会出现非 1∶1 匹配的情况。使用基于位置与叠置相似性的匹配方法，获得 4 组居民地同名对象；再进行格网叠置分析的形状相似性度量，检测其中的匹配错误，结果见图 9.17（c）及表 9.4。

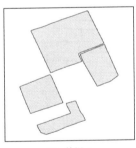
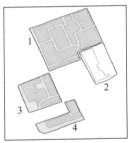

(a) 数据 A　　　　　　　(b) 数据 B　　　　　　　(c) 检测结果

图 9.17　格网叠置分析形状相似性检测实验

表 9.4　匹配错误检测结果

编号	形状相似性值	是否匹配
1	0.868 541	√
2	0.508 309	×
3	0.725 240	√
4	0.761 733	√

居民地同名对象组合 1，3，4 的形状相似性较高，而组合 2 的形状相似性显然很低（见表 9.4 中阴影部分数值），在匹配中建立了错误的匹配关系。因此，本方法对于形状

的差异比较敏感,形状相似性度量准确度较高。由实验可知,格网叠置分析的形状相似性检测方法对于解决非 1∶1 情况时的形状相似性度量及匹配错误检测问题有很好的效果,在几何匹配质量评估中可以发挥重要作用。

9.2.3 基于形状相似性度量的匹配错误检测

在 9.2.1 节和 9.2.2 节分别针对 1∶1 和非 1∶1 的面状居民地形状相似性度量的基础上,要满足几何匹配质量评估的要求,须建立起一个统一的评判标准,用于匹配错误检测。

1. 检测流程

图 9.18 为基于形状相似性度量的匹配错误检测流程。首先,依据被评估数据特点建立统一的相似性评判标准;然后对被评估数据进行形状相似检测。主要步骤为:

(1) 从已匹配数据中抽样选取出一些能反映被评估大量数据特点的居民地对象组,对其中 1∶1 和非 1∶1 的情况分别进行形状相似性度量。

(2) 分析相似性度量结果,建立各自匹配关系正确性评判标准。

(3) 对所有数据进行相似性度量,利用上一步形成的评判标准,检测出形状相似性低的居民地对象组,即认定它们之间的匹配为错误匹配;而形状相似性高的对象组继续进行后续评估。

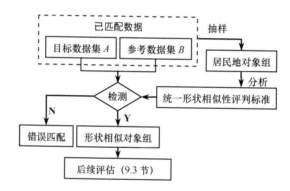

图 9.18　基于形状相似性度量的匹配错误检测流程

2. 实验与分析

将上文中两种检测方法集成为一个统一的检测方法,首先需要对两种方法的评判标准进行统一,即建立起两种方法评判标准的联系,使得这两种方法在检测同一组居民地数据时,对 1∶1 和非 1∶1 对应情况的检测标准一致。

分别使用关键点内插和格网叠置分析的检测方法检测图 9.6(c)中同名对象间的形状相似性及其中的匹配错误,得到如图 9.19 所示的结果。

图 9.6(c)中对象间均为 1∶1 的匹配情况,使用该数据比较两种相似性度量方法的区别与联系较为合理。分析结果可知:

(1) 对于自身形状相似性很高的同名对象,两种检测方法的计算结果趋于一致。如对象组 1,3,6,9,11,15 等,这些对象组的两种形状相似性值均很高,两种方法对其形状相似性的度量都较为精确,均可判定为正确匹配(图 9.20)。

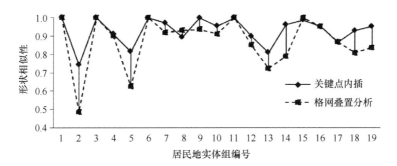

图 9.19 两种检测方法的形状相似性值

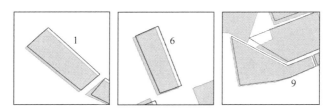

图 9.20 自身形状相似性高的同名对象

（2）整体形状相似但细节描述有差异的同名对象，如 14，18，19 等，两种检测方法的结果略有区别。关键点内插方法对居民地整体相似性体现得较好，但对细节差异不够敏感，原因在于关键点内插方法中对边界细小线段所赋权值较小，对象间细小线段的差别对总体相似性值的影响也较小；而格网叠置分析方法对于被检测的居民地对象之间的边界细节差异较为敏感，主要原因是格网网眼重要性系数设定时，采用由边缘至中心递减的赋值方法，边界的差异对总体相似性值的影响要远大于内部的差别。总体而言也可以认为其为正确匹配（图 9.21）。

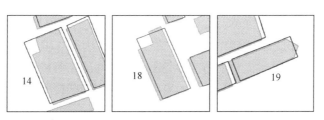

图 9.21 边界细节存在差异的同名对象

（3）整体形状区别较大的同名对象如 2，5，13 等，形状相似性度量结果都较低，格网叠置分析度量结果对其细节差异的反映尤为明显，可判定其为错误匹配（图 9.22）。

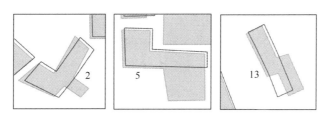

图 9.22 错误匹配的对象

综上，关键点内插的检测方法对整体形状的相似性的度量较为准确，格网叠置分析方法则对细节差异反映更加敏感，两种方法的检测结果都能较好地检测居民地同名对象之间的匹配错误。

在本节评估体系中，形状相似性具有重要的地位，对于匹配关系的判断具有类似"一票否决"的作用，而不是像其他指标需要综合度量，因此选择合适的、统一的评判标准，对于整个几何匹配质量评估体系的有效性和正确性具有重要意义。由本节对两种检测方法的分析可知，两种方法的度量结果数值有所差异，但仍然具有较强的一致性，故在其中分别找到一个对应的评判标准并不难。例如，对于图 9.6（c）的匹配数据，设定的 1∶1、非 1∶1 情况的匹配关系正确性阈值分别为 0.85 和 0.75，可有效检测出匹配错误的对象。

9.3 多指标灰色关联自定权的匹配正确性判断方法

位置、面积、方向三种几何精度的度量，一般采用计算同名对象间几何差异值与其限制的接近程度来完成，不同于形状在本研究评估方法中的作用，这三种度量需要进行综合评判，因此本节将位置、面积、方向作为几何精度的度量指标，利用灰色关联分析确定其权值，再通过加权平均的方式获得综合度量结果，以此作为匹配关系正确性的最终判断标准。

9.3.1 灰色关联分析的基本原理

灰色关联理论是灰色决策理论的重要组成部分（刘思峰等，1999），是发掘数据中隐含内部信息和规律的有效方法。灰色关联分析广泛应用于金融、经济等领域，主要思想是根据问题的事实背景，衡量各因素间灰色关联大小，寻找出理想的最优方案对应的评价向量（罗党和刘思峰，2005；文志平等，2012），从而获得最优的问题解决方案。

灰色关联是指事物之间不确定的关系，亦或是内部因子与事物主行为间的不确定关系，通过度量内部因子子向量和事物主体参考向量之间的几何接近程度，分析各因子之间的关联程度。当几何接近程度越高，相应向量之间的关联程度越高，反之越小。在关联分析中，各因素之间的具体关联数值并没有太大的实际意义，只是表征关联密切程度的一组数字，通过这一组数字将各子向量按关联大小进行排序，从而直接反映各子向量与参考向量间关联程度的"主次"或"大小"关系。

匹配关系的确立依据通常是对象间各种类型综合相似性或差异性的大小。匹配关系的正确性是本章质量评估的主题，空间数据匹配质量评估一般也要通过度量对象间的各评估指标相似性或差异性，得到综合相似性或差异性的大小。本节从对象间的差异入手，建立起由不同类型差异综合度量得到的空间对象间综合差异模型：

$$d_{gra} = d_1 \oplus d_2 \oplus \cdots \oplus d_n \tag{9.19}$$

式中，d_{gra} 表示综合差异评估结果；$d_{1\sim n}$ 表示各差异指标评估结果；$\oplus$ 表示集成关系。差异评估指标数量很多，类型也千差万别，一般需要使用权重 ω 来表达它们之间的"集成"关系，综合差异评估模型即表示为

$$d_{\text{gra}} = \sum_{i=1}^{n} \omega_i d_i \qquad (9.20)$$

由于待评估数据特点不尽相同，各差异评估指标对于该数据的重要程度也不得而知，因而单纯使用专家经验分析得到各指标的权重的适用性和科学性也就无法确定了。因此，使用灰色关联分析挖掘待评估数据内部的"灰色"信息即不确定信息，分析各评估指标与数据匹配之间关联程度的主次，获取各指标对于该数据的重要程度，得到一个科学的、适用于本数据的对象差异性度量方法是较为科学和有效的。

9.3.2 几何精度指标度量方法

本节重点关注匹配结果的质量，偏向于要找到一种技术成熟、精度较好的度量指标，快速准确地对匹配结果质量作出评估。空间数据一般由图形数据、属性数据和空间关系数据等组成。由于制图综合、测量方法、投影变换等方面的原因，不同来源、不同尺度的空间数据会存在较大差异。

此处采用第 2 章定义的图形数据差概念来描述地理对象间的几何差异，而属性数据模式差异较大，难以统一标准进行度量（翟仁健，2011），空间关系差异的度量方法又较为复杂，因此，本节选用图形数据差作为匹配质量评估中度量的主要内容，其他数据差异作为辅助度量选项。当前空间数据匹配所依据的常见图形数据特征有面积、形状、长度、角度、距离等，本节选用图形数据中较为主要的特征——位置、面积、方向作为同名对象间的图形数据差度量指标，并根据其特征给出计算方法。

1. 位置数据差度量方法

位置相似是同名对象的重要标志，也必然成为质量评估的关键因素。由于多种原因，同名对象间或多或少都会存在位置的偏移，如图 9.23 所示。

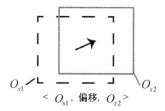

$< O_{s1}$，偏移，$O_{s2} >$

图 9.23　对象位置数据差

图 9.23 中 O_{s1} 和 O_{s2} 表示两幅不同版本数据中的居民地对象，此时两对象之间的位置数据差 Delta 可用"偏移"表示。居民地位置相似性度量方法有很多种，如对应边界最大最小距离、边界线 Hausdorff 距离、对应顶点平均距离、重心距离、质心距离等。质心具有移动、旋转不变性等优势，度量又相对简单，因此本节采用该方法计算居民地对象（群）的位置差异。

本节利用几何矩来求取居民地对象或对象群的质心。定义任意一个居民地对象或对象群包围区域 Ω 内的二元密度函数为 $f(x, y)$，其（$p+q$）阶几何矩表示为

$$M_{pq} = \iint\limits_{\Omega} x^p y^q f(x, y) \mathrm{d}x \mathrm{d}y \quad p, q = 0, 1, 2, \cdots \qquad (9.21)$$

在此定义中，p，q 分别为 x，y 的次数。函数 $f(x, y)$ 取值为区域 Ω 在 (x, y) 处的密度，故在普通居民地对象（群）的几何矩计算中，可以认为区域 Ω 内部的 (x, y) 处密度为 1，区域 Ω 外部的 (x, y) 处密度为 0。M_{pq} 是函数 $f(x, y)$ 对应的唯一集合，能够反向确定 $f(x, y)$。低阶几何矩具有明显几何意义，如零阶几何矩表示面对象（群）的面积：

$$S = M_{00} = \iint_{\Omega} \mathrm{d}x\mathrm{d}y \tag{9.22}$$

利用一阶几何矩则可以计算居民地对象（群）的质心坐标 $(\bar{x}, \bar{y})$，计算方法为

$$\bar{x} = \frac{\iint_{\Omega} x\mathrm{d}x\mathrm{d}y}{S} = \frac{M_{10}}{M_{00}}, \bar{y} = \frac{\iint_{\Omega} y\mathrm{d}x\mathrm{d}y}{S} = \frac{M_{01}}{M_{00}} \tag{9.23}$$

用该式获取质心，并使用居民地对象（群）质心之间的平面欧几里得距离计算其位置数据差。

设 σ_A、σ_B 分别是用于匹配的两地图中同名对象数据的位置精度，设置一个位置差异容差 δ_d，取值为 $k \times \sqrt{\sigma_A^2 + \sigma_B^2}$，$k$ 是一个常数，一般取值为 2 或 3。实验中 k 取值为 3，既可以最大限度地保证同名对象间形状等差异造成的质心位置偏差都在容差之内，又能较为准确地计算其归一化值。当两居民地对象（群）的位置差异大于容差 δ_d 时，即可认为匹配不可信。

定义位置数据差：

$$\Delta_{\text{Location}}(A, B) = \frac{\sqrt{(\overline{x_B} - \overline{x_A})^2 + (\overline{y_B} - \overline{y_A})^2}}{\delta_d} \tag{9.24}$$

式中，$\sqrt{(\overline{x_B} - \overline{x_A})^2 + (\overline{y_B} - \overline{y_A})^2}$ 为同名居民地对象中对象群 A 与对象 B 质心的平面欧几里德距离。

2. 面积数据差度量方法

居民地对象的面积是表征其空间图形特征的重要因素，但由于制图综合等多种因素的影响，同名对象间也会出现面积的差异，表现出"扩张"或"收缩"类型的面积数据差，如图 9.24 所示。

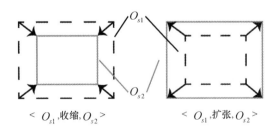

图 9.24　对象面积数据差

图 9.24 中 O_{s1} 和 O_{s2} 表示两幅不同版本数据中的居民地对象，此时两对象之间的面积图形数据差可用"收缩"或"扩张"表示。居民地对象匹配有很多类型，同尺度匹配

一般为 $1:1$ 匹配，不同尺度匹配常会出现 $1:n$ 甚至 $m:n$ 等情况。度量居民地同名对象面积数据差就是一种适用于上述多种匹配情况的方法。设 Area（A）、Area（B）分别为两同名居民地对象群 A，B 的面积，定义面积数据差为

$$\Delta_{\mathrm{Area}}(A,B) = \frac{\Delta\mathrm{Area}}{\Delta\mathrm{Area}_{\mathrm{tolerance}}}$$

$$= \frac{\Delta\mathrm{Area}}{\min\left\{\begin{array}{l}\max\left\{\begin{array}{l}[\mathrm{Area}(A)+\mathrm{Area}(B)]\times\Delta r(\mathrm{area})_{\mathrm{tolerance}}\\ \Delta\mathrm{Area}_{\min}\end{array}\right.\\ \Delta\mathrm{Area}_{\max}\end{array}\right.} \quad （9.25）$$

式中，$\Delta\mathrm{Area}$ 为对象（群）A，B 的面积差异值 $|\mathrm{Area}(A)-\mathrm{Area}(B)|$；$\Delta\mathrm{Area}_{\mathrm{tolerance}}$ 为面积差异阈值；$\Delta\mathrm{Area}_{\min}$ 为最小面积差异阈值；$\Delta\mathrm{Area}_{\max}$ 为最大面积差异阈值；$\Delta r(\mathrm{area})_{\mathrm{tolerance}}$ 为面积差异值与两对象（群）面积总和的比例系数。

3. 方向数据差度量方法

居民地对象的方向一般指的是居民地对象（群）轮廓的主轴方向，方向数据差定义为两对象（群）主方向间相对于 x 轴旋转角度的差异。本节仍采用 SMBR 进行描述。

居民地对象（群）的方向相似性或差异性一般通过比较主轴之间的夹角来评价。需要说明的是，在待评估居民地对象（群）的 SMBR 长短边长度相近的情况下，也需要考虑其次轴的方向。

图 9.25 中 O_{s1} 和 O_{s2} 表示两幅不同版本数据中的居民地对象，此时两对象之间的方向图形数据差可用"旋转"表示。设 α,β 分别为两对象 SMBR 主轴方向顺时针到 x 轴方向的夹角，通常取值为 $[0,\pi)$。使用空间数据匹配中常用的方向角夹角方法表示两对象 A，B 间的方向数据差为

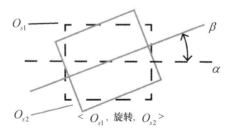

图 9.25　对象方向数据差

$$\Delta_{\mathrm{orientation}}(A,B) = |\alpha-\beta| \quad （9.26）$$

4. 复合类型图形数据差度量方法

要建立各类型图形数据差与综合图形数据差之间的关联关系，获得其权值，首先要判断居民地对象间是否存在误差以及存在哪些类型的图形数据差。在表达相同区域的不同数据中，这几种图形数据差一般是同时存在的，不仅是上文中所述单一类型的情况，而且会出现复合类型图形数据差，如表 9.5 所示。但在度量图形数据差时，依然需要对图形数据差进行单项度量，再进行综合计算。

表 9.5　复合类型图形数据差

图形数据变化类型	图形变化	形式化表达
位置、面积		$<O_{s1}$，偏移、扩张，$O_{s2}>$
		$<O_{s1}$，偏移、收缩，$O_{s2}>$
面积、方向		$<O_{s1}$，扩张、旋转，$O_{s2}>$
		$<O_{s1}$，收缩、旋转，$O_{s2}>$
位置、方向		$<O_{s1}$，偏移、旋转，$O_{s2}>$
位置、面积、方向		$<O_{s1}$，偏移、扩张、旋转，$O_{s2}>$
		$<O_{s1}$，偏移、收缩、旋转，$O_{s2}>$

9.3.3　综合度量及匹配正确性判断

在获得待评估居民地三种类型的图形数据差之后，通过建立居民地同名对象三项图形数据差与综合图形数据差之间的灰色关联，自适应设置图形数据差计算权值，经过样本选取、权值确定、综合图形数据差计算与分析，完成综合图形数据差度量，作为多指标综合度量的结果。

1. 样本数据的选取

在建立综合图形数据差度量模型之前，需要在待度量匹配数据中选取一定数量的对象作为样本进行分析，从而确定三种图形数据差指标的权值。

图形数据差指标权值设置需要对各图形数据差指标与综合图形数据差之间的灰色关联进行分析，加之灰色关联分析可以在"小样本、贫信息"的情况下进行，因此选择的样本都必须符合居民地对象匹配关系正确所需要的要求，即两幅匹配数据中选取的对象之间"综合图形数据差尽量小"。故首先使用单项图形数据差度量对待评估数据进行一次初步度量，从中选择一些各项图形数据差均很小的同名对象组合作为样本数据。它们之间的图形数据差很小，可以确定其匹配关系正确。

表 9.5 中所示的图形数据差变化种类繁多，将其逐一进行度量、判断较为复杂和烦琐，也无必要。因此，本节提出一种样本选取策略，将三种图形数据差都划分为三个档

次，判断居民地对象间各类型图形数据差情况，从待评估数据中选取各项差异值均较小的同名对象组合。

在三种图形数据差未知的情况下，样本的选取实际是同名对象的选择过程，用以代替人工识别和选取。故根据人的空间认知规律，将三种类型的图形数据差度量结果均分为三个档次：微差、中差、较大差。图形数据差存在的不可避免性使得需要设置一个档次"微差"Δ^l——差异值非常小，近似认为该类型数据差不存在；为使灰色关联度量时分析数据较为全面合理，也需要设置一个差异容忍区间"中差"Δ^m——差异值相对适中，可认为两对象间该类型图形数据较为相似，仅存在适中的差异；而当差异值过大不能容忍时，即存在一个档次"较大差"Δ^h——可认为两对象间图形数据不具相似性。由此三种图形数据差形成了三个档次，即"微差"Δ^l、"中差"Δ^m和"较大差"Δ^h。

灰色关联分析样本数据的选取标准设定为，当居民地对象间的三项图形数据差中都为Δ^l，或有两项为Δ^l且另一项为Δ^m时，即判定这两个对象为匹配正确的同名对象，作为灰色关联分析的样本，即$(\Delta^l \wedge \Delta^l \wedge \Delta^l) \vee (\Delta^l \wedge \Delta^l \wedge \Delta^m) \to \text{select}$。

三个档次划分的具体区间标准依据待评估数据中各类型图形数据差值标准化后的分布特点，在保证样本正确率的同时，保证样本具有一定数量，增强后续灰色关联分析的有效性。故本节采取统计分析方法：依据数据特点预设样本比例，利用统计和正态拟合分析方法初步确定档次分级区间，再适当调整和取整，便于理解和计算。具体设定方法将在本节实验部分说明。

2. 综合图形数据差度量模型

本节使用灰色关联分析确定三种类型图形数据差的权值：依据数据差档次划分原则选取确认正确匹配的同名对象；将这些同名对象的三种类型图形数据差数值作为样本数据，构成比较子向量，选取三种类型图形数据差值最小的分量组成参考向量；使用灰色关联分析方法获取三种类型图形数据差指标与综合图形数据差之间的灰色相关程度，从而确定三种类型数据差的权值。而后利用权值分配情况建立综合图形数据差度量模型，其过程如下所述。

1）不同类型图形数据差的标准化

将样本数据中的同名对象进行面积、位置、方向数据差的度量，得到度量值向量：
$$x_i' = [x_i'(1), x_i'(2), \cdots, x_i'(k), \cdots, x_i'(m)], \quad i = 1, 2, 3 \tag{9.27}$$
式中，i 为所计算三种类型图形数据差编号；k 为样本数据中正确匹配同名对象的编号；m 为参加本次灰色关联分析计算的样本数据中同名对象组数目。

上文中面积数据差、位置数据差、方向数据差在最初计算中量纲不同，需要将它们进行归一化、无量纲化等标准化处理得到标准化数据差 $x_i(k)$，使得三种类型图形数据差具有可比性。

各类型图形数据差指标与综合图形数据差值之间关系可以理解为"成本型"，即越小越好（某一类型数据差越小，越能减小综合图形数据差值，证明两对象总体相似性高，匹配正确的可能性也越高）。故本节采用成本型指标的标准化方法中的极差变化法，公式为

$$x_i(k) = \frac{\max\limits_i x_i{}'(k) - x_i{}'(k)}{\max\limits_i x_i{}'(k) - \min\limits_i x_i{}'(k)}, \quad k = 1, 2, \cdots, m \tag{9.28}$$

2）构成比较子向量与参考向量

由样本数据中确定为正确匹配的同名对象间标准化处理后的各类型图形数据差度量值组成比较子向量

$$x_i = [x_i(1), x_i(2), \cdots, x_i(k), \cdots, x_i(m)], \quad i = 1, 2, 3 \tag{9.29}$$

式中，$x_i(k)$ 均为[0, 1]上的非负区间灰数。

然后确定其最优参考向量，其每个元素都是从子向量中选出的一个最优者，从而得到参考向量

$$x_G = [x_G(1), x_G(2), \cdots, x_G(k), \cdots, x_G(m)] \tag{9.30}$$

式中，$x_G(k) = \min\limits_{1 \leq i \leq n}\{x_i(k)\}$。本节中的最优者即是图形数据差度量值中的最小者。

3）灰色关联计算及权值确定

依据灰色关联分析法中最常用的"邓氏关联度"计算公式，最优参考向量 $x_G(k)$ 与比较向量 $x_i(k)$ 在度量某组同名对象 k 条件下的邓氏关联程度系数 $\xi_{Gi}(k)$ 为

$$\xi_{Gi}(k) = \frac{\min\limits_i \min\limits_k |x_G(k) - x_i(k)| + \rho \max\limits_i \max\limits_k |x_G(k) - x_i(k)|}{|x_G(k) - x_i(k)| + \rho \max\limits_i \max\limits_k |x_G(k) - x_i(k)|} \tag{9.31}$$

式中，ρ 为分辨系数，由此式可以发现关联系数 $\xi_{Gi}(k)$ 是分辨系数 ρ 的单调递增函数，ρ 越大，说明对 $\max\limits_i \max\limits_k |x_G(k) - x_i(k)|$ 越不重视，各因子对关联系数的影响越大；反之亦然。原则上 ρ 可以取值$(0, +\infty)$，但当 $\rho \to +\infty$ 时，关联系数 $\xi_{Gi}(k)$ 取值聚焦于 1，从而难以分辨，使得关联分析难以进行下去。在实际应用中 ρ 取值在 0 与 1 之间，通常取值为 0.5 比较适合人们的认知习惯，也能削弱因最大绝对差过大造成的失真影响。

将不同情况下的关联系数集中起来作为一个值，用平均值作为其关联程度值，从而解决关联系数过多造成的信息分散问题。此时最优参考向量 $x_G(k)$ 与比较向量 $x_i(k)$ 的邓氏关联程度系数：

$$\gamma_{Gi} = \frac{1}{m} \sum_{k=1}^{m} \xi_{Gi}(k) \tag{9.32}$$

汇总各类型图形数据差间关联度的大小，得到各自分配的权值：

$$\omega_i = \gamma_{Gi} \bigg/ \sum_{i=1}^{n} \gamma_{Gi} \tag{9.33}$$

4）建立综合图形数据差计算模型

综合度量两对象间的图形数据差 $d_{\mathrm{gra}}(k)$ 的计算模型为

$$d_{\mathrm{gra}}(k) = \sum_{i=1}^{n} \omega_i x_i(k), \quad i = 1, 2, 3 \tag{9.34}$$

由该式得到第 k 对参评同名对象的综合图形数据差，并以此作为质量评估的依据，

对待评估数据进行更为细致的质量评估。

3. 匹配正确性判断流程

图 9.26 为居民地匹配正确性判断流程，具体步骤为：

（1）将经过形状相似性匹配错误检测处理后形状相似性较好的被评估居民地对象提取出来，对其进行位置、面积、方向单项图形数据差的度量。依据各项图形数据差度量值进行档次划分，确定其中符合样本选取标准 $(\Delta^l \wedge \Delta^l \wedge \Delta^l) \vee (\Delta^l \wedge \Delta^l \wedge \Delta^m)$ 的原有被评估居民地对象作为样本数据。

（2）对单项图形数据差判断选取的样本数据，应用灰色关联分析方法确定各项图形数据差的权值。

（3）对第（1）步中提取出来的所有居民地对象的位置、面积、方向图形数据差进行度量，并使用第（2）步中灰色关联分析确定的权值构建的综合图形数据差度量模型，计算得到所有居民地对象的综合图形数据差值。

（4）分析数据特点，结合匹配情况设定合理的匹配正确性判断阈值，将综合图形数据差大于该阈值的被评估对象组合判定为"错误匹配"，而将度量结果小于该阈值的判定为"正确匹配"。

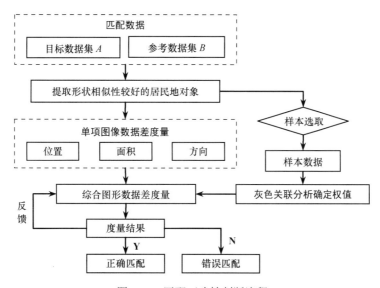

图 9.26　匹配正确性判断流程

4. 实验与分析

1）匹配正确性判断

为验证本方法的有效性，本节通过实验对该方法流程和效果进行进一步的说明和验证。实例分析用地图数据为图 9.27（a）所示的国内某城市某区域 1∶25 000 地图中的居民地数据，图 9.27（b）所示的同一区域不同来源 1∶25 000 地形图中的居民地数据。

实验选取基于面积重叠率相似性的单向匹配方法进行匹配，该数据精度较高，重叠度很大，当匹配阈值设置为 0.6 时，匹配结果如图 9.28 所示，匹配率及正确率较高。使

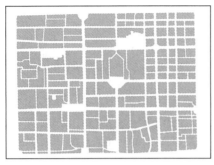
(a) 实验数据 A

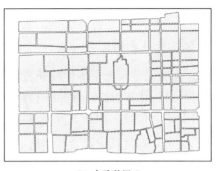
(b) 实验数据 B

图 9.27　实验数据

图 9.28　实验数据匹配结果

用该匹配方法也较为简捷，便于验证匹配正确性判断方法的有效性。

　　图 9.28 中彩色点表示居民地对象的质心，红色连线将同名对象的质心连接，表示对象间的匹配关系（同名对象间质心相连，非同名对象不相连）。由匹配结果可以看出，叠置匹配能够解决大部分的居民地匹配问题，但也存在一些匹配错误。

　　按照本节方法首先进行样本数据的选取。对匹配数据中的同名居民地对象进行单项图形数据差的度量，为保证灰色关联分析的科学性，需要确保单项图形数据差判断所选取样本数据的客观性，即能较为全面地反映本实验数据的特点。本次实验数据量不大，将所有同名居民地对象作为样本数据的选取范围，均进行三项图形数据差度量，将度量出的图形数据差进行标准化，结果如图 9.29 所示。标准化后的各项图形数据差值全部分布在[0，1]区间，且分布由匹配数据决定。

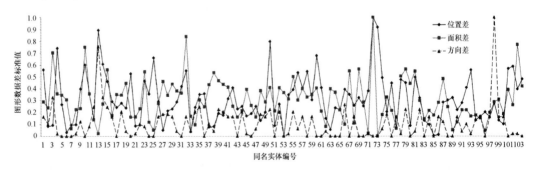

图 9.29　单项图形数据差度量标准化值

图 9.29 可以清晰显示，单项图形数据差标准化值较高的待评估对象组合数很少，大部分对象组合图形数据差较小。利用直方图统计和正态拟合，得到三种单项和所有图形数据差标准化值分布和正态拟合情况，如图 9.30 所示。

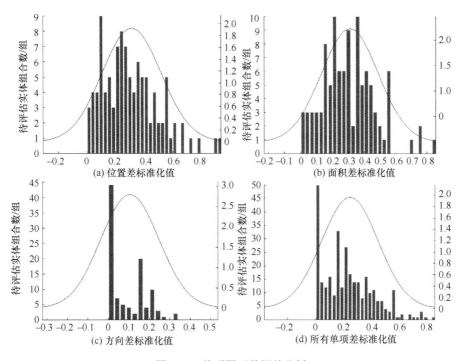

图 9.30   单项图形数据差分析

分析图 9.30 可知，该数据单项图形数据差标准化值中方向值较小，造成方向、所有标准化值并非完全符合正态分布，而位置与面积则基本符合，故选择档次区间划分时重点考虑位置与面积图形数据差。这两项统计的正态拟合期望 E 与方差 D 相近，其中期望 E 均约为 0.3，根据单侧置信区间估计方法，位置、面积图形数据差标准化值的小于 0.3 的概率约为 50%，小于 0.5 的概率约为 80%。加之该实验数据中两数据源描述的空间范围基本一致，数据一致性也较好，灰色关联样本可取数量也应较大。

因此，当设置三类图形数据差统一档次区间如表 9.6 所示时，能使该数据样本中同名对象各类型数据差标准化值中的 50% 以上达到 Δ^l 档次区间，80% 以上达到 Δ^m 档次区间。由于该实验数据的特点是居民地位置差异较小，当利用基于叠置的匹配方法时，匹配正确率较高，使用这种档次区间划分方法，既能够尽可能地包含所有匹配正确的同名对象，全面地反映各图形数据差指标与综合图形数据差之间的关系，又使得灰色关联分析中所使用的样本数据同名对象图形数据差值在较小范围之内，保证分析所用数据的正确性。将标准统一可以减少分别设置各指标档次区间对结果的影响，使得对下一步灰色关联计算的影响因素只有实验数据自身。

表 9.6   图形数据差档次划分

图形数据差	"微差" Δ^l	"中差" Δ^m	"较大差" Δ^h
档次区间	[0, 0.3]	(0.3, 0.5]	(0.5, 1)

使用该标准和样本选取规则，所选择的样本如图 9.31 所示，数据 *A*、*B* 样本中分别标明为红色和灰色填充的对象为样本数据同名对象。

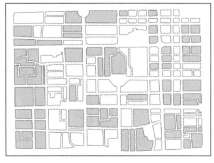
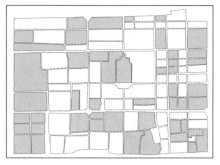

(a) 数据 *A* 样本居民地对象　　　　　　　　　(b) 数据 *B* 样本居民地对象

图 9.31　样本提取

依据样本数据中被确定为同名对象的各类型数据差值，使用灰色关联方法进行关联关系的度量，得到各指标权值，如表 9.7 所示。

表 9.7　各类型图形数据差权值

图形数据差	位置差权值 ω_L	面积差权值 ω_A	方向差权值 ω_O
权值	0.339 107	0.374 439	0.286 454

利用该权值分配方案可得到综合图形数据差度量模型，以此进行所有被度量对象的综合图形数据差度量。度量中，使用各类型图形数据差标准化值。居民地对象建立匹配关系通常需要极高的相似性，同理，本节匹配正确性判断差异性的高低，即综合图形数据差计算值低于一定匹配阈值时（$d_{\mathrm{gra}} < \delta$）判断居民地对象建立匹配关系。

阈值的选取直接关系到评估结果的质量，表现在评判所得查全率和查准率的变化，图 9.32 为不同阈值对匹配结果的影响。由图可以看出，对于该实验数据而言，当阈值选择过大时，没有发现一些错误匹配，查全率很高，查准率维持在一个相对较低的水平；随着阈值的减小，逐渐发现了错误匹配，查全率有所降低，查准率逐步升高，并在一定区间内（0.25，0.15）差异最小，达到一种相对平衡的状态；当阈值变得很小时，查准率固然很高，但是查全率大幅下降，是因为过小的阈值不仅发现了匹配错误，更将原本正确匹配的对象组合也判断为匹配错误。因此，阈值应该在查全率和查准率间差异最小、相对平衡的区间内选择。这种阈值确定方法适用于多种类型匹配，但不同类型的数据需

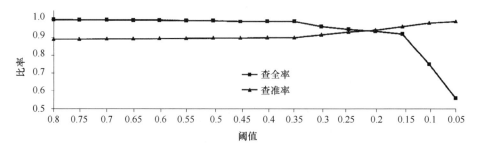

图 9.32　不同阈值对匹配结果的影响

要重新进行样本实验，使用阈值逐个试探的方式找到查全率与查准率的平衡点，从而获取阈值。

经过对（0.25，0.15）区间内阈值的匹配结果进行对比，匹配阈值 $\delta=0.18$ 时，能够较为准确地评判出匹配的正误，评判结果见图9.33和表9.8。

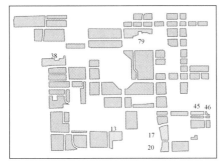 

(a) 数据 A 评估结果   (b) 数据 B 评估结果

图 9.33 匹配正确性判断结果

表 9.8 错误匹配居民地对象度量值

数据 A 中对象	数据 B 中对象	位置差	面积差	方向差	综合图形数据差
a_{13}	b_9	0.206 031	0.536 221	0.031 607	0.279 703
a_{17}	b_{101}	0.182 831	0.311 483	0.147 266	0.220 744
a_{20}	b_3	0.066 287	0.402 865	0.023 741	0.180 128
a_{38}	b_{71}	0.174 949	0.597 891	0.018 609	0.288 531
a_{79}	b_{100}	0.138 617	0.711 861	0.015 829	0.318 089
a_{45}，a_{46}	b_{21}	0.048 274	0.550 680	0.007 643	0.224 756

图 9.33（a）中红色与图 9.33（b）中灰色填充的对象为综合图形数据差小于阈值的"正确匹配"居民地对象，而图 9.33（a）中黄色和图 9.33（b）中蓝色填充的对象为综合图形数据差较大的居民地对象，可以认为是原匹配中的"错误对象"。

表 9.8 为综合图形数据差度量中度量结果大于设定阈值的"错误匹配"居民地对象单项及综合图形数据差度量值。分析其中各类型图形数据差值的分布可以得出，综合图形数据差度量值较大的居民地对象大多为面积差异较大的匹配对象，也验证了本方法确定权值的优势。

本实验综合度量及匹配正确性判断结果如图 9.34（a）所示，图中红色、灰色填充示意的对象为"正确匹配"的居民地对象，绿色、青色的填充（原蓝色、黄色填充，重叠显示为绿色、青色）的对象为"错误匹配"的居民地对象，无颜色填充对象为没有建立匹配关系的未匹配对象或漏匹配对象。

通过观察分析可知，本方法能够较为快速、准确地发现匹配中的错误，并分析出错误类型和原因。但同时也存在一些判断问题，图 9.34（b）、（c）、（d）即是本方法在该实验中的错误。图 9.34（b）所示为未判断出原匹配中的漏匹配的 $1:n$ 匹配情况；图 9.34（c）中实际情况为空间对象的变化，而非制图综合或数据采集方式不同等常见原因造成的同名对象差异；图 9.34（d）为未发现 $1:n$ 匹配中全部匹配实体的匹配错误。认真分

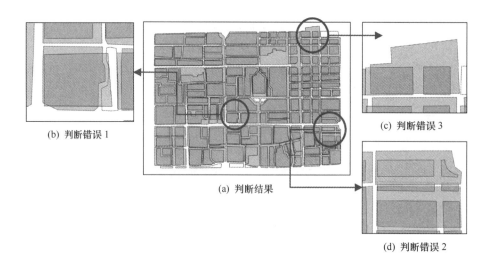

(b) 判断错误 1

(c) 判断错误 3

(a) 判断结果

(d) 判断错误 2

图 9.34　匹配关系正确性判断结果

析产生上述错误的原因，图 9.34（b）、（d）中的错误是因为本方法对空间关系考虑不足；图 9.34（c）中错误则是缺乏对形状差异的度量造成的。

2）比较分析

当不再利用灰色关联分析，而使用专家经验人为设置权值时，评判结果将不尽相同。例如，根据 10 名专业制图人员经验调查结果，设置权值为（0.361 162, 0.337 359, 0.301 479）。同样使用上述方法中的阈值确定方法确定阈值，阈值为 $\delta = 0.20$，匹配正确性判断结果如图 9.35 所示，数据 A 中红色填充和数据 B 中灰色填充的对象为"正确匹配"对象，数据 A 中黄色填充和数据 B 中蓝色填充的对象为"错误匹配"对象，数据 A 和数据 B 中无填充的对象为未匹配对象。由图可知人为设置权值方法能够判断出部分原匹配方法中的错误，但不够全面，其中的错误在图中使用红色圈标出。

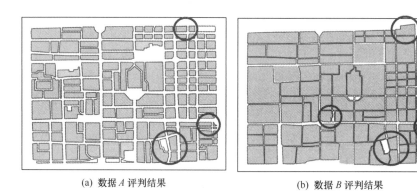

(a) 数据 A 评判结果

(b) 数据 B 评判结果

图 9.35　人为设置权值方法评估结果

总结本实验，匹配正确性判断结果分析如表 9.9 所示。匹配方向是指评估时用于分析评估结果的匹配数据源角度，正向匹配是由数据 A 角度评估，反向匹配是由数据 B 角度分析。N_C、N_E、N_M 分别为两种判断方法对原有匹配关系评估得到的正确匹配、错误匹配和漏匹配的对象个数；N'_C、N'_E 分别是判断匹配正确和错误的对象个数。

表 9.9　匹配正确性评判结果

匹配方向	匹配评判方法	N_C	N_E	N_M	N'_C	N'_E	评判结果/%		
							P	R	判断正确率
正向匹配	本方法	142	7	1	150	7	95.30	94.90	95.54
	人为设置权值方法	146	3	0	145	12	97.98	94.90	92.35
反向匹配	本方法	101	6	1	105	3	94.39	99.07	97.22
	人为设置权值方法	104	3	0	101	7	97.19	99.07	93.51

由表 9.9 可以看出，人为设定权值方法在对错误匹配和漏匹配的判断上能力有限，而本方法在该方面表现较好。在匹配查全率 R 方面与人为设置权值评判结果基本持平的情况下，查准率 P 明显优于后者。本方法在设定权值时需要进行样本分析，在匹配耗时和速度方面不及人为设定权值方法。但人为设置权值需要在每次匹配前咨询经验丰富的专业制图人员，费时费力，本方法能够依据数据特点自主设定指标权值，匹配判断正确率有较大提高，因此可以认为本方法在匹配正确性判断方面优于人为设定权值方法。

9.4　基于邻域相似性的增量更新质量评估

邻域空间对象包括更新对象及其邻近对象，其相似性不但包括几何相似性，还包括更新对象与其邻近对象之间的空间关系相似性。因此，基于邻域空间相似性的更新质量评估首先要解决几何和空间关系相似性度量问题，这个问题同尺度居民地匹配和相邻尺度居民地匹配中的一样，都属于相似性认知和量化问题，因此可以采用第 3 章等所述的相似性度量方法来计算，此处不再赘述。

9.4.1　评估方法及过程

基于邻域空间相似性的更新质量评估的总体思路是对更新区域和更新源上对应区域进行相似性计算和评价，当满足相似性指标时就可以判定为质量合格，不满足则需要人工辅助鉴定并重新执行更新流程。那么需要进一步细化解决的问题是如何划定评估区域、如何决定评估顺序以及空间相似性计算的策略及指标权值和阈值设置问题，下面依次讨论。

1. 评估区域的确定

评估区域是指在进行质量评估时涉及的对象及其包围的区域。由于增量更新只对变化对象进行更新，因此其更新区域往往是局部的，对于未受影响的区域，则没有必要进行质量评估。但是，若只对更新对象进行评估，那么进行空间关系相似性评价时就会缺少支撑，因为空间关系是相对的概念，必须要有参照对象，相对而言，未发生变化对象的参照可信度一般情况下要大于发生变化的对象，因此，在可能的情况下，往往选择未变化的对象作为空间关系评估的参照。所以评估区域不但包含更新对象，而且要包括更新对象周围未发生变化的对象。

根据空间场的概念，一般认为与更新对象邻近（存在 Delaunay 三角形连接）的所有对象都可能对其造成影响（艾廷华，2006）。因此，评估区域是更新对象及其邻近对象所包围的区域，而与其对应的则是源图上与这些对象关联的大尺度对象及其邻域。以上论述比较抽象，下面通过实例进行说明。如图 9.36 所示，地图 Map$_l$ 上居民地对象 A 为变化对象，增量更新后生成相邻尺度地图 Map$_s$ 上的居民地对象 A'，对两图分别构建约束 Delaunay 三角网，发现居民地对象 A' 的邻近对象为 B'、C'、D'、E'、F'，通过相邻尺度之间的关联发现它们的对应对象分别为 B、C、D、E、F。那么，该增量更新过程的评估区域为居民地对象 A' 与其邻近的居民地对象 B'、C'、D'、E'、F' 及其与 A' 的空间关系，源区域为地图 Map$_s$ 上的居民地对象 A 与邻近对象 B、C、D、E、F 及其与 A 的空间关系。

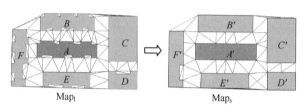

图 9.36　更新评估区域示例

2. 邻域空间相似性的形式化表达

对更新对象邻域评估的主要任务是计算邻域空间关系相似性和对象几何相似性，对照图 9.36，如果以 $\partial(A')$ 来表示更新对象 A' 的邻近对象集，有 $\partial(A') = \{B'、C'、D'、E'、F'\}$，$A'$ 的对应对象 A 的邻域对象集为 $\partial(A) = \{B、C、D、E、F\}$。那么，对象 A' 相对于 A 的邻域空间相似性 $v(A, A')$ 可以表示为

$$v(A, A') = \sum_{X \in \partial(A), X' \in \partial(A')} S_R \left[R(A, X) - R(A', X') \right] \oplus S_G(A, A') \tag{9.35}$$

式中，$S_R \left[R(A, X) - R(A', X') \right]$、$S_G(A, A')$ 分别表示对象 A' 与其对应对象 A 的邻域空间关系相似性和几何相似性；$\oplus$ 表示集成关系。

3. 指标相似性的组合使用方式

对空间相似性评价中的指标组合有两种可选方案，各指标相似性加权求和评估及逐项评估。安晓亚等（2011）在利用相似性进行匹配时使用了加权求和判断全局（混合）相似性的方法。但是在更新质量评估的环境下，相似性评价的主要目的是发现错误，采用加权求和的方法一方面要面对总相似性阈值和权值准确设定的难题，另一方面最后的评价结果无助于问题的准确定位，也很难给接下来的错误纠正过程提供足够的信息和支持。因此，本节采用各指标相似性逐项评估的方法：首先计算各指标的相似性，然后依次判定是否满足要求，若满足，判定下一个；若不满足，记下不合格指标项，继续进行评估。所有指标评估完成后，针对不合格的指标项，进行错误检查和错误纠正。

4. 评估顺序

在实际更新过程中，像图 9.36 中一个区域中只有一个对象发生变化进而更新的情况比较少见，多数情况下更新是成片出现的。当多个更新对象出现在一个评估区域内时，由于对象之间互相邻近，并且各对象作为参照的可信度都不相同，不同的更新顺序可能会造成不同的评价结果，不恰当的评估顺序甚至会影响评价结果的可信度。因此，为保证评估的正确性，必须对待评估对象进行排序。

由于更新对象经过了尺度变换，所以就单个对象而言，未更新对象作为参照对象的可信度要大于已更新对象；另外，更新对象的邻近对象越多，可以认为对其约束和评价就越全面。基于这两项指标，对更新对象的邻域评估可信度进行量化，设未更新参照对象的可信度为 3，邻近已评估成功更新对象的可信度为 2，邻近未评估更新对象的可信度为 1，评估失败对象的可信度为 0，待评估对象的邻域评估可信度定义为其邻域参照对象可信度之和。首先利用邻近对象中未更新对象的多少进行排序，未更新对象个数相同的情况下按照待评估对象邻域可信度进行排序，可信度高的先评估，评估完之后其自身又可以作为参照对象参与其他对象的评估，因此就可以保证整个评估质量可信度最大化。采用该方法，评估将从待评估区域边缘逐渐向区域中心推进。

5. 评估流程

在实际应用过程中，增量更新对象的质量评估流程如图 9.37 所示。首先以更新后数据为基础，从任一更新对象出发，进行邻近更新对象探测，然后对探测到的对象聚类，形成一个更新区域；通过相邻尺度数据之间的关联，找到更新数据源上与更新区域相对应的源区域。第二步是根据邻近性原则对更新区域进行扩展，找到更新区域邻近的未更新对象并进行标注，同步确定评估源区域。第三步根据评估可信度最大化原则对评估对象进行排序。由于在开始评估时只有未更新对象是可信的，而评估对象邻近的已更新对象尚未进行评估，因此把空间关系评估分为两步，前段评估只用邻近的未更新对象以及已评估成功对象进行空间关系评价，待邻近的更新对象评估完成后再补充缺失的空间关系评价，这一部分称为后段评估。标注两阶段评估中有任一项指标失败的对象，若都成功则按顺序评估下一对象，直到遍历完区域内的所有对象为止。

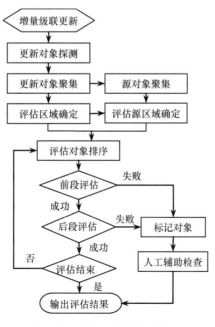

图 9.37　更新质量评估流程图

9.4.2 实验与分析

增量更新质量评估实验过程如图 9.38 所示。实验样图 9.38（a）为更新前后 1∶25 000 新旧数据叠加，图 9.38（b）上红色的居民地对象为级联更新后在尺度 1∶25 000 上标记为删除的对象，图 9.38（c）上红色的居民地对象为标记为新建的对象，它们由 1∶10 000 上的新建对象化简或合并而来，图 9.38（d）上紫色的居民地对象为标记为修改的对象。其中，新建对象和修改对象作为更新对象，是本次质量评估的目标。由于数据较多，因此本次质量评估将集中于图中右上角的新建对象和修改对象进行评估。

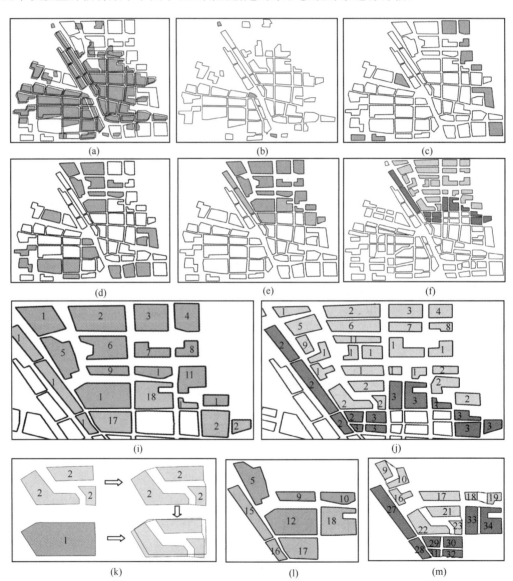

图 9.38　增量更新质量评估实验

经过更新对象探测和聚集之后，新建对象和修改对象连接成片，形成了如图 9.38（e）上紫色对象所示的更新对象群以及包围它们的绿色未更新对象群，整个质量评估区域如

图 9.38（e）中彩色居民地对象所示。利用相邻尺度同名对象之间的关联，更新对象所对应的源对象群和评估源区域如图 9.38（f）中彩色居民地对象所示。图 9.38（i）和（j）是以上两图进行开窗放大并编号后的图形。采用质量评估排序方法确定的评估顺序、更新对象的对应对象以及邻域对象如表 9.10 所示。为表述方便，将图 9.38（e）命名为 Map_{ln}，其中的居民地对象称为 r_i，图 9.38（f）命名为 Map_{sn}，其中的居民地对象称为 R_j。

表 9.10 质量评估顺序及评估结果

序号	更新对象	对应对象	邻域对象	几何相似性			
				面积	方向	位置	形状
1	R_{12}	r_{21}, r_{22}, r_{23}	R_{15}, R_{16}, R_{17}, R_{18}, （R_5, R_9, R_{10}）	0.8116	0.9745	12.06	0.8513
2	R_{13}	r_{25}	R_{19}, R_{20}, R_{21}, （R_{11}）	0.8952	0.9409	11.31	0.9307
3	R_{11}	r_{20}, r_{24}	R_{19}, R_{18}, R_{13}, （R_7, R_8, R_{10}）	0.8682	0.9775	13.58	0.8321
4	R_5	r_9, r_{10}, r_{16}	R_{14}, R_{15}, R_{12} （R_1, R_2, R_6, R_9）	0.6832	0.9686	17.02	0.6547
5	R_{10}	r_{18}, r_{19}	R_{18}, R_{12}, R_{11} （R_6, R_7, R_8, R_9）	0.6603	0.9776	12.91	0.8607
6	R_9	r_{17}	R_{18}, R_{12}, R_5, R_{10} （R_7, R_6）	0.9488	0.9902	12.13	0.9558
7	R_1	r_1, r_5	R_{14}, R_5, （R_2, R_6）	0.8516	0.9237	6.16	0.8834
8	R_6	r_{11}, r_{12}, r_{13}	R_1, R_2, R_5, R_9, R_{10}, R_7, （R_3）	0.8200	0.9880	13.83	0.8103
9	R_7	r_{14}	R_8, R_9, R_{10}, R_{11} （R_2, R_3, R_4, R_6）	0.8608	0.9992	10.17	0.9408
10	R_2	r_2, r_6	R_1, R_5, R_7 （R_3, R_6）	0.9862	0.9824	12.47	0.8746
11	R_3	r_3, r_7	R_2, R_6, R_7, R_8, （R_4）	0.8653	0.9922	13.20	0.8235
12	R_8	r_{15}	R_{10}, R_{11} （R_3, R_4, R_7）	0.9422	0.9470	11.82	0.9256
13	R_4	r_4, r_8	R_3, R_7, R_8	0.8049	0.9701	11.31	0.8459

在进行邻域空间关系相似性计算前，首先进行更新对象几何相似性评估，只有几何相似性评估通过的对象，才能参与空间关系相似性计算。由于数据源和更新对象的比例尺不同，因此变化对象尺度变换会造成一对多的情况，对此本节采取文献（钱海忠和武芳，2001）所述的居民地合并算法对源对象进行合并。如图 9.38（k）所示，Map_{sn} 中居民地对象 R_{12} 对应于 Map_{ln} 中对象 r_{21}、r_{22}、r_{23}，将这三个对象合并并和 R_{12} 叠置，然后分别计算它们的面积、方向、位置和形状相似性，面积相似性采用合并前各对象面积之和与 R_{12} 的面积进行比较。若以 0.8、0.8 和 0.8 作为面积、方向和形状的相似度阈值，以图上 4mm 作为可以容忍的质心距离的上限，以 0.8 作为位置相似度阈值，那么对于 1∶25 000 地图符合要求的最大图上质心距离为 0.8mm，实地距离为 20m。用以上参数来衡量，对象 R_5 的面积和形状相似度不符合要求，R_{10} 的面积相似度不符合要求。因此，这两个对象将被标注以进行人工判定，同时它们也不能参与随后的空间关系相似性评估。

空间关系相似性评估比较复杂，以对象 R_{12} 为例，其邻近对象为 R_{15}、R_{16}、R_{17}、R_{18}、R_5、R_9、R_{10}，除去几何相似性评估失败的 R_{10} 和 R_5（表 9.10 中阴影数值小于阈值）之外，还要和其余所有对象进行方向、距离和拓扑关系计算，并和其对应的对象进行相似性比较。表 9.11 列出了对象 R_{12} 的邻近对象及它们的对应对象，如邻近对象 R_5 对应于 Map_{ln} 中的 r_{27}，R_{16} 对应于 r_{29}，r_{30}，r_{31}，r_{32}，将存在一对多的对应对象进行合并后，对象 R_{12}

的邻域及其对应对象的邻域如图 9.38（l）、（m）所示。按照本节空间关系的量化表示方式，对象 R_{12} 及其对应对象的空间关系相似性如表 9.11 所示。若以方向关系概念邻域距离不超过 2，拓扑关系概念邻域距离不超过 1，距离关系概念邻域距离不超过 2 来衡量（一般规定最小可视距离为 0.2mm，对于 1∶25 000 地图数据，距离关系的阈值为不超过 10m），居民地对象 R_{12} 的空间关系相似性满足评估要求。

表 9.11　居民地 R_{12} 的空间关系相似性计算结果

空间关系相似度		方向关系			距离关系			拓扑关系		
		前	后	差	前	后	差	前	后	差
R_{15}	r_{27}	7	8	1	16.61	12.80	3.81	0	0	0
R_{16}	r_{28}	6	6	0	21.57	19.0	2.57	0	0	0
R_{17}	r_{29}, r_{30}, r_{31}, r_{32}	5	5	0	17.3	13	4.3	0	0	0
R_{18}	r_{33}, r_{34}	3	3	0	20.8	19.48	0.32	0	0	0
R_5	r_9, r_{10}, r_{16}	—	—	—	—	—	—	—	—	—
R_9	r_{17}	1	2	1	45.31	36.32	8.99	0	0	0
R_{10}	r_{18}, r_{19}	—	—	—	—	—	—	—	—	—

　　本实验基于评估可信度最大化原则确定了待评估对象的评估顺序和评估方法，并分两阶段进行了评估，实验表明：

　　（1）更新对象和源对象几何相似性评估可以发现尺度变化过程中地理对象几何信息变换存在的问题和错误，维护了地理对象的精度和可信度。

　　（2）更新对象邻域空间关系相似性评估有助于查找空间关系在尺度变化中存在的潜在冲突和偏差，保证了更新区域尺度变化前后的一致性。

　　（3）基于评估质量可信度最大化原则的更新对象排序方法能够理顺相邻评估对象之间相互约束、互为参照的关系，正确排定它们的优先顺序，可提高评估结果的可信性。

　　由于更新质量评估是以多指标相似性评价为基础的复杂过程，因此，各指标的相似性计算方法和准确性都会影响评估结果的置信水平。除居民地外，实际更新过程会涉及多要素及要素间互相制约的空间关系，这将是以后需重点关注的研究内容。

第10章 居民地增量信息在尺度间的传递及级联更新

以上各章完成了变化信息的分类与发现、变化信息尺度变换、多尺度关联索引结构的构建、空间冲突检测及更新质量评估等内容的论述，这些操作步骤提供了合格的增量信息，其最终目的就是用这些信息完成系列比例尺数据的更新，本章将对此问题展开研究，首先给出级联更新的实现流程，其次将以实例为依托，对更新传递流程进行剖析，最后结合具体数据及研发的居民地要素增量级联更新原型系统，对增量级联更新的完整过程进行论述。

10.1 增量信息对空间数据的级联更新

相邻尺度之间的更新传递主要依托多尺度数据关联结构，通过同名对象之间的关联关系引导更新操作在不同比例尺数据之间传递。其实现流程如图10.1所示，首先通过相邻大比例尺居民地数据的更新结果提取出变化对象，然后在多尺度居民地关联索引结构的支持下，对变化对象进行影响域渐进扩展的增量综合，已完成面向目标比例尺的尺度变换，并获取增量对象，最后将这些增量对象插入本尺度数据中，并清除被修改对象和删除对象，完成本尺度数据的更新，实现更新操作从相邻大比例尺数据向本尺度数据的传递。

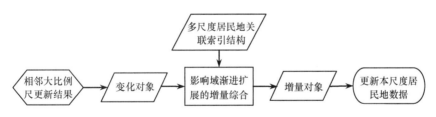

图 10.1　级联更新的实现流程图

由于居民地自身形态和其相互关系的复杂性，因此每种更新操作类型又都包含着不同的变化和特点，下面将根据更新实例，对新建、修改和删除等更新操作过程进行模拟，系统地分析关联关系在更新过程中动态变化情况，并分类阐述关联关系在级联更新过程中的应用特点。

10.1.1 关联关系的建立

在进行关联关系动态变化过程分析前，首先建立相邻尺度数据之间的关联关系，营造级联更新操作的数据环境，以下内容将以图10.2中的数据为例进行说明。设有三个比例尺的居民地数据参与实验，分别为居民地对象 S_1，属于地图 Map_s，比例尺为 Scale_s，居民地对象 M_1、M_2，属于地图 Map_m，比例尺为 Scale_m，居民地对象 L_1、L_2、L_3、L_4，

属于地图 Map_l，比例尺为 $Scale_l$；比例尺 $Scale_s$ 小于 $Scale_m$，$Scale_m$ 小于 $Scale_l$，且这三个尺度的数据依次构成了相邻比例尺数据。

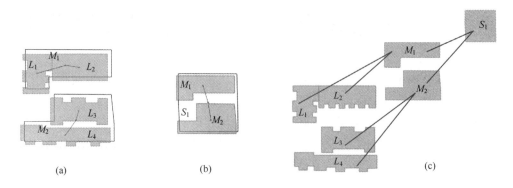

图 10.2　居民地匹配和关联关系建立

图 10.2（a）展示了地图 Map_l 和 Map_m 匹配结果，居民地对象 M_1 同 L_1、L_2 匹配成功；居民地对象 M_2 同 L_3、L_4 匹配成功，它们的对应关系如图中实线连接所示。图 10.2（b）展示了地图 Map_m 和 Map_s 匹配结果，居民地对象 S_1 同 M_1、M_2 匹配成功，它们的对应关系也如图中实线连接所示。图 10.2（c）展示了将这三层数据及其对应关系综合考虑后构建关联关系的可视化描述。在下文中，实线代表两个对象之间存在关联，虚线表示虚关联，带箭头的虚线表示更新传递的方向。

10.1.2　更新的传递流程

1. 新建操作的更新传递

新建操作的更新传递过程将以图 10.3 中的数据为例进行说明，图 10.3（a）[同图10.2（c）]展示了更新操作前的三个相邻比例尺数据中同名对象的关联关系。

在空间数据中新增加一个对象后，该操作如何影响相邻的小比例尺数据，首先取决于该对象能否被邻近尺度的选取操作选中，选中后如何综合还要考虑该对象自身的几何特征、与邻近对象的空间关系以及尺度变换过程中所采用的综合算法，总体而言可以分为以下三种情况。

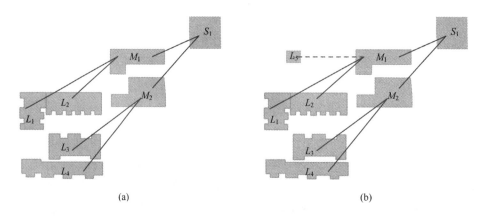

(a)　　　　　　　　　　　　　　　(b)

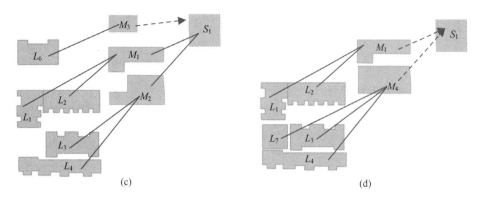

图 10.3 新建操作更新传递示例

（1）被舍弃。如图 10.3（b）所示，居民地对象 L_5 为地图 Map_l 的新建对象，但是由于其面积达不到与其相邻地图 Map_m 的最小选取标准而被舍弃。在地图 Map_l 中，L_5 与对象 L_2 最邻近，按照规则 L_5 将与 L_2 在 Map_m 中的对应对象建立虚关联。在尺度变换过程中 L_2 和 L_1 合并，对应于 Map_m 中的 M_1，因此，L_5 和 M_1 建立虚连接。到此为止，对象 L_5 向上作为更新数据源的使命结束，即由该对象新建而产生的更新操作到相邻的小比例尺层次就已经结束，不再影响以上的数据层，具体流程如图 10.4 第一分支所示。

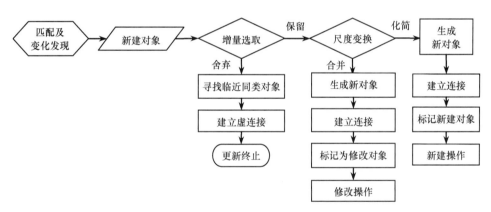

图 10.4 新建操作的更新传递流程图

（2）被选取并进行化简。如图 10.3（c）所示，居民地对象 L_6 为地图 Map_l 上的新建对象，由于其指标符合地图 Map_m 的选取标准，需要在 Map_m 中表示，对其影响域进行分析后发现其不符合与邻近对象合并条件，所以在地图 Map_m 中将以面状居民地独立存在。经尺度变换后，L_6 在 Map_m 中的对应对象为 M_3，那么，首先，要建立 L_6 和 M_3 的关联，其次要把 M_3 设置为 Map_m 的新建对象，它将会以同样的步骤，完成更新向更小比例尺数据的传递，具体流程如图 10.4 第三分支所示。

（3）被选取并和相邻的同类对象进行了合并。如图 10.3（d）所示，居民地对象 L_7 为地图 Map_l 上的新建对象，由于其符合地图 Map_m 的选取标准，需要在 Map_m 中表示。同时，由于其和对象 L_3、L_4 邻近，对其影响域进行分析后发现其符合合并的条件，所以在地图 Map_m 中 L_7、L_3 和 L_4 将合并为一个面状对象。尺度变换后，这三个对象在 Map_m 中的对应对象为 M_4。而在更新前 L_3、L_4 对应于对象 M_2。那么，首先要将 M_2 与其上层对象的关联关系转移给 M_4，并将 M_2 从 Map_m 中删除，其次，将 M_4 和 L_3、L_4 和 L_7 建立关联，并把其标记为修改对象。至此，更新操作以修改的方式，从 M_4 开始向上传递，具体流程如图 10.4 第二分支所示。

2. 修改操作的更新传递

修改操作的更新传递过程将以图 10.5 中的数据为例进行说明，同新建操作类似，图 10.5（a）展示了更新操作前的三个相邻比例尺数据中同名对象的关联关系，各对象所属的地图和比例尺与图 10.2 相同。

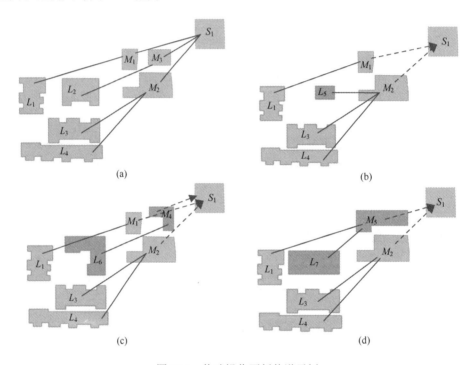

图 10.5　修改操作更新传递示例

修改操作更新传递的方向也是由修改对象的几何形态、邻近空间关系和采用的综合算法共同决定。所以第一步要进行修改对象的形态判断，根据当前的城市建筑习惯，一般面状居民地修改后还会以面状居民地的形态出现，极少会出现面状居民地被点状居民地替代的情况，那么本节仅就面状居民地替换面状居民地的情况进行研究，为了论述方便，下文中将原图中出现的对象称为被修改对象，新出现用来替换被修改对象的对象称为修改对象。修改操作从尺度 $Scale_1$ 向尺 $Scale_m$ 传递时修改对象一般会出现三种情况。

（1）被舍弃。如图 10.5（b）所示，居民地对象 L_5 代替 L_2 出现，因为 L_5 的面积小于尺度 $Scale_m$ 的最小选取面积，并且无法和 Map_1 中相邻同类对象进行合并，因此被舍弃。这种情况下，首先通过 L_2 的关联找到其在 Map_m 中的对应对象 M_3 并将其标注为删除。其次，寻找 Map_1 中和 L_5 最邻近的同类对象 L_3，按照规则 L_5 将与 L_3 在 Map_m 中的对应对象建立虚关联，在图中 L_3 和 L_4 合并，对应于 Map_m 中的 M_2，因此，L_5 和 M_2 建立虚连接。到此为止，对象 L_5 作为更新数据源的使命结束，该条更新线路终止。而由于 M_3 被标注为删除，因此，该修改操作将诱发以 M_3 为起始数据的删除操作，更新向上层数据继续传递，具体流程如图 10.6 第一分支所示。

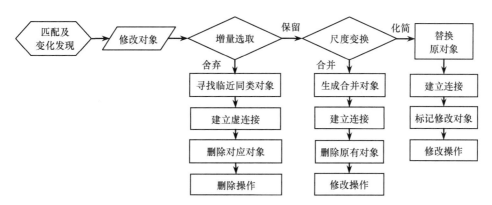

图 10.6 修改操作更新传递流程图

（2）尺度变换后替换原有关联对象。如图 10.5（c）所示，居民地对象 L_6 为地图 Map_1 上对象 L_2 的修改对象。由于其指标符合地图 Map_m 的选取标准，需要在 Map_m 中表示，对其影响域进行分析后发现其不符合与邻近对象合并条件，所以在地图 Map_m 中将以面状居民地独立存在。经尺度变换后，L_6 在 Map_m 中的对应对象为 M_4，那么，首先通过 L_2 的关联找到其在 Map_m 中的对应对象 M_3。其次 L_6 经尺度变换在 Map_m 中表示为对象 M_4，建立 L_6 和 M_4 之间的关联。第三步将 M_3 向上的关联关系转移给 M_4，删除 M_3。第四步将 M_4 设置为 Map_m 层的修改对象。更新操作继续向上传递，具体流程如图 10.6 第三分支所示。

（3）和相邻同类对象合并生成新对象。如图 10.5（d）所示，居民地对象 L_7 为地图 Map_1 上对象 L_2 的修改对象，由于其符合地图 Map_m 的选取标准，需要在 Map_m 中表示。同时，由于其和对象 L_1 邻近，对其影响域进行分析后发现其符合合并的条件，所以在地图 Map_m 中 L_7、L_1 将合并为一个面状对象。那么，首先，对这两个对象进行合并，生成新对象 M_5，并将其和 L_1、L_7 建立连接。其次，将 M_2 与其上层对象的关联关系转移给 M_5，并将 M_2 从 Map_m 中删除，第三步，将 L_1 在 Map_m 中的对应对象 M_1 的向上关联转移给 M_5，删除 L_1 和 M_1 之间的关联，删除 M_1；第四步，将 M_5 标记为 Map_m 中的修改对象，更新操作继续向上传递，具体流程如图 10.6 中第二分支所示。

3. 删除操作的更新传递

删除操作的更新传递过程将以图 10.7 中的数据为例进行说明，与新建和修改操作类似，各对象所属的地图和比例尺与图 10.2 相同。

对于删除对象的处理，除了要在本级数据中进行清除之外，还要考虑其与相邻尺度中同名对象的关联情况，不同的关联对应不同的更新的传递方式，以下分别分析。

（1）被删除对象和相邻尺度对象是虚连接的情况。如图 10.7（a）所示，Map_1 上的居民地对象 L_5 是待删除对象，其和相邻尺度 Map_m 上的对象 M_1 是虚连接，即 L_5 在 Map_m 上没有对应对象。对于这种情况的处理最为简单，只需首先清除虚连接，然后在本级数据中移除对应对象即可，更新终止，具体流程如图 10.8 第一分支所示。

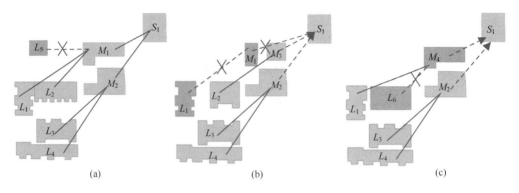

图 10.7　删除操作更新传递示例

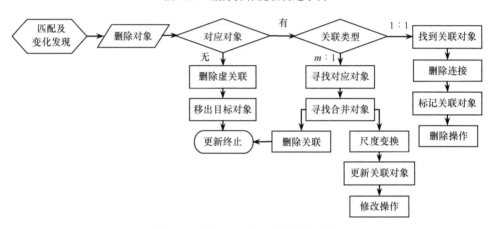

图 10.8　删除对象的更新传递流程图

（2）被删除对象和相邻尺度对应对象是 1 : 1 对应的情况。如图 10.7（b）所示，L_1 为 Map_1 上的待删除对象，其和 Map_m 上的对象 M_1 存在 1 : 1 关联。对于这种情况，首先删除 L_1 和 M_1 之间的关联，其次在 Map_1 上清除 L_1，第三步把 M_1 标记为删除数据，更新操作以删除操作的方式向上传递，具体流程如图 10.8 第三分支所示。

（3）被删除对象和相邻尺度对应对象是 m : 1 对应的情况。如图 10.7（c）所示，L_6 为 Map_1 上的待删除对象，其和 L_1 合并，共同对应于 Map_m 上的 M_4，属于 m : 1 对应关系。这种情况处理起来比较复杂，首先删除 L_6 和 M_4 之间的关联并删除 L_6，其次，将 L_1 标记为修改对象，删除操作转化为修改操作继续执行并向上传递，具体流程如图 10.8 第二分支所示。

10.1.3　变化信息尺度变换及更新传递实验

1. 实验样图及关联关系建立

实验样图仍采用前面章节的部分实验数据。图 10.9（a）为采集于 20 世纪 90 年代某城市一个区域的 1 : 10 000 地图，图 10.9（b）为同一地区同一时期生产的 1 : 25 000 地图，图 10.9（c）为经匹配后获取的两幅图中同名对象之间的关联关系，为清晰显示，图 10.9（d）为图 10.9（c）左下部分区域的开窗放大，可以看到对象之间连接用实线表示，虚连接用虚线表示。

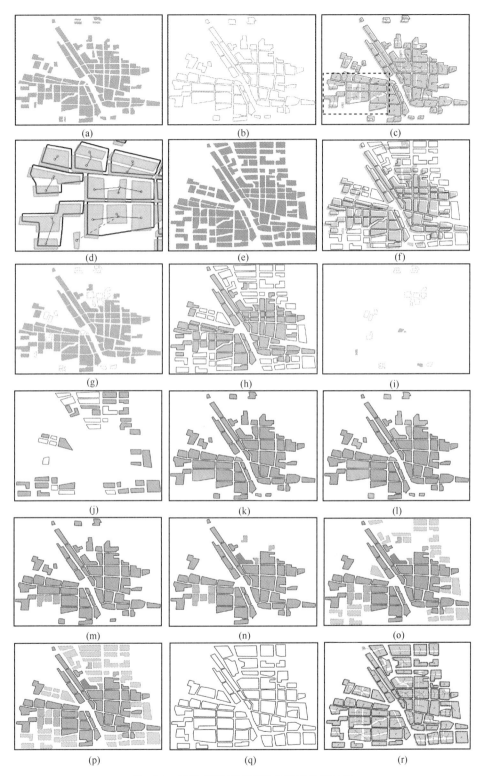

图 10.9　变化信息尺度变换及更新传递过程

图 10.9（e）为近年采集的 1∶10 000 新图，该图只有几何信息，没有属性和拓扑信息，所以无法进行整体替换，只能采取增量更新方法。图 10.9（f）为经位置误差纠正

后的 1：10 000 新旧叠加图。图 10.9（g）、（h）为新旧数据匹配结果，图中彩色居民地对象为匹配成功对象，其余为匹配失败对象。按照变化对象类型划分，图 10.9（i）中的红色居民地对象为删除对象，个数为 4，无填充对象为被修改对象。图 10.9（j）中红色的居民地对象为新建对象，数目为 30，无填充为修改对象，数目为 15。

2. 变化信息尺度变换及更新沿关联关系的传递

级联更新的关键在于沿关联关系将更新传递到相邻的小比例尺数据。对于上一步骤发现的变化信息，图 10.9（k）到图 10.9（p）展示了更新传递的过程。图 10.9（k）为通过关联发现与删除数据关联的小比例尺数据，图 10.9（l）为通过关联发现与被修改数据关联的小比例尺数据，图 10.9（m）为通过关联清除删除对象的结果，由于存在虚关联，所以必须将小比例尺被合并的数据还原成未合并的情况，并标记为修改对象，图 10.9（n）为通过关联清除被修改对象的结果，同样存在被修改对象的分解处理。图 10.9（o）为添加新建对象后的结果，图 10.9（p）为添加修改对象后的结果。

变化信息添加到相邻的小比例尺数据中后，利用影响域渐进扩展的增量综合方法，对变化信息进行尺度变换，即制图综合处理，得到如图 10.9（q）所示的 1：25 000 新图。图 10.9（r）为更新完成后相邻比例尺数据之间关联关系的更新和维护。

10.1.4 更新传递及级联更新效率分析

针对增量更新质量评估发现的问题，进行制图人员的辅助修正，得到更新后的 1：25 000 结果如图 10.10（a）所示。图 10.10（b）为修正前后图层叠加，其中红色填充的图为修正前的，无填充的图为修正后的。图 10.10（c）为修正后相邻尺度之间关联关系的重建。图 10.10（d）为同尺度更新前后的数据对比，图 10.10（e）上的居民地对象为新建对象，它们由 1：10 000 上的新建对象化简或合并而来，数目为 10。图 10.10（f）上的居民地对象为删除对象，由于在 1：10 000 上两个删除对象合并为一个，而一个删除对象在旧小比例尺图上本来就被舍去而不用表示，同时此次选取又舍掉了一个，所以 1：25 000 上删除对象为 3 个。图 10.10（g）上的居民地对象为修改对象，这些对象由 1：10 000 上的修改对象、新建对象以及它们的邻近对象经化简、合并而来，数目为 20，图 10.10（h）为被修改对象。这些对象将作为下一级比例尺数据更新的动力源，推动更新操作沿着关联关系向更小比例尺数据传递。

1. 更新传递内容分析

表 10.1 记录了 1：10 000 地图上增量信息的类型、数目及传递途径。由图 10.10 和表 10.1 可以看出，小比例尺地图上的新建对象只可能由大比例尺上的新建对象经尺度变化而来；而修改对象则可能由新建、修改和删除操作而来，由于可能发生新建对象和修改对象共同产生一个小尺度数据修改对象的情况，因此新建操作导致的修改和修改操作导致的修改之和可能大于小比例尺数据中的修改对象数目。

由以上更新传递过程实验和数据分析可以得出，级联更新是一个动态的更新过程。其更新传递方向因更新数据源、更新环境、综合算法的不同而不同。其中关联关系是更新传递的途径，尺度变换算法决定着更新传递的方向，而对象类型和邻近关系则决定着尺度变换算法的选取。

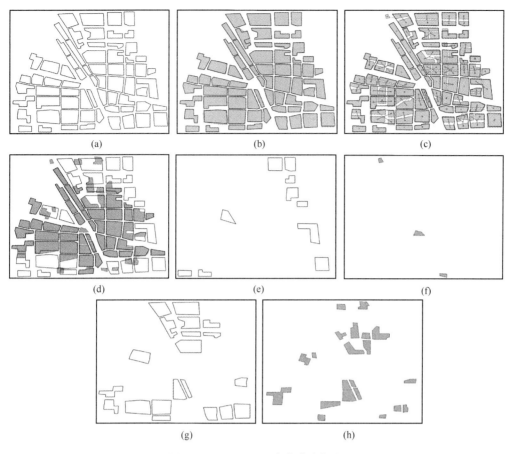

图 10.10　1 : 25 000 变化信息提取

表 **10.1**　级联更新传递内容

1 : 10 000 增量信息		更新传递		1 : 25 000 增量信息	
增量类型	对象数目	更新类型	对象数目	增量类型	对象数目
新建	30	新建	10	新建	10
		修改	10		
修改	15	修改	10	修改	20
		删除	0		
删除	4	修改	0	删除	3
		删除	3		

2. 关联关系辅助的级联更新效率分析

关联关系辅助下的级联更新只对大比例尺数据匹配发现的变化信息进行更新，图 10.9（e）所示的新图中共有 120 个居民地对象，经匹配后只有 45 个对象参与了更新，而经过关联关系传递到相邻小比例尺数据并引起变化的共有 30 个对象，而更新后图 10.10（a）所示的小比例尺数据共有 67 个对象，即两次操作对象都只为总量的 44%左右，随着工作量的降低，工作效率自然也有一定的提高，人工辅助情况下本算法实测的更新时间为 30 分钟，而采用人工辅助下的批量更新方法的更新时间为 75 分钟，说明关联关系辅助下的级联更新方法对更新效率有很大的提升。

3. 关联关系树动态稳定性分析

由第 5 章关联关系树的定义及结构可知，对于未发生变化且未受变化对象影响的居民地对象，其关联结构在更新过程不会变化，对于变化及受影响而变化的对象，其关联关系依托原有的关联根据尺度变换的类型进行更新，该更新过程同步于数据更新过程，从更新完毕后的关联关系可以看出，发生变化部分的关联关系同原有的关联关系类型相同，且各对应关系的比例和数目也变化不大。每个数据层关联关系的数目和总数据量有关，只要比例尺数目固定，树的深度不受更新的影响。

4. 关联关系树查询效率分析

关联关系树可以支持跨尺度查询，而其查询效率提高需要基于自然格网的制图综合索引的支持。在确定了查询区域后，通过区域划分找到目标对象，然后沿着对象间的关联可以发现系列比例尺中的对应对象。由于关联关系存储于索引中，只需读取并依照目标对象的关键字直接检索即可，所以纵向查询的效率很高。而横向基于自然格网的制图综合索引的查询效率还要略高于四叉树。因此，其整体查询效率也较高。

10.2　居民地增量级联更新过程示例

本节在居民地要素增量级联更新原型系统的基础上，对更新的整个过程进行实验，以验证相关理论、模型和关键技术的正确性及可用性。

10.2.1　更新数据源预处理

实验用图如图 10.11 所示。其中，图 10.11（a）为采集于 2000 年左右我国某县城的 1∶50 000 地图，图 10.11（b）为相近时期生产的同一地区 1∶100 000 地图，为保持图面清晰，所示样图只保留了居民地、交通和水系三个要素的数据。

图 10.12 为 2012 年利用卫星影像采集的 1∶50 000 新图，图中只包括居民地要素层的几何数据。由不同时期 1∶50 000 地图对比可以看出，该区域基本保持了城市主体框架，老城区变化不大，经过旧城改造一些细碎区域出现了街区状居民地，随着经济的发展城市轮廓有明显的扩张，边缘部分有大量新居民地出现，城市东北角有连片新建街区。

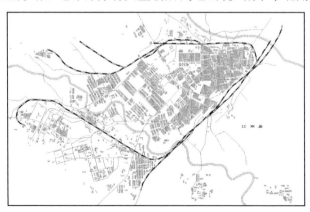

(a)

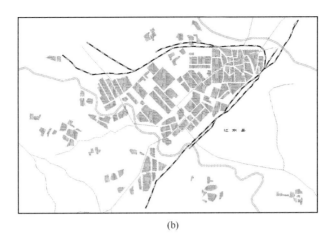

(b)

图 10.11　实验区旧数据

图 10.12　实验区新采集数据

由于数据的采集单位、生产方式不同，更新数据源也多种多样，因此，在更新前必须对更新数据源进行预处理，主要完成如下工作：

（1）数学基础及数据格式转换。

（2）面闭合检查。

（3）面顶点排序检查。这里将面顶点统一为逆时针方向排序。

10.2.2　相邻尺度旧数据匹配和关联关系建立

由于采集时间较早，实验样图中旧的 1∶50 000 数据和 1∶100 000 数据之间并没有建立关联，因此，在级联更新前要对这部分数据构建关联。要实现该目标，首先要进行相邻尺度数据匹配。在更新执行过程中，可以根据匹配场景选择一种算法，也可以选择多种匹配方法组合使用。

1．匹配算法参数设置

匹配算法的参数设置如图 10.13 所示，主要包括明确参与匹配的图层、匹配算法选择、各指标阈值和权值及匹配判定的总相似性阈值设置，此外，还有匹配对象粗选时的空间关系概念距离阈值、起始对象确定方式和轮廓跟踪参数设置等。

 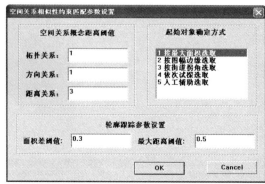

图 10.13　相邻尺度居民地匹配参数设置

2．相邻尺度数据叠置和匹配

如图 10.14（a）所示，匹配时首先将待匹配图层叠置，完成参数设置后匹配结果如图 10.14（b）所示。图中用连接对象质心的方式来表示匹配成功对象之间的对应关系，未连接对象即是匹配失败对象。

3．匹配结果人工辅助检查

由于匹配的复杂性，当前还很难做到完全自动化的、无错误的居民地匹配，因此有必要对匹配结果进行人工辅助检查。对于发现误匹配和漏匹配的情况，通过建立和断开相邻数据之间的连接来实现。图 10.15（a）中的彩图方框标示了算法匹配中出现的误匹配和漏匹配情况。通过人工辅助检查选项的"建立关联"和"断开关联"功能进行纠正，结果如图 10.15（b）所示。

4．相邻尺度旧数据关联关系的建立

完成匹配及结果的人工辅助检查后，对于未建立相邻尺度数据关联的图层可以构建关联，相邻尺度的匹配已经建立了 $m:1$ 和 $1:1$ 对应关系，由于图中不涉及多对多的群匹配，所以剩下的只需要为被删除对象构建虚关联即可。根据邻近性原则构建被删除对象与邻近尺度对象之间的虚关联，并将这种关联以虚线表示，具体结果如图 10.16（a）所示，其中右下角方框内的关联关系经开窗放大如图 10.16（b）所示。

10.2.3　起始比例尺数据匹配和变化信息提取

1．同尺度居民地匹配

以上完成了相邻尺度旧数据匹配和关联关系构建，下面将通过更新数据源与起始比例尺数据的匹配来发现变化信息。将两层数据叠置并运行同尺度匹配算法所得结果如图 10.17（a）所示。

图 10.14　相邻尺度居民地数据叠置及匹配结果

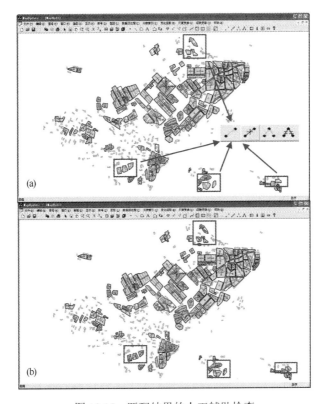

图 10.15　匹配结果的人工辅助检查

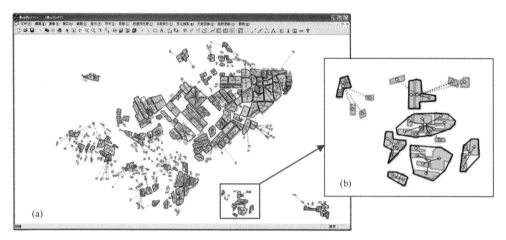

图 10.16 相邻尺度居民地关联关系建立及局部放大示例

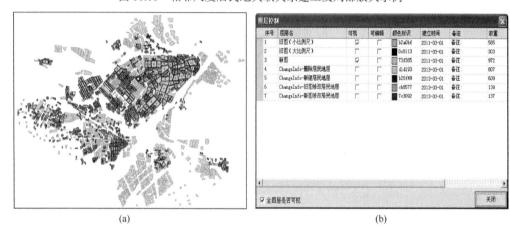

图 10.17 同尺度居民地匹配和变化信息提取

2. 同尺度数据变化信息提取

根据对变化信息的定义和分类，在匹配的同时对变化信息进行了归类，将每种变化信息的副本存储于单独的图层中，为方便区分，图层名称前面附加"ChangeInfo-"字段，各图层及其名称如图 10.17（b）所示。

人工辅助纠正后提取的变化信息如图 10.18 所示，其中图 10.18（a）显示了新建对象层，图 10.18（b）显示了删除对象层，图 10.18（c）和图 10.18（d）分别显示了修改和被修改对象层。

10.2.4 起始比例尺数据更新和增量信息提取

1. 用变化信息更新起始比例尺数据

由于更新数据源和待更新数据比例尺相同，因此，同尺度数据匹配发现的变化信息可以直接作为增量信息用于数据更新中。如图 10.19（a）所示，首先清除起始比例尺数据中的删除信息；然后清除被修改信息，所得结果如图 10.19（b）所示；第三步将新建信息插入起始比例尺数据中，如图 10.19（c）所示；最后将修改信息插入，最终的居民地数据如图 10.19（d）所示。

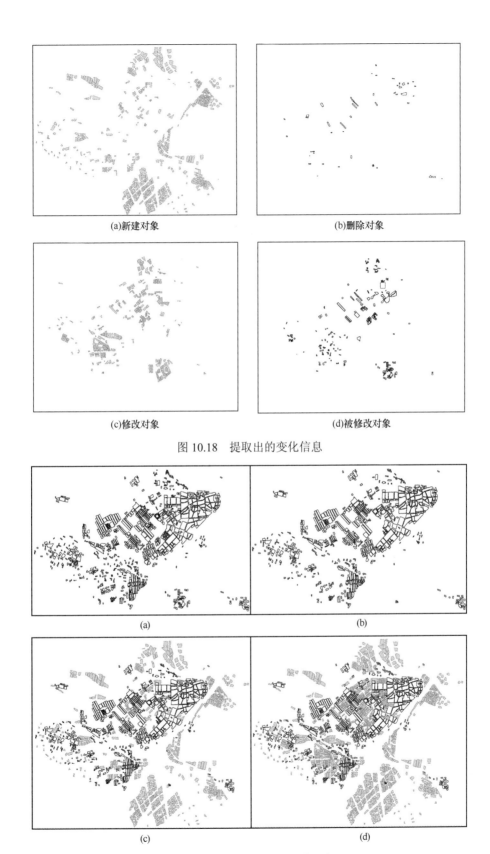

(a)新建对象 (b)删除对象

(c)修改对象 (d)被修改对象

图 10.18 提取出的变化信息

(a) (b)

(c) (d)

图 10.19 增量信息插入旧数据中

2. 冲突检测和关系协调

将增量信息插入起始比例尺数据后，经过居民地要素之间以及和水系、交通要素的冲突检测和关系协调，最终的更新结果如图 10.20 所示。

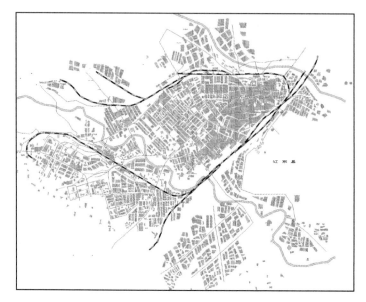

图 10.20　1∶50 000 数据更新结果

3. 同尺度数据更新增量信息向相邻尺度数据更新变化信息的转化

起始比例尺数据更新完毕后，增量信息中的增量新建信息和增量修改信息将直接转化为相邻尺度数据更新的变化信息，而通过相邻尺度之间的关联，由本尺度更新的删除信息和被修改信息则可以找到相邻尺度数据更新变化信息中的删除信息和被修改信息。基于图 10.18 的变化信息和图 10.16 所示的相邻尺度旧数据之间的关联关系，获取的 1∶50 000 数据更新的变化信息如图 10.21 所示。其中图 10.21（a）为新建信息，图 10.21（b）为修改信息，10.21（c）为删除信息，图 10.21（d）为被修改信息。

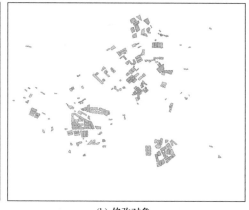

(a) 新建对象　　　　　　　　　　　　　(b) 修改对象

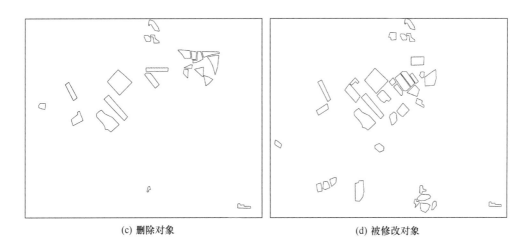

(c) 删除对象   (d) 被修改对象

图 10.21 提取出的相邻尺度数据更新变化信息

10.2.5 变化信息尺度变换

1. 变化信息尺度变换

对上节提取的变化信息，利用影响域渐进扩展的增量综合算法，辅以基于自然格网的制图综合索引，在尺度变换算子库、知识库和案例库的支持下，得到的综合结果如图 10.22（a）所示。

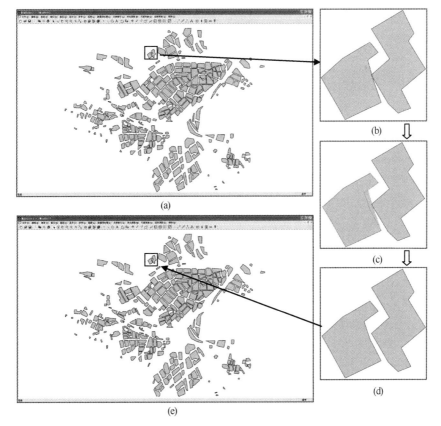

图 10.22 尺度变换及人工辅助纠正

2. 人工辅助检查

由于受制图综合自动化水平的限制，综合过的对象还必须经过人工辅助检查才可以使用，如图 10.22（a）中黑色框所围的对象，在综合过程中原本相离的对象经分别合并后发生相交，这显然不符合实际情况，因此需要利用图形编辑工具进行纠正。制图综合错误区域经开窗放大如图 10.22（b）所示，纠正过程如图 10.22（c）、图 10.22（d）所示，对整幅图纠正后，得到的尺度变换结果如图 10.22（e）所示。

10.2.6 增量信息质量评估和相邻尺度数据更新

1. 增量信息质量评估

对于获取的尺度变换结果，必须经过质量评估才能进行入库，采用 9.4 节的基于邻域相似性的增量更新质量评估算法进行评估，得到的评估结果如图 10.23（a）所示，其中黑色矩形框所围的对象是评估不合格的对象。对这些尺度变换质量不合格的对象须进行人工辅助纠正，将它们其中的个别对象抽取并放大如图 10.23（b）、图 10.23（c）、图 10.23（d）、图 10.23（e）所示，采用图形修改工具修改并融入原图，再次评估后结果如图 10.23（f）所示。

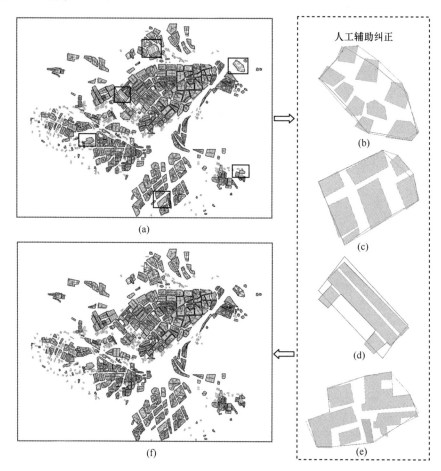

图 10.23　质量检查及人工辅助纠正

2. 更新相邻尺度数据之间的关联关系

质量评估并进行人工纠正后，由于发生了数据变化，要对更新过的小比例尺数据和相邻的起始比例尺数据之间的关联关系进行更新，更新后的 1∶50 000 数据和 1∶100 000 数据之间的关联关系如图 10.24 所示。

图 10.24　更新后的相邻尺度数据之间的关联关系

3. 1∶100 000 数据的更新结果

将质量评估后的增量信息插入 1∶100 000 数据并加入同尺度水系和道路数据后（道路进行了相应的局部更新），将居民地数据进行符号化，最终 1∶100 000 数据的更新结果如图 10.25 所示。

图 10.25　1∶100 000 数据的更新结果

10.2.7　面向下一尺度更新的变化信息提取

完成 1∶100 000 数据更新后，需要结合旧的 1∶100 000 数据提取下一个尺度数据更新所需要的变化信息。图 10.26（a）显示了新旧 1∶100 000 数据叠置的结果，将其匹配后结果如图 10.26（b）所示。

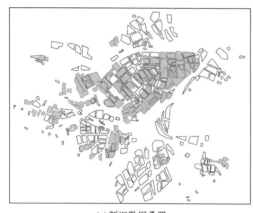

(a) 新旧数据叠置　　　　　　　　　　　(b) 数据匹配结果

图 10.26　同尺度 1∶100 000 数据叠置和匹配

综合上文尺度变化中的处理过程，得到变化信息如图 10.27 所示。其中，图 10.27（a）为新建对象，图 10.27（b）为修改对象。由于运行示例中没有下一个尺度的数据，所以删除对象和被修改对象用本尺度的数据替代，实际运行中可以通过关联关系获取。图 10.27（c）中深色居民地对象为删除对象，图 10.27（d）为被修改对象。这些对象是本尺度数据的增量对象，同时将通过关联作为下一级比例尺数据更新的数据和动力源，推动更新操作沿着关联关系向更小的比例尺数据传递。

10.2.8　运行实例分析

1. 更新效率分析

运行实例样图中旧 1∶50 000 居民地层有居民地对象 912 个，新 1∶50 000 居民地层有居民地对象 1392 个，运行同尺度居民地匹配后发现的变化信息中新建对象为 537 个，修改对象为 180 个，被修改对象为 197 个，删除对象为 42 个，旧图中需清除的变化对象为总个数的 26.2%，新图中需添加的变化对象为总数的 51.5%，总体而言，变化对象约为新旧对象总数的 41.5%，就需要处理的对象数据而言，采用增量更新方法工作量有了显著的降低。1∶50 000 数据更新完成后，通过关联可以发现 1∶100 000 数据的变化信息，进而完成 1∶100 000 数据的更新。在实际的更新流程中，整个更新操作加上人工辅助用时约为 60 分钟，而由算法完成的匹配、关联关系建立、变化信息发现、变化信息尺度变换、级联更新的传递以及增量更新质量评估等单个子过程用时均不超过 1 分钟，时间主要消耗在人工辅助的操作方面，为提高系统的可

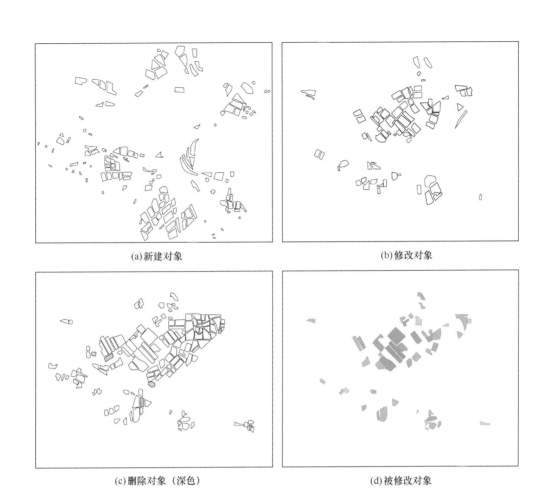

(a)新建对象 (b)修改对象

(c)删除对象（深色） (d)被修改对象

图 10.27　面向下一尺度更新的变化信息提取

用性，在匹配质量检查、变化信息尺度变换等环节都有大量的人工干预和操作后检查。为进行效率分析，让一般经验制图人员（2～3 年制图经验）在综合算法的辅助下进行人工更新，用时约为 150 分钟，因为大量的匹配和尺度变换操作都要由人工完成，工作重复性强，比较单调。因此，采用该系统可以减少大量的重复劳动，提高更新的效率和水平。

2. 更新结果质量分析

人工更新和本系统更新采用一套尺度变换算法库，因此，在所用算法、参数、操作对象等相同的情况下，其更新结果也必然相同。影响更新结果质量的主要因素在于匹配的精度和尺度变换时操作对象选取的正确性，对此，当前所用的匹配算法正确率大概在 90%以上，同时设计了匹配质量检查算法和策略，通过对不同级别相似度的匹配结果赋予不同的关注度来控制匹配质量。而尺度变换时操作对象的选取一方面有影响域渐进扩展的增量综合算法来完成，另一方面还通过人机交互进行干预，并且尺度变换完成后还会进行更新质量检查。从人工和原型系统的更新结果对比来看，原型系统的更新质量是可以接受的。

3. 存在的问题

本实验虽然完成了增量级联更新全过程的实施和验证，但还存在以下问题：一是系统的自动化水平还不高，还存在大量的人工干预，并且需要有一定经验的制图工作者配合使用；二是更新数据源必须是矢量数据，这对数据源的获取提出了更高的要求，若能对栅格类数据提供支持，势必会大幅提高系统的可用性。这些问题都是进一步研究的方向。

参 考 文 献

艾廷华. 2000. 城市地图数据库综合的支撑数据模型与方法的研究[D]. 武汉: 武汉测绘科技大学.

艾廷华. 2006. Delaunay 三角网支持下的空间场表达[J]. 测绘学报, 35(1): 71-76.

艾廷华, 成建国. 2005. 对空间数据库多尺度表达有关问题的思考[J]. 武汉大学学报·信息科学版, 30(5): 377-382.

艾廷华, 郭宝辰, 黄亚峰. 2005. 1:5 万地图数据库的计算机综合缩编[J]. 武汉大学学报·信息科学版, 30(4): 297-300.

艾廷华, 郭仁忠, 陈晓东. 2001. Delaunay 三角网支持下的多边形化简与合并[J]. 中国图像图形学报, 6(7): 703-709.

艾廷华, 郭仁忠. 2000. 基于约束 Delaunay 结构的街道中轴线提取及网络模型建立[J]. 测绘学报, 29(4): 348-354.

艾廷华, 刘耀林. 2002.保持空间分布特征的群点化简方法[J]. 测绘学报, (31)2: 175-181.

艾廷华, 帅赟, 李精忠. 2009. 基于形状相似性识别的空间查询[J]. 测绘学报, 38(4): 356-362.

安晓亚, 孙群, 肖强, 等. 2011. 一种形状多级描述方法及在多尺度空间数据几何相似性度量中的应用[J].测绘学报, 40(4): 495-501.

安晓亚. 2011. 空间数据几何相似性度量理论方法与应用研究[D]. 解放军信息工程大学: 博士学位论文, 108-121.

蔡永香, 郭庆胜. 2007. 基于 Kohonen 网络的点群综合研究[J]. 武汉大学学报·信息科学版, 32(7): 626-629.

陈迪, 朱欣焰, 陈旭, 等. 2013. 基于自适应采样粒度模型的空间方向关系模糊描述方法[J]. 测绘学报, 42(3): 359-366.

陈斐. 2012.细分拓扑关系计算及其在更新中的应用[D]. 中南大学博士学位论文.

陈斐, 周晓光. 2014. 平面分割的线线相接、交叉类型判断[J]. 测绘学报, 43(2): 186-191.

陈佳丽. 2007.基于本体的空间数据多重表达中的一致性研究[D]. 华中师范大学硕士学位论文.

陈军, 胡云岗, 赵仁亮, 等. 2007a. 道路数据缩编更新的自动综合方法研究[J]. 武汉大学学报·信息科学版, 32(11): 1023-1027.

陈军, 李志林, 蒋捷, 等. 2004. 基础地理数据库的持续更新问题[J]. 地理信息世界, 2(5): 1-5.

陈军, 刘万增, 李志林, 等. 2006. 线目标间拓扑关系的细化计算方法[J]. 测绘学报, 35(8): 255-260.

陈军, 刘万增, 张剑清, 等. 2008. GIS 数据库更新模型与方法研究进展[J]. 地理信息世界, 6(3): 12-16.

陈军, 赵仁亮, 王东华. 2007b. 基础地理信息动态更新技术体系初探[J]. 地理信息世界, 10(5): 4-9.

陈军, 周晓光. 2008. 基于拓扑联动的增量更新方法研究——以地籍数据库为例[J]. 测绘学报, 37(3): 322-329.

陈军. 2002. 论数字化地理空间基础框架的建设与应用[J]. 测绘工程, 11(2): 1-6.

陈明辉, 张新长. 2013. 空间数据动态更新的空间冲突的自动检测处理方法[J]. 地理空间信息, 11(3): 37-39.

陈玉敏, 龚建雅, 史文中. 2007. 多尺度道路网的距离匹配算法研究[J]. 测绘学报, 36(1): 84-90.

程昌秀. 2009. 矢量数据多尺度空间索引方法的研究[J]. 武汉大学学报·信息科学版, 34(5): 597-601.

崔铁军. 2007. 地理空间数据库原理[M]. 北京: 科学出版社.

邓红艳, 武芳, 钱海忠, 等. 2003. 基于遗传算法的点群目标选取模型[J]. 中国图像图形学报, 8: 970-974.

邓红艳, 武芳, 翟仁健, 等. 2007. 一种改进的基于区域划分的综合索引方法[J]. 辽宁工程技术大学学报, 26(1): 29-32.

邓红艳. 2006. 基于保质设计的自动制图综合研究[D]. 解放军信息工程大学博士学位论文.

邓敏, 李志林, 吴静. 2013. 空间关系理论与方法[M]. 北京: 科学出版社.

邓敏, 马杭英. 2008. 线与面目标间拓扑关系的层次化表达方法[J]. 测绘学报, 37(4): 507-513.

邓愫愫. 2007. 数字地图合并的平差处理原理与方法[D]. 同济大学硕士学位论文.

丁虹. 2004. 空间相似性理论与计算模型的研究[D]. 武汉大学博士学位论文.

杜世宏, 王桥, 秦其明. 2007. 空间关系模糊描述与组合推理[M]. 北京: 科学出版社.

杜维, 艾廷华, 徐峥. 2004. 一种组合优化的多边形化简方法[J]. 武汉大学学报·信息科学版, 29(6): 548-550.

段进. 1999. 关于我国城市规划体系结构的思考[J]. 规划师, 15(4): 13-18.

付仲良, 逯跃锋. 2013. 利用弯曲度半径复函数构建综合面实体相似度模型[J]. 测绘学报, 42(1): 145-151.

付仲良, 邵世维, 童春芽. 2010. 基于正切空间的多尺度面实体形状匹配[J]. 计算机工程, 36(17): 216-220.

傅仲良, 吴建华. 2007. 多比例尺空间数据库更新技术研究[J]. 武汉大学学报·信息科学版, 32(12): 1115-1118.

谷凯. 2001. 城市形态的理论与方法: 探索全面与理性的研究框架[J]. 城市规划, 25(12): 36-42.

郭健. 1993. 地图数据库支持下的居民地道路的自动综合[D]. 解放军测绘学院硕士学位论文.

郭黎, 崔铁军, 郑海鹰, 等. 2008. 基于空间方向相似性的面状矢量空间数据匹配算法[J]. 测绘科学技术学报, 25(5): 380-382.

郭庆胜, 丁虹. 2004. 基于栅格数据的面状目标空间方向相似性研究[J]. 武汉大学学报·信息科学版, 29(5): 447-450.

郭庆胜, 杜晓初, 刘浩. 2005. 空间拓扑关系定量描述与抽象方法研究[J]. 测绘学报, 34(2): 123-128.

郭庆胜. 2002. 地图自动综合理论与方法[M]. 北京: 测绘出版社.

郝燕玲, 唐文静, 赵玉新, 等. 2008. 基于空间相似性的面要素匹配算法研究[J]. 测绘学报, 37(4): 501-506.

侯璇, 武芳, 刘芳, 等. 2005. 基于弹性力学思想的居民地点群目标位移模型[J]. 测绘科学, 30(2): 45-47.

侯格贤. 1998. 遗传算法及其在跟踪系统中的应用研究基于遗传算法的聚类[D]. 西安电子科技大学博士学位论文.

胡云岗, 陈军, 李志林, 等. 2007a. 基于网眼密度的道路选取方法[J]. 测绘学报, 36(3): 351-357.

胡云岗, 陈军, 李志林, 等. 2007b. 地图数据缩编更新的模式分类与选择[J]. 地理与地理信息科学, 23(4): 22-24.

黄智深, 钱海忠, 王晓, 等. 2012. 基于降维技术的面状居民地匹配方法[J]. 测绘科学技术学报, 29(1): 75-78.

简灿良. 2013. 多尺度地图数据不一致性探测与处理方法研究[D]. 武汉大学博士学位论文.

蒋捷, 陈军. 2000. 基础地理数据库更新的若干思考[J]. 测绘通报, (5): 1-3.

蒋捷, 赵仁亮. 2008. 对空间数据库更新进展的思考[J]. 地理信息世界, 6(3): 11.

李德仁, 龚建雅, 张桥平. 2004. 论地图数据库合并技术[J]. 测绘科学, 29(1): 1-5.

李红梅, 翟亮, 朱煜. 2009. 基于本体的地理空间实体类型语义相似度计算模型的研究[J]. 测绘科学, 34(2): 12-14.

李精忠. 2009. 尺度空间地图多重表达的面向对象数据模型研究[D]. 武汉大学博士学位论文.

刘宏申, 秦峰. 2005. 确定轮廓形状匹配中形状描述函数的方法[J]. 华中科技大学学报·自然科学版, 33(4): 13-16.

刘妙龙, 吴原华. 2002. 基于尺度的 GIS 空间资料表达模型[J]. 测绘学报, 31(A): 81-85.

刘思峰, 郭天榜, 党耀国. 1999. 灰色系统理论及其应用[M]. 北京: 科学出版社.

刘万增, 陈军, 邓喀中, 等. 2008. 数据库更新中河流与山谷线一致性检测[J]. 中国图像图形学报, 13(5): 1003-1008.

刘万增. 2009. GIS 数据库更新中空间冲突自动检测方法[M]. 北京: 测绘出版社.

刘一宁, 蓝秋萍, 费立凡. 2011. 基于单位影响域的道路增量式综合方法[J]. 武汉大学学报·信息科学版, 36(7): 867-870.

吕秀琴, 吴凡. 2006. 多尺度空间对象拓扑相似关系的表达与计算[J]. 测绘信息与工程, 31(2): 29-31.

栾学晨, 杨必胜, 李秋萍. 2013. 基于结构模式的道路网节点匹配方法[J]. 测绘学报, 42(4): 608-614.

罗党, 刘思峰. 2005. 灰色关联决策方法研究[J]. 中国管理科学, 13(1): 101-106.

孟妮娜, 艾廷华, 周校东. 2009. 制图综合中空间关系相似度的集成表达[J]. 华东师范大学学报, 43(4): 693-697.

齐清文, 张安定. 1999. 关于多比例尺 GIS 中数据库多重表达的几个问题的研究[J]. 地理研究, 18(2): 161-170.

钱海忠, 武芳, 邓红艳. 2005b. 基于 CIRCLE 特征变换的点群选取算法[J]. 测绘科学, 30(3): 83-85.

钱海忠, 武芳, 郭建, 等. 2006b. 基于制图综合知识的空间数据检查[J]. 测绘学报, 35(2): 184-190.

钱海忠, 武芳, 谭笑, 等. 2005a. 基于 ABTM 的城市建筑物合并算法[J]. 中国图像图形学报, 10(10): 1224-1233.

钱海忠, 武芳, 王家耀. 2006a. 自动制图综合链理论与技术模型[J]. 测绘学报, 35(4): 400-407.

钱海忠, 武芳, 朱鲲鹏, 等. 2007. 一种基于降维技术的街区综合方法[J]. 测绘学报, 36(1): 102-108.

钱海忠, 武芳. 2001. 基于 Delaunay 三角关系的面状要素合并方法[J]. 解放军测绘学院学报, 18(3): 207-209.

钱海忠, 武芳. 2005. 基于极化变换的点群综合几何质量评估[J]. 测绘学报, 34(4): 361-369.

钱海忠, 武芳. 2007. 基于降维技术的建筑物综合几何质量评估[J]. 中国图像图形学报, 12(5): 927-934.

钱海忠. 2006. 自动制图综合及其过程控制的智能化研究[D]. 解放军信息工程大学博士学位论文.

佘江峰. 2005. 多版本时空对象进化数据模型研究[D]. 南京大学博士学位论文.

舒红. 1998. 概念、形式化和逻辑时空数据建模原理初探[D]. 武汉测绘科技大学博士学位论文.

帅赟, 艾廷华, 帅海燕, 等. 2008. 基于形状模板匹配的多边形查询[J]. 武汉大学学报·信息科学版, 33(12): 1267-1270.

谭建荣, 岳小莉, 陆国栋. 2002. 图形相似的基本原理、方法及其在结构模式识别中的应用[J]. 计算机学报, 25(9): 1-8.

唐远彬. 2011. 土地利用更新的联动机制与增量提取[D]. 浙江大学博士学位论文.

童小华, 邓愫愫, 史文中. 2007a. 基于概率的地图实体匹配方法[J]. 测绘学报, 36(2): 210-217.

童小华, 邓愫愫, 史文中. 2007b. 数字地图合并的平差原理与方法[J]. 武汉大学学报·信息科学版, 32(7): 621-625.

王斌, 舒华忠, 施朝健, 等. 2008. 一种基于轮廓线的形状描述与匹配方法[J]. 电子与信息学报, 30(4): 949-952.

王光霞, 杨培. 2000. 数学形态学在居民地街区合并中的应用[J]. 测绘学院学报, 17(3): 201-203.

王光霞. 1994. 自动制图综合系统的研究及居民地道路自动综合的实现[D]. 解放军测绘学院硕士学位论文.

王光霞. 1996. 用专家系统技术实施居民地自动综合[J]. 解放军测绘学院学报, 13(1): 55-59.

王辉连, 武芳, 张琳琳, 等. 2005. 数学形态学和模式识别在建筑物多边形化简中的应用[J]. 测绘学报, 34(3): 269-276.

王辉连. 2005. 居民地自动综合的智能方法研究[D]. 解放军信息工程大学硕士学位论文.

王家耀, 陈毓芬. 2000. 理论地图学[M]. 北京: 解放军出版社: 35-58.

王家耀, 孙群, 王光霞, 等. 2006. 地图学原理与方法[M]. 北京: 科学出版社.

王家耀, 武芳. 1998. 数字地图自动制图综合原理与方法[M]. 北京: 解放军出版社.

王家耀. 1993. 普通地图制图综合原理[M]. 北京: 测绘出版社: 8-9.

王鹏波. 2009. 多比例尺道路数据的联动更新研究[D]. 解放军信息工程大学硕士学位论文.

王强, 曹辉. 2010. 数字地形图中河流线与谷底线空间冲突自动检测与纠正[J]. 测绘通报, (12): 58-61.

王涛, 刘文印, 孙家广, 等. 2002. 傅立叶描述子识别物体的形状[J]. 计算机研究与发展, 39(12): 1714-1719.

王涛, 毋河海. 2003. 多比例尺空间数据库的层次对象模型[J]. 地球信息科学, 2: 46-50.

王炜, 徐吉谦, 杨涛, 等. 1998. 城市交通规划理论及其应用[M]. 南京: 东南大学出版社.

王宴民, 李德仁, 龚健雅. 2003. 一种多比例尺 GIS 方案及其数据模型[J]. 武汉大学学报.信息科学版, 28(4): 458-462.

王艳慧, 孟浩. 2006. GIS 中地理要素多尺度表达间层次连通性的研究[J]. 湖南科技大学学报, 21(1): 59-63.

王育红, 陈军. 2004. 异质空间数据库更新中的冲突分析[C]. 2004 年两岸四地地理信息系统发展研讨会论文集(光盘版), 香港: B-02

王中辉, 闫浩文. 2013. 基于方向 Voronoi 图模型的群组目标空间方向关系计算[J]. 武汉大学学报·信息科学版, 38(5): 584-588.

文志平, 刘婷, 张丰, 等. 2012. 基于 GIS 与灰色关联分析的水位方案综合评价模型[J]. 浙江大学学报·理学版, 39(1): 101-106.

毋河海. 2000a. GIS 环境下城市平面图形的自动综合问题[J]. 武汉测绘科技大学学报, 25(3): 196-202.

毋河海. 2000b. 地图信息自动综合基础理论与方法体系研究[A]. 第三届海峡两岸测绘发展研讨会(测绘与可持续发展论文集)[C]: 611-632.

吴凡. 2002. 地理空间数据多尺度处理与表示研究[D]. 武汉大学博士学位论文.

吴建华, 傅仲良. 2008. 数据更新中要素变化检测与匹配方法[J]. 计算机应用, 28(6): 1612-1615.

吴立新, 史文中. 地理信息系统原理与算法[M]. 北京: 科学出版社, 2003.

武芳, 邓红艳, 钱海忠. 2009. 地图自动综合质量评估模型[M]. 北京: 科学出版社: 6-8.

徐爱萍, 欧阳红涛. 2009. GIS 中文查询语句的表层语义识别算法研究[J]. 哈尔滨工业大学学报, 41(1): 211-215.

闫浩文, 王家耀. 2005. 基于 Voronoi 图的点群目标普适综合算法[J]. 中国图像图形学报, 10(5): 633-636.

闫浩文. 2003. 空间方向关系的概念、计算和形式化描述模型研究[D]. 武汉大学博士学位论文.

杨毛毛. 2012. 增量采编系统线状数据的质量检查与处理[D]. 中南大学硕士学位论文.

杨敏, 艾廷华, 刘鹏程, 等. 2012. 等高线与水网数据集成中的匹配及一致性改正[J].测绘学报, 41(1): 152-158.

杨敏, 艾廷华, 周启. 2013. 顾及道路目标 stroke 特征保持的路网自动综合方法[J]. 测绘学报, 42(4): 581-587.

袁策, 张锦. 2005. GIS 环境城市居民地合并综合算法研究[J]. 太原理工大学学报, 36(2): 126-129.

臧德彦, 陶本藻, 周世健. 2007. 地图合并中基于叠置方法的特征点匹配可靠性检验[J]. 地理与地理信息科学, 23(5): 15-18.

翟仁健. 2011. 基于全局一致性评价的多尺度矢量空间数据匹配方法研究[D]. 解放军信息工程大学博士学位论文.

詹陈胜. 2012. 多尺度数据库中空间冲突检测方法研究[D]. 解放军信息工程大学硕士学位论文.

张桥平, 李德仁, 龚健雅. 2001. 地图合并技术[J]. 测绘通报, 7: 6-8.

张桥平, 李德仁, 龚健雅. 2004. 城市地图数据库面要素匹配技术[J]. 遥感学报, 8(2): 107-112.

张桥平, 李德仁, 何挺. 2002. 任意多边形间方向关系的计算及其可确定性问题[J]. 武汉大学学报.信息科学版, 27(6): 632-636.

张桥平. 2002. 地图数据库实体匹配与合并技术研究[D]. 武汉大学博士学位论文.

张新长, 郭泰圣, 唐铁. 2012. 一种自适应的矢量数据增量更新方法研究[J]. 测绘学报, 41(4): 613-619.

张雪英, 闾国年. 2008. 基于字面相似度的地理信息分类体系自动转换方法[J]. 遥感学报, 12(3): 434-441.

张云菲, 杨必胜, 栾学晨. 2012. 利用概率松弛法的城市路网自动匹配[J]. 测绘学报, 41(6): 933-939.

章莉萍, 郭庆胜, 孙艳. 2008. 相邻比例尺地形图之间居民地要素匹配方法研究[J]. 武汉大学学报·信息科学版, 33(6): 604-607.

赵彬彬, 邓敏, 李光强, 等. 2010. 基于城市形态学原理的面状地物层次索引方法[J]. 测绘学报, 39(4): 435-440.

赵东保, 徐艳杰, 张弘弢. 2013. 道路网匹配质量检核与修正机制研究[J]. 中国矿业大学学报, 42(4): 689-694.

赵东保. 2010. 全局寻优的矢量要素自动匹配方法研究[D]. 南京师范大学博士学位论文.

赵仁亮. 2002. 基于 Voronoi 图的空间关系计算研究[D]. 中南大学博士学位论文.

周美立. 2004. 相似性科学[M]. 北京: 科学出版社: 7-8.

周晓光, 陈军, 蒋捷, 等. 2003a. 地籍地块间空间拓扑关系描述[J]. 测绘学报, 32(4): 356-361.

周晓光, 陈军, 李志林, 等. 2003b. 基于对象状态变化的时空数据动态操作算子[A]. 地理信息系统协会中国地理信息系统协会年会第三次代表大会暨第七届年会论文集[C], 北京: 科学出版社.

周晓光, 陈军, 朱建军, 等. 2006. 基于事件的时空数据库增量更新[J]. 中国图像图形学报, 11(10): 1431-1438.

周晓光, 陈军. 2009. 基于变化映射的时空数据动态操作[J]. 遥感学报, 13(4): 653-658.

周晓光. 2005. 基于拓扑关系的地籍数据库增量更新方法研究[D]. 中南大学博士学位论文.

朱华吉, 吴华瑞. 2007. 空间数据库更新过程中增量信息产生的原因分析[J]. 成都理工大学学报·自然科学版, 34(5): 569-574.

朱华吉, 吴华瑞. 2010. 基于地理事件和更新操作的地理要素增量变化分类[J]. 辽宁工程技术大学学报·自然科学版, 29(003): 454-458.

朱华吉. 2006. 地形数据增量信息分类与表达研究[D].中国科学院遥感应用研究所博士学位论文.

朱华吉. 2007. 地形数据库增量信息数据建模及其 RDF 描述[J]. 吉林大学学报·地球科学版, 37(1): 195-199.

朱鲲鹏. 2006. 线要素化简算法质量评估[D]. 解放军信息工程大学硕士学位论文.

朱蕊. 2012. 多源空间矢量数据一致性处理技术研究[D]. 解放军信息工程大学博士学位论文.

Agent selection of basic algorithms [R/OL]. DD2 of the AGENT Project, ESPRIT/LTR/24939 http://www.Agent.org 2007.

Anders K H, Bobrich J. 2004. MRDB approach for automatic incremental update[C]. ICA Workshop on Generalisation and Multiple Representation, Leicester, England

Anders K H. 2006. Grid Typification[A]. Proceedings of 12th international Symposium on Spatial Data Handling[C]. Springer-Verlag: 633-642.

Arkin E M, Chew L P, Huttknlocher D P, et al. 1991. An efficiently computable metric for comparing polygonal shapes[J]. IEEE Transactions on Pattern Analysis and Machine Intelligence, 13(3): 206-209.

Bader M, Barrault M, Regnauld N, et al. 1999.

Bader M, Weibel R. 1997. Detecting and resolving size and proximity conflicts in the generalization of polygonal maps[A]. Proceedings of 18th International Cartographic Conference[C]. Stockholrn: 1525-1532.

Ballard D H. 1981. Strip trees, a hierachical representation for curves [J]. Communications of the ACM, 24(5): 310-321.

Bedard Y, Bernier E. 2002. Supporting multiple representation with spatial databases views management and the concept of 《VUEL》[C]. Proceedings of ISPRS/ICA Joint Workshop on Multi-scale Representations of Spatial Data. Ottawa.

Beeri C, Doytsher Y, Kanza Y. 2005. Finding corresponding objects when integrating several geo-spatial datasets[A]. Proceedings of the 13th Annual ACM International Workshop on Geographic Information Systems[C]. Bremen, Germany: 87-96.

Beeri C, Kanza Y, Safra E, et al. 2004. Object fusion in geographic information systems[A]. Proceedings of the 30th Conference on Very Large Data Bases[C]. Toronto, Canada: 816-827.

Belussi A, Catania, B, Podesta P. 2005. Towards topological consistency and similarity of multi-resolution geographical maps[A]. *In*: Shahabi C, Boucelma O. Proceedings of the 13th international symposium on advances in GIS. New York: ACM Press: 220-229.

Beyen J, Henrion J. 1998. Updating topographic databases with Arc Info: Client-fitted creation of change-only information[J]. International Archives of Photogrammetry and Remote Sensing, 32: 59-64.

Bildirici I O, Aslan S. 2010. Building Typification at Medium Scales[C]. Proceedings of 3rd International Conference on Cartography and GIS. Nessebar, Bulgaria.

Bobzien M, Burghardt D, Petzold I. 2005. Re-generalisation and construction-two alternative approaches to automated incremental updating in MRDB[C]. Proceedings of XXII International Cartographic Conference. La Coruña, Spain.

Boffet A, Serra S R. 2008. Identification of spatial structures within urban blocks for town charcterisation[C]. Proceedings of the 20th ICA/ACI Conference, Beijing, 1974-1983.

Burghardt D, Cecconi A. 2007. Mesh simplification for building typification[J]. International Journal of Geographical Information Science, 21(3): 283-298.

Cecile L. 1996. Why and how is geographic data matching performed. GIS/LIS.

Chan E P F, Chow K K W. 2002. On multi-scale display of geometric objects [J]. Data & Knowledge Engineering, 40: 91-119.

Chen J, Li C, Li Z L, et al. 2001. A Voronoi-based 9-intersection model for spatial relations[J]. International Journal of Geographical Information Science, 15(3): 201-220.

Chen J, Liu W Z, Li Z L, et al. 2007. Detection of spatial conflicts between rivers and contours in digital map updating[J]. International Journal of Geographical Information Science, 21(10): 1093-1114.

Claramunt C, Theriault M. 1996. Toward semantics for modeling spatial-temporal processes within GIS[J]. Advances in GIS Research I: 27-43.

Claramunt C, Thtriault M. 1995. Managing time in GIS an event oriented approach[A]. Clifford J, Tuzhilin A Recent Advances on Temporal Databases[C]. London: Springer.

Clementini E, Di Felice P, van Oosterom P. 1993. A small set for formal topological relationships suitable for end-user intersection[C] *In*: Abel D, Ooi B C. Advances in Spatial Database. New York: Springer-Verlag: 277-295.

Cobb M A, Chung M J, Foley III H, et al. 1998. A rule-based approach for the conflation of attributed vector data [J]. Geo-information, 2(1): 7-35.

Cooper A, Peled A. 2001. Incremental updating and versioning[A]. Proceedings of the 20th International Cartographic Conference[C]. Beijing: 2806-2809.

Cooper A. 2003. The concepts of incremental updating and versioning[A]. Proceedings of the 21st International Cartographic Conference[C]: Durban, South Africa, 855-857.

Deng M, Chen X, Li Z. 2005. A generalized hausdorff distance for spatial objects in GIS[A]. Proceedings of the 4th ISPRS Workshop on Dynamic and Multi-dimensional GIS[C]. Pontypridd, UK: 10-15.

Deng M, Cheng T, Chen X, et al. 2007a. Multi-level topological relations between spatial regions based on topological invariants[J]. Geoinformatica, (11): 239-267.

Deng M, Li Z L, Chen X Y. 2007b. Extended hausdorff distance for spatial objects in GIS[J]. International Journal of Geographical Information Science, 21(4): 459-475.

Deng M, Li Z L. 2008. A statistical model for direction relations between spatial objects[J]. Geoinformatica, 12(2): 193-217.

Du S, Guo L, Wang Q. 2010. A scale-explicit model for checking directional consistency in multi-resolution spatial data[J].International Journal of Geographical Information Science, 24(3): 465-485.

Du S, Qin Q M, Wang Q, et al. 2005. Evaluating structural and topological consistency of complex regions with broad boundaries in multi-resolution spatial databases[J]. Information Sciences, 178: 52-68.

Dunkars M. 2004. Automated generalization in a multiple representation database[A]. Proceedings of 12th Conference on Geoinformatics-Geospatial Information Research: Bridging the Pacific and Atlantic[C]. Sweden: University of Gävle: 741-748.

Egenhofer M J, Clementini E, Di Felice P. 1994. Evaluating inconsistencies among multiple representations[A]. *In*: Waugh T C, Healey R C. Proceedings of the 6th international symposium on spatial data handling. London: Taylor & Francis: 901-920.

Filin S, Doytsher Y. 2000. The detection of corresponding objects in a linear-based map conflation[J]. Surveying and Land Information Systems, 60(2): 117-128.

Foley H A, Chairman-Petry F. 1997. A multiple criteria based approach to performing conflation in geographical information systems[D]. Tulane University Doctoral dissertation.

Fritsch D. 1999. GIS data revision visions and reality[R]. Keynote Speech in Joint ISPRS Commission Workshop on Dynamic and Multi-dimensional GIS. Beijing: NGCC.

Gösseln G V, Sester M. 2004. Intergration of geoscientific data sets and the German digital map using a matching approach[A]. XXth ISPRS Congress[C]. Istanbul, Turkey, July: 1249-1254.

Gösseln G V. 2005. A matching approach for the integration, change detection and adaptation of heterogeneous vector datasets[A]. Workshop of ICA Commission on Generalization and Multiple Representation[C]. A Coruña, Spain, July.

Goyal R K. 2000. Similarity assessment for cardinal directions between extended spatial objects[D]. Orono: University of Maine Doctoral dissertation: 89-109.

Haar R. 1976. Computional models of spatial relations[R]. Technical Report: TR-478, MSC-72-03610, Computer Science, University of Maryland, College Park, MD.

Harrie L, Hellström A K. 1999. A prototype system for propagating updates between cartographic data sets[J]. The Cartographic Journal, 36(2): 133-140.

Harrie L. 1998. Incremental generalization: a feasibility study[A]. Proceedings of GISRUK[C]. Edinburgh, UK.

Haunert J H, Sester M. 2005.Propagating updates between linked datasets of different scales [A]. Proceeding of XXII International Cartographic Conference[C]. A Coruna, Spain.

Hkima K D. 2008. Consistent updating of geographical database as emergent property over influence system[J]. International Journal of Modeling Identification and Control, 3(1): 58-68.

Homsby K, Egenhofer M J. 2000. Identity-based change: a foundation for spatial-temporal knowledge representation[J]. International Journal of Geographical Information Science, 14(3): 207-224.

http: //geo.haifa.ac.il/~icaupdt/meetings/meetings.htm, 2000.7.15.

Jiang B, Zhao S, Yin J. 2008. Self-organized natural roads for predicting traffic flow: a sensitivity study[J]. Journal of Statistical Mechanics: Theory and Experiment, E-print Number: 0804.1630, July.

Jones C B, Kidner D B, Luo L Q, et al. 1996. Database Design for Multi-Scale Spatial Information System[J]. International Journal of Geographical Information Systems, 10(8): 901-920.

Kauppien H, Sepanen T. 1995. An experiment comparison of auto regressive and fourier-based descriptors in 2d shape classification[J]. IEEE Transactions on Pattern Analysis and Machine Intelligence, 2: 201-207.

Kilpeläinen T, Sarjakoski T. 1995. Incremental generalization for multiple representations of geographical objects [J]. GIS and Generalization, Gisdata, 1: 209-218.

Kilpeläinen T. 1997. Maintenance of multiple representation databases for topographic data[A]. Proceedings of the International Workshop on Dynamic and Multi-dimensional GIS[C]. Hong Kong: 116-127.

Langran G. 1993. Issues of implementing a spatiotemporal system[J]. International Journal of Geographical Information Systems, 7(4): 305-314.

Li D, Sui H, Xiao P. 2002. Automatic change detection of geospatial data from imagery [A]. In: ISPRS 2002[C]. Xi'an: 245-251.

Li Z, Yan H, A T, et al. 2004. Automated Building Generalization Based on Urban Morphology and Gestalt Theory[J]. International Journal of Geographical Information Science, 18(5): 513-534.

Liao S X, Pawlak M. 1996. On image analysis by moments[J]. IEEE Transactions on Pattern Analysis and Machine Intelligence, 18(3): 254-266.

Luger G F. 2009. Artificial intelligence: structures and strategies for complex problem solving[M]. Sixth Edition Pearson Education Inc.

Mader G L. 1999. GPS antenna calibration at the national geodetic survey[J]. GPS Solutions, 3(1): 50-58.

Mantel D, Lipeck U. 2004.Matching cartographic objects in spatial databases[A]. ISPRS Vol. XXXV, ISPRS Congress, Commission 4[C]. Istanbul, Turkey, July: 172-176.

Masuyama A. 2006. Methods for detecting apparent differences between spatial tessellations at different time points[J]. International Journal of Geographical Information Science, 20(6): 633-648.

Mustière S, Devogele T. 2008. Matching networks with different levels of detail[J]. Geoinformatica, 12(4): 435-453.

Mustière S. 2006. Results of experiments of automated matching of networks at different scales[A]. ISPRS Vol. XXXVI. ISPRS Workshop-Multiple representation and interoperability of spatial data[C]. Hannover, Germany, February.

Nedas K A, Egnhofer M J. 2007. Metric details of topological line-line relations[J].Internationan Journal of Geographical Information Science, 1(21): 21-48.

Oosterom P, Schenkelaars V. 1995. The development of an interactive multi-scale GIS[J]. International Journal of Geographical Information Systems, 9(5): 489-507.

Paiva J A C. 1998. Topological equivalence and similarity in multi-representation geographic databases[D]. Orono, Maine: The University of Maine Doctoral dissertation.

Patricios N. 2002. Urban design principles of the original neighourhood concepts[J]. Urban Morphology, 6(1): 21-32.

Podesta P, Catabia B, Belussi A. 2007. Using qualitative information in query processing over mutil-resolution map[M]. Berlin: Spring.

Prasher S, Zhou X. 2003. Efficient update and retrieval of objects in a multiresolution geospatial database [A]. The 15th International Conference on Scientific and Statistical Database Management[A]. Cambridge.

Puppo E, Dettori G. 1995. Towards a formal model for multi-resolution spatial maps[A]. Proceedings Advances in Spatial Databases(SSD95)[C]. 152-169.

Regnauld N, Edwardes A, Barrault M. 1999. Strategies in building generalization: modeling the sequence, constraining the choice[A]. Workshop on "Progress in Automated Map Generalization"[C]. Ottawa.

Retz-Schmidt G. 1988. Various views on spatial prepositions[J]. AI Magazine, 9(2): 95-105.

Rodriguez M A, Egenhofer M J. 2003. Determining semantic similarity among entity classes from different ontologies[J]. IEEE Transactions on Knowledge and Data Engineering, 15(2): 442-456.

Saalfeld A. 1988. Conflation: automated map compilation[J]. International Journal of Geographical Information Systems, 2(3): 217-218.

Saalfeld A. 1993. Automated map conflation[D]. Washington DC: University of Maryland Doctoral dissertation.

Samal A, Seth S, Cueto L K. 2004. A feature-based approach to conflation of geospatial sources[J]. International Journal of Geographical Information Science, 18(5): 459-489.

Servigne S, Ubeda T, Puricelli A, et al. 2000. A methodology for spatial consistency improvement of geographic database[J]. Geoinformatica, 4(1): 7-34.

Sheeren D, Mustiere S, Zucker J D. 2009. A data-mining approach for assessing consistency between multiple representations in spatial databases[J]. International Journal of Geographical Information Science, 23(8): 961-992.

Shepard R N. 1987. Toward a universal law of generalization for psychological science[J]. Science, 237(4820): 1317-1323.

Skiadopoulaos S, Koubarakis M. 2001. Composing cardinal directions relations[C].London: Proccedings of the 7th International Symposium on Spatial and Temporal Database(SSTD、01). 299-317.

Sklansky J. 1972. Measuring concavity on a rectangular mosaic[J]. IEEE Transaction, Computer, C-21: 1355-1364.

Skogan D. 2002. Towards a rule-based incremental generalization system[A]. Proceedings of 5th AGILE Conference on Geographic Information Science[C]. Palma(Mallorca, Spain).

Stell J G, Worboys M. 1998. Stratified map spaces: a formal basis for multi-resolution spatial databases[A]. Proceedings of the 8th International Symposium of Spatial Data Handing [C]. Columbia (British): Taylor & Francis: 180-189.

Tang X, Kainz W. 2001. The identification of spatial change processes based on set-oriented space and topological space[A]. ICC2001[C]. Beijing.

Thomson R C, Richardson D E. 1999. The 'Good Continuation' principle of perceptual organization applied to the generalization of road network[A]. Proceedings of the 19th International Cartographic Conference[C]. Ottawa, Canada: 1215-1223.

Thomson R C. 2006. The 'stroke' concept in geographic network generalization and analysis[A]. Proceedings of the 2nd International Symposium on Spatial Data Handling[C]. Vienna, Austria: 681-697.

Timpf S. 1998. Map cube model——a model for multi-scale data[A]. In 8th International Symposium on Spatial Data Handling[C]. Canada: 190-201.

Uitermark H T, van Oosterom P J M, Mars N J I, et al. 1999. Ontology-based geographic data set integration[A]. Proceedings of Workshop on Spatial-Temporal Database Management[C]. Scotland.

van Oosterom P. 1991. The reactive-tree: a storage structure for a seamless, scaless geographic database [A]. Auto-Carto 10th Annual Convention[C]. Bahimore.

van Wijngaarden F, Van Putten J, Van Oosterom P, et al. 1997. Map integration——update propagation in a multi-source environment[C]. Proceedings of the 5th ACM International Workshop on Advances In Geographic Information Systems. Las Vegas, Nevada, United States: 71-76.

Vangenot C, Parent C, Spaccapietra S. 2002. Modeling and manipulating multiple representations of spatial data[A]. Proceedings of International Symposium on Spatial Data Handing[C]. Ottawa: Taylor & Francis: 81-93.

Veltkamp R C. 2001. Shape matching: similarity measure and algorithms[R]. Technical report of Department of Computing Science, Utrecht University, Netherlands.

Volz S. 2005. Data-driven matching of geospatial schemas[A]. Proceedings of the International Conference on Spatial Information Theory[C]. Springer: Berlin Heidelberg.

Volz S. 2006. An iterative approach for matching multiple representations of street data[C]. Proceedings of the ISPRS Workshop on Multiple Representation and Interoperability of Spatial Data. Hanover (Germany): 101-110.

von Goesseln G, Sester M. 2003. Change detection and integration of topographic updates from ATKIS to geoscientific data sets[A]. International Conference on Next Generation Geospatial Information[C]. Boston: 19-21.

Walter V, Fritsch D. 1999. Matching spatial data sets: a statistical approach[J]. International Journal of Geographical Information Systems, 13(5): 445-473.

Wang Z, Lee D. 2000. Building simplification based on pattern recognition and shape analysis[A]. SDH 2000[C]: 58-72.

Wentz E A. 1997. Shape analysis in GIS[A]. Proceedings of ACSM/ASPRS[C]: 204-213.

Xie J, Heng P, Shah M. 2008. Shape matching and modeling using skeletal context[J]. Pattern Recognition, 41(5): 1756-1767.

Xu J, Qian H, Wu F, et al. 2011. Syntactic pattern recognition oriented large scale settlement matching algorithm[A]. In Proceedings of 19th International Conference on Geoinformatics[C]. Shanghai.

Yan H W, Chu Y D, Li Z L, et al. 2006. A quantitative description model for direction relations based on direction groups[J]. Geoinformatica, (10): 177-196.

Yuan S, Tao C. 1999. Development of conflation components[C]. Proceedings of Geoinformatics'99 Conference. Ann Arbor: 1-13.

Zhang D, Lu G. 2003. A comparative study on shape retrieval using fourier descriptors with different shape signatures[J]. Journal of Visual Communication and Image Representation, 14(1): 41-60.

Zhang M, Meng L. 2008. Delimited stroke oriented algorithm-working principle and implement-ation for the matching of road networks [J]. Annals of GIS, 14: 44-53.

Zhang M, Shi W, Meng L. 2005. A generic matching algorithm for line networks of different resolutions[A]. Workshop of ICA Commission on Generalization and Multiple Representation[C]. A Coruña, Spain.

Zhang Q. 2004. Modeling structure and patterns in road network generalization [A]. Workshop on Generalisation and Multiple Representation[C].

Zhou X, Prasher S, Kitsuregawa M. 2002. Database support for spatial generalisation for www and mobile applications[A]. The 3rd International Conference on Web Information Systems Engineering[C]. Washington.